国家高职骨干院校重点专业建设教材

人机界面（HMI）系统设计、安装与调试

主　编　张　强　王　赛　黄应强
副主编　谢贤军
参　编　谭仁人　张怀宇　周桃文　颜玉玲
主　审　袁　泓

科学出版社
北京

内 容 简 介

本书以培养高素质技术技能人才为目标，从应用的角度介绍了西门子触摸屏技术和组态软件 WinCC 技术。全书分为两大模块，即触摸屏模块和 WinCC 模块，每个模块按照从简单到复杂的知识和能力递进关系分别设有两个项目。项目包括：基于触摸屏实现电动机启停控制、基于触摸屏实现灌装生产线控制、基于 WinCC 实现彩灯循环控制、基于 WinCC 实现烤箱温度控制。

本书可作为高等职业院校电气自动化技术、发电厂及电力系统、机电一体化技术及相关专业的教学用书和培训教材，也可作为广大工程技术人员和技能操作人员的参考用书。

图书在版编目（CIP）数据

人机界面（HMI）系统设计、安装与调试／张强，王赛，黄应强主编. 一北京：科学出版社，2014.12
国家高职骨干院校重点专业建设教材
ISBN 978-7-03-042880-6

Ⅰ.①人… Ⅱ.①张… ②王… ③黄… Ⅲ.①人机界面－系统设计－高等职业教育－教材②人机界面－安装－高等职业教育－教材③人机界面－调试方法－高等职业教育－教材 Ⅳ．① TP11

中国版本图书馆 CIP 数据核字（2014）第 310026 号

责任编辑：朱晓颖　张丽花 / 责任校对：桂伟利
责任印制：徐晓晨 / 封面设计：华路天然工作室

科学出版社出版
北京东黄城根北街 16 号
邮政编码：100717
http://www.sciencep.com
北京虎彩文化传播有限公司 印刷
科学出版社发行　各地新华书店经销
*
2014 年 12 月第　一　版　开本：787×1092　1/16
2019 年　5 月第三次印刷　印张：10 1/4
字数：262 000

定价：60.00 元

（如有印装质量问题，我社负责调换）

前　言

触摸屏是一种全新的多媒体智能化操作部件，用户只需要用手指或其他物体触摸安装在显示器上的触摸屏，被触摸位置的坐标便会被触摸屏控制器检测到，并且触摸信息通过通信接口被传送到 PLC 等控制器，从而实现对设备的操作。触摸屏可以显示设备运行状况和运行参数，还可以随时修改设备运行模式、设定运行参数。组态软件是数据采集监控系统的软件平台，是工业应用软件的一个组成部分，由其构建的工业控制系统，既提高了系统的成套速度，又保证了系统软件的成熟性和可靠性，使用起来灵活方便，而且便于修改和维护。触摸屏和组态软件已广泛应用于工业自动化各个领域。

本书是在广泛调研电气自动化技术及相关专业岗位（群）上岗人员能力要求的基础上，在企业技术人员、技术骨干的共同指导和参与下，精心编写而成的，旨在使读者能够掌握电气自动化技术及相关专业岗位（群）所需的人机界面（HMI）知识、技能和相关职业素质。

本书编写遵循以职业岗位需求为原则，以培养学习者的动手能力、开发其思维能力为目的，以工作过程系统为指导，采用“模块－项目”模式。全书由四个具体的工作项目组成，每个项目承载了对应工作岗位所需的人机界面知识和技能，内容安排由简单到复杂，符合学习者职业学习规律，内容以实践为主，并详细介绍操作步骤，操作性强，体现出职业工作的特点，同时在培训中嵌入素质教育，培养岗位所需的职业素质。

本书项目一为触摸屏基础部分，主要包括触摸屏的基本知识、系统组态的基本方法和技巧等；项目二为触摸屏提高部分，主要包括触摸屏系统设计、报警组态、数据记录组态、系统通信等；项目三为 WinCC 基础部分，主要包括 WinCC 的基本知识、项目组态的基本方法和步骤等；项目四为 WinCC 提高部分，主要包括 WinCC 的系统设计、过程值归档组态、消息系统组态、OPC 通信等。

本书由张强、王赛、黄应强任主编，谢贤军任副主编，谭仁人、张怀宇、周桃文、颜玉玲参编。其中，宜宾职业技术学院的王赛、颜玉玲编写了项目一，宜宾职业技术学院的张强编写了项目二，宜宾职业技术学院的黄应强、张强、张怀宇编写了项目三，宜宾五粮液集团的谢贤军、宜宾职业技术学院的周桃文和谭仁人编写了项目四。全书的统稿和最后的审核工作由宜宾丝丽雅集团的袁泓完成。

本书的编写得到了西门子（中国）有限公司工业自动化与驱动技术集团和宜宾丝丽雅集团的大力支持，在此表示衷心的感谢。

限于编者水平有限，书中难免存在不足之处，恳请读者批评指正。

编　者

2014 年 8 月

目　　录

项目一　基于触摸屏实现电动机启停控制

【项目描述】

在现代化工业生产过程中，为了实现各种生产工艺过程，需要使用各种各样的生产机械。拖动各种生产机械运转，可以采用气动、液压传动和电力拖动，由于电力拖动具有控制简单、调节性能好、损耗小、经济、能实现远距离控制和自动控制等一系列优点，所以大多数生产机械采用电力拖动。

人机界面（HMI）装置是操作人员与 PLC 之间双向沟通的桥梁，许多工业被控对象要求控制系统具有很强的人机界面功能。通过人机界面装置与 PLC 对电动机控制，可实现操作人员与计算机控制系统之间的对话与相互作用，实现对电动机及生产机械的有效监控。

【项目能力目标】

(1) 了解人机界面在控制系统中的功能及作用；
(2) 熟悉触摸屏的特点、结构及作用；
(3) 会正确进行触摸屏控制系统的接线；
(4) 能初步对触摸屏项目进行正确创建和组态；
(5) 能初步设置触摸屏与 PLC 通信参数，并实现相互通信；
(6) 能初步对整个监控系统进行运行及调试；
(7) 具备资料收集、整理和自我学习的能力；
(8) 具备顺利地与相关人员进行沟通、协调和交流的能力。

【完成项目的计划决策】

触摸屏具有面积小、使用直观、方便的特点，是人机界面的发展方向。本项目选择西门子触摸屏作为人机界面，选择西门子的 S7-200 作为控制器，通过单击触摸屏上的“启动”和“停止”按钮，实现对电动机的启停控制，通过触摸屏上的“系统指示灯”和“电机状态显示”等对象实现对生产现场电动机工作状态的监控。

【实施过程】

一、系统电路设计

1. PLC 选型

该控制系统有两个输入点、一个输出点，选用西门子 S7-200 系列 PLC，具体型号为 CPU224 XP CN AC/DC/RLY。

2. HMI 选型

TP177A 是用于 S7 系列 PLC 的经济的、优化的触摸屏，该控制系统选择西门子触摸屏 TP177A 作为人机界面。

知识点学习：

1) 人机界面的认识

人机界面（Human Machine Interface）又称人机接口，简称为 HMI。从广义上说，HMI 泛指计算机与操作人员交换信息的设备；在控制领域，HMI 一般特指用于操作人员与控制系统间进行对话和相互作用的专用设备。

人机界面主要承担以下任务：

(1) 过程可视化。在人机界面上动态显示过程数据（即 PLC 采集的现场数据）。

(2) 操作员对过程的控制。操作员通过图形界面来控制过程。

(3) 显示报警。过程的临界状态会自动触发报警，如当变量超出或低于设定值时。

(4) 记录功能。顺序记录过程值和报警信息，用户可以检索以前的生产数据。

(5) 输出过程值和报警记录。如可以在某一轮班结束时打印输出生产报表。

(6) 过程和设备的参数管理。将过程和设备的参数存储在配方中，可以一次性将这些参数从人机界面下载到 PLC，以便改变产品的品种。

在使用人机界面时，需要解决画面设计和与 PLC 通信的问题，人机界面生产厂家用组态软件很好地解决了这两个问题。使用组态软件可以很容易地生成人机界面画面，还可以实现某些动画功能；人机界面用文字或图形动态地显示 PLC 中开关量的状态和数字量的数字，通过各种输入方式，将操作人员的命令和设定值传到 PLC。

近年来，人机界面的价格已大幅下降，一个大规模应用人机界面的时代正在到来，现在的人机界面已成为现代工业控制系统必不可少的设备之一。

现在的人机界面几乎都使用液晶屏，小尺寸的人机界面能显示数字和字符，还可以显示点阵组成的图形。显示器的颜色有单色、8 色、16 色、256 色或更多的颜色。人机界面的分类如下：

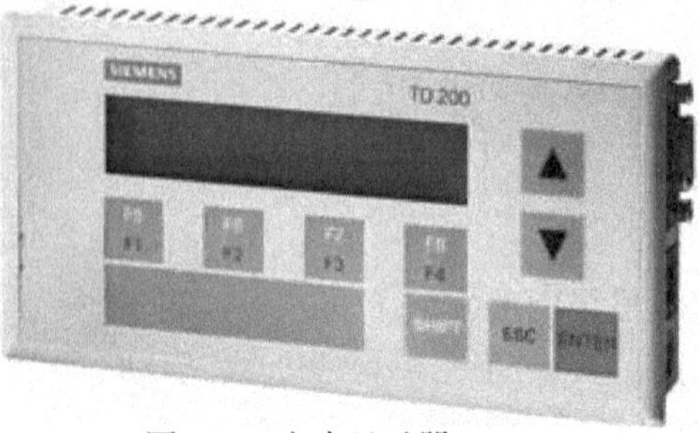

图 1-1 文本显示器 TD200

(1) 文本显示器

文本显示器（Text Display，TD）是一种廉价的单色操作界面，一般只能显示几行数字、字母、符号和文字。西门子的 TD200（图 1-1）、TD200C 和 TD200C 与小型的 S7-200 配套使用，可以显示 4 行信息，每行显示 24 个数字或字符，或 12 个汉字。

(2) 操作员面板

西门子的操作员面板（Operator Panel，OP），使用液晶显示器和薄膜按键，有的操作员面板的按键多达数十个。操作员面板面积大，直观性较差。图 1-2 所示为西门子的操作员面板 OP270。

(3) 触摸屏

西门子的触摸屏面板（Touch Panel，TP），一般俗称为触摸屏，可以由用户在其画面上设置具有明确意义和提示信息的触摸式按键，面积小，使用直观、方便。触摸屏是人机界面的发展方向。图 1-3 所示为西门子的操作员面板 TP270。

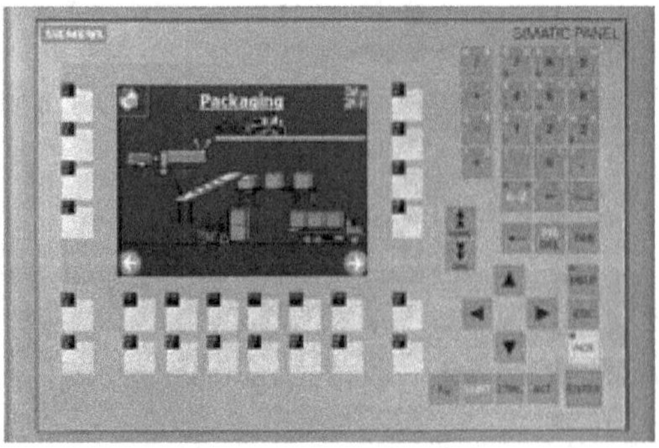

图 1-2 操作员面板 OP270

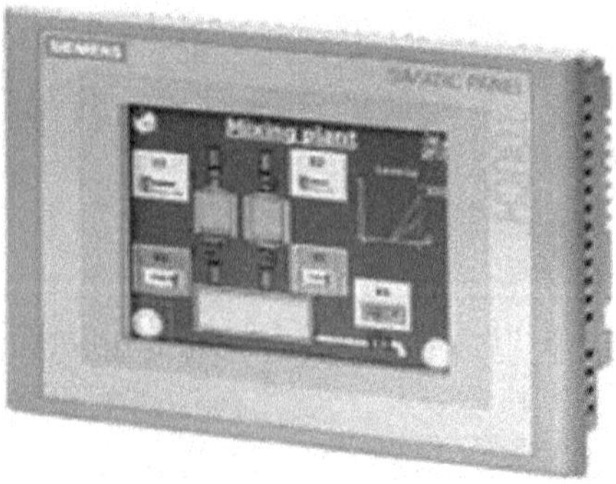

图 1-3 触摸屏 TP270

人机界面基本的工作原理是显示现场设备（通常是 PLC）中开关量的状态和寄存器中数字变量的值，用监控画面向 PLC 发出开关量命令，并修改 PLC 寄存器中的参数。人机界面的工作原理如图 1–4 所示。

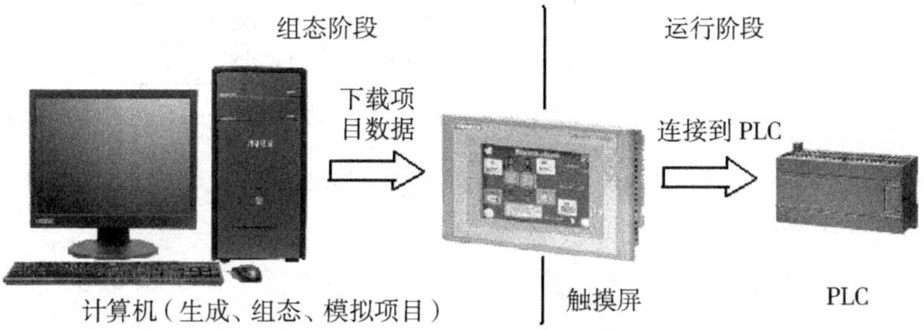

图 1–4　人机界面的工作原理

2）TP177A 触摸屏外观的认识

TP177A 是用于 S7 系列 PLC 的经济的、优化的触摸屏，采用 5.7in、蓝色 4 级灰度的 STN（超扭曲向列型）液晶显示器，用户存储容量为 512KB，可纵向或横向安装。支持位图、图标和背景图形。可使用棒图。TP177A 只有一个 RS–422/485 接口。TP177A 触摸屏外观结构如图 1–5 和图 1–6 所示。

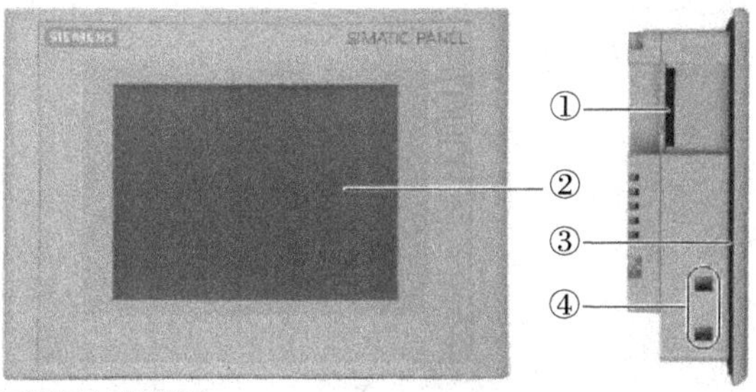

正视图与侧视图
①与结构相关的开口——非存储卡的插槽
②显示 / 触摸屏
③安装密封垫
④卡紧凹槽

图 1–5　TP177A 正视图与侧视图

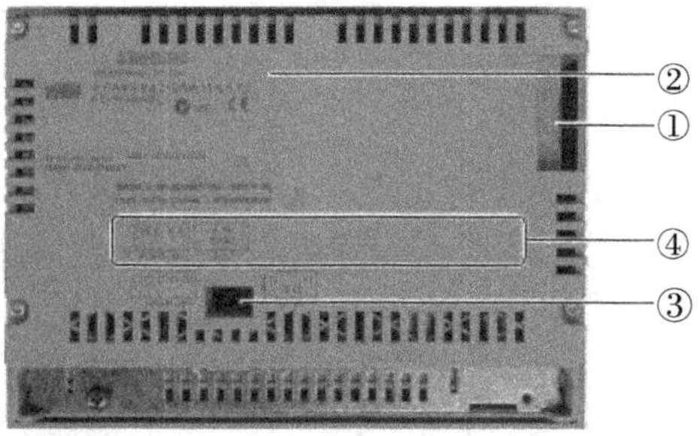

后视图
①与结构相关的开口——非存储卡的插槽
②标牌
③DIP 开关
④接口名称

图 1–6　TP177A 后视图

3）TP177A 触摸屏接线端子的认识

TP177A 触摸屏接线端子如图 1–7 所示。

（1）TP177A 与电源的连接

TP177A 电源连接器如图 1–8 所示。

TP177A 与电源连接如图 1–9 所示。

（2）TP177A 与控制器的连接

TP177A 与控制器连接如图 1–10 所示。

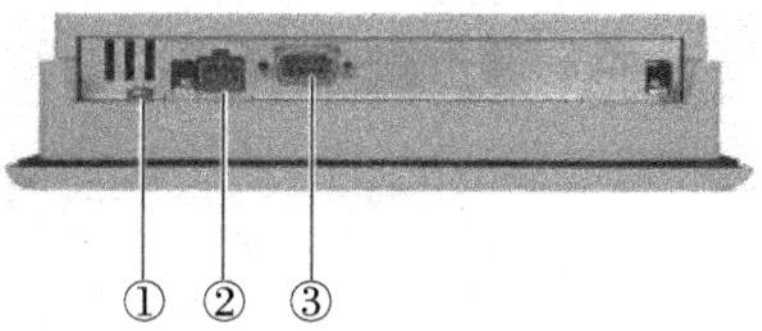

TP 177A HMI 设备上的接口
①机壳等电位连接端子
②电源插座
③RS 422/485 接口（IF 1B）

图 1–7　TP177A 触摸屏接线端子

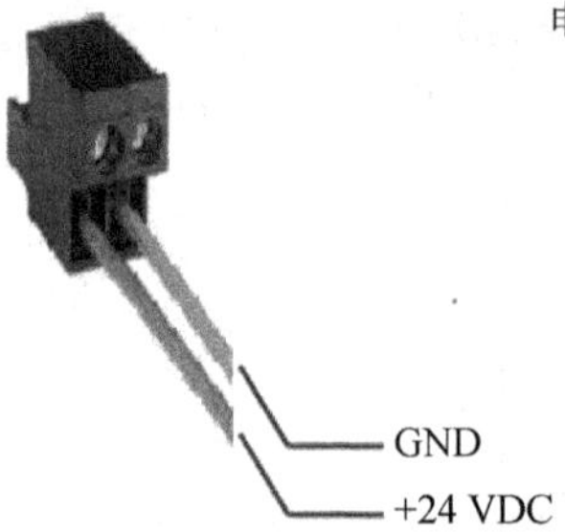

电源

插头连接器，2 针

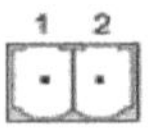

针脚	分配
1	+24 VDC
2	GND 24 V

图 1-8　TP177A 电源连接器

图 1-9　TP177A 与电源连接

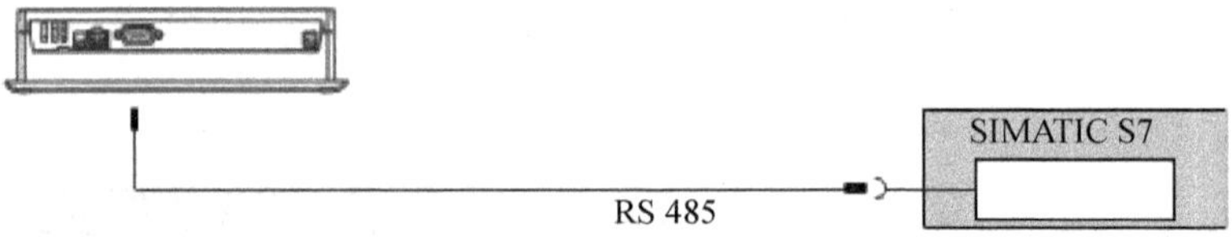

图 1-10　TP177A 与控制器连接

(3) TP177A 与组态计算机的连接

TP177A 与组态计算机连接如图 1-11 所示。

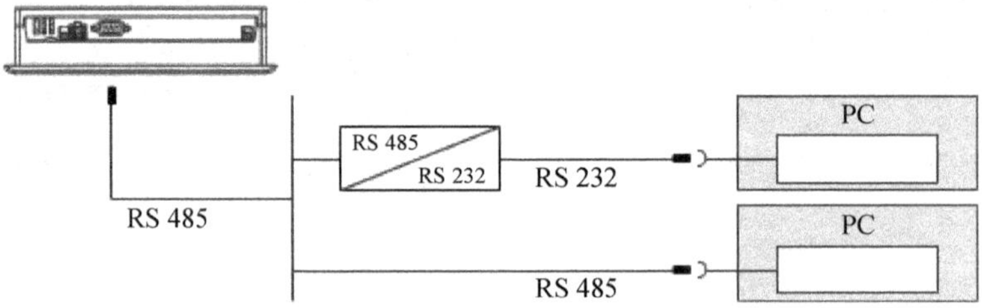

图 1-11　TP177A 与组态计算机连接

RS-485-RS-232 适配器如图 1-12 所示。

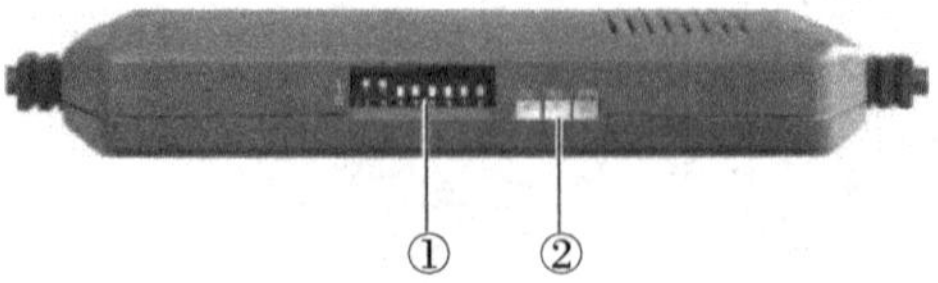

RS-485-RS-232 适配器
①DIP 开关
②LED

图 1-12　RS-485-RS-232 适配器

RS-485-RS-232 适配器 DIP 开关设置如表 1-1 所示。

表 1-1　RS-485-RS-232 适配器 DIP 开关设置

比特率 / (Kbit/s)	DIP 开关 1	DIP 开关 2	DIP 开关 3
115.2	1	1	0
57.6	1	1	1
38.4	0	0	0
19.2	0	0	1
9.6	0	1	0
4.8	0	1	1
2.4	1	0	0
1.2	1	0	1

3. 系统接线图

1) PLC 地址分配

PLC 地址分配如表 1-2 所示。

表 1-2　PLC 地址分配

序号	地址	含义	序号	地址	含义
1	I0.0	系统启动 (PLC)	4	M0.0	系统启动 (触摸屏)
2	I0.1	系统停止 (PLC)	5	M0.1	系统停止 (触摸屏)
3	Q0.0	电动机			

2) 系统接线

触摸屏、PLC 与其他设备连接的系统图，如图 1-13 所示。

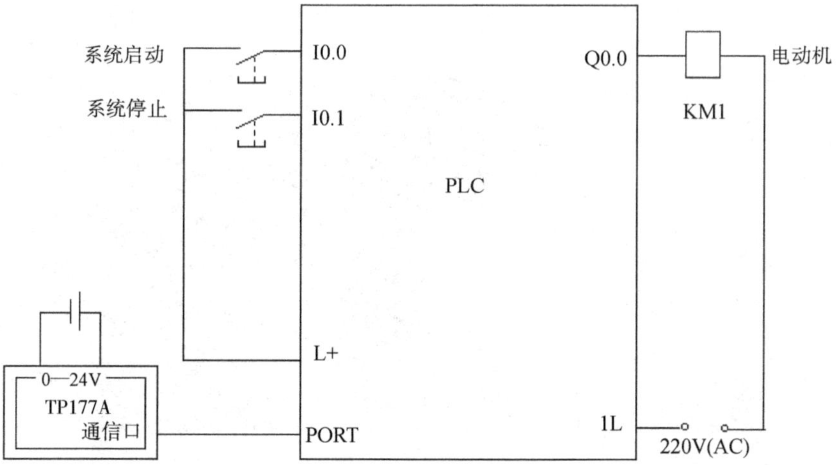

图 1-13　系统接线图

二、触摸屏监控组态

系统选用 WinCC flexible 2008 (中文版) 组态软件进行触摸屏系统组态。

知识点学习：

触摸屏是通过个人计算机上的组态软件来生成满足用户需要的监控画面，从而实现对生产现场的管理和监控。西门子的触摸屏目前广泛使用的是 SIMATIC WinCC flexible 组态软件，该软件是在 ProTool 组态软件基础上发展起来的，并与 ProTool 保持了一致性。

ProTool 适用于单用户系统，WinCC flexible 可以满足各种需求，从单用户、多用户到基于网络的工厂自动化控制与监控。

WinCC flexible 具有开放简易的扩展功能，带有 VB 脚本功能，集成了 ActiveX 控件，可以将人机界面集成到 TCP/IP 网络。

WinCC flexible 带有丰富的图库，提供了大量的对象供用户使用，其缩放比例和动态性能都是可变的。使用图库中的元件，可以快速方便地生成各种美观的画面。

WinCC flexible 的组件包括以下三个部分。

1) WinCC flexible 工程系统

WinCC flexible 工程系统是用于处理组态任务的软件。WinCC flexible 采用了模块化设计，为各种不同的 HMI 设备量身定做了不同价格和档次的版本。WinCC flexible 分为功能不同的微型版、压缩版、标准版和高级版，高级版用于组态面板 PC 和标准 PC。西门子先后推出了 WinCC flexible2004、WinCC flexible2005、WinCC flexible2007 和 WinCC flexible2008 版。

2) WinCC flexible 运行系统

WinCC flexible 运行系统是用于过程可视化的软件。运行系统在过程模式下执行项目，实现与自动化之间的通信、图像在屏幕上的可视化、各种操作过程、记录过程值和报警事件。运行系统支持一定数量的过程变量（Power Tags），该数量由许可证确定。

3) WinCC flexible 选件

WinCC flexible 选件可以扩展 WinCC flexible 的标准功能，每个选件需要一个许可证。

WinCC flexible 操作界面如图 1-14 所示，主要由以下几个部分组成：

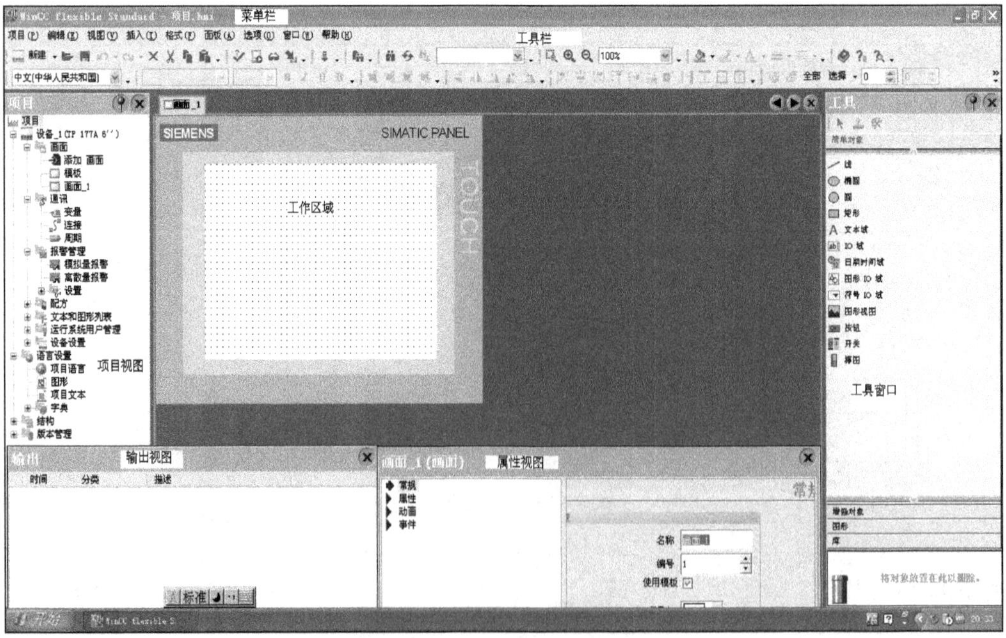

图 1-14　WinCC flexible 操作界面

1）菜单栏和工具栏

菜单栏和工具栏包括组态常用的工具，如编译、下载、模拟运行、新建和打开等。

2）工作区域

工作区域用于进行各种具体的组态工作和编辑项目对象的操作，如编辑画面、定义通讯和创建变量等。

3）项目视图

项目视图包括整个组态项目需要用到的所有编辑器和项目设置，如组态通讯、组态变量等。在项目视图中，用户还可以访问 HMI 设备的设置、语言设置和版本管理等子项。

4）属性视图

属性视图用于显示在工作区中当前的每一个对象具体属性设置，并编辑对象属性，如画面对象的颜色。

5）工具窗口

工具窗口集成了组态所需要用到的常用工具和对象，包括组态画面所用到的线条、图形对象、按钮和棒图等常用控件。用户可通过简单的鼠标拖放，将对象添加给画面。工具窗口还提供了许多库，这些库包含许多对象模板和各种不同的面板。

工具箱中可使用的对象与 HMI 设备的型号有关。

6）对象视图

对象视图显示项目视图中选定区域的所有元素。当用户在项目视图中选中某一编辑器后，将光标移动到对象视图区域中，对象视图会自动弹出并显示该对象编辑器的内容。在对象视图中双击一个对象即可打开对应的编辑器。

7）输出视图

输出视图用于显示当前项目编译、下载和移植等各种动作的实时输出情况。例如，在项目测试运行中所生成的系统报警。

项目组态步骤如下：

【step1】如图 1–15 所示，单击“开始”→“所有程序”→“SIMATIC”→“WinCC flexible2008”→“WinCC flexible”或双击桌面上的“WinCC flexible2008”快捷图标，打开 WinCC flexible，创建一个空项目。

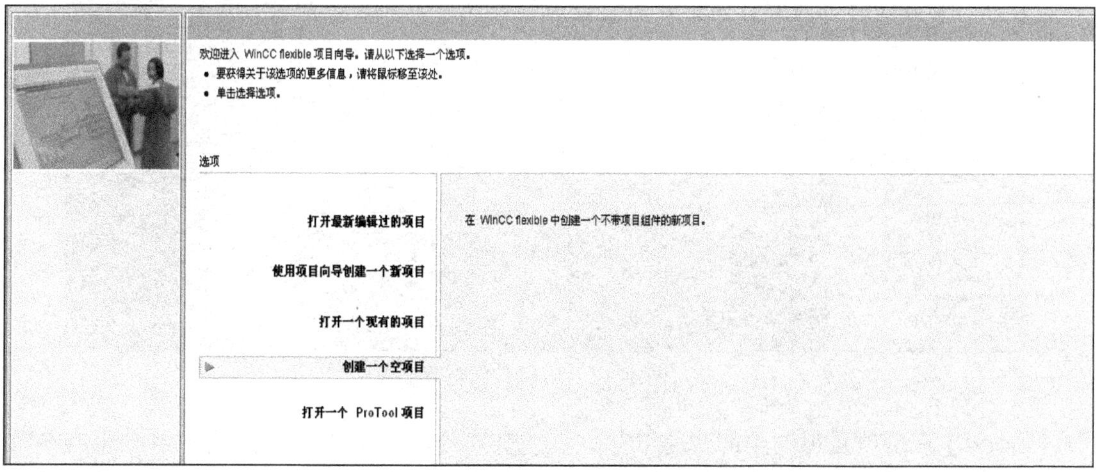

图 1–15　项目创建

【step2】选择本项目所需的 TP177A 6 寸触摸屏，步骤为“Panels”→“170”→TP177A，如图 1–16 所示，然后单击“确定”。

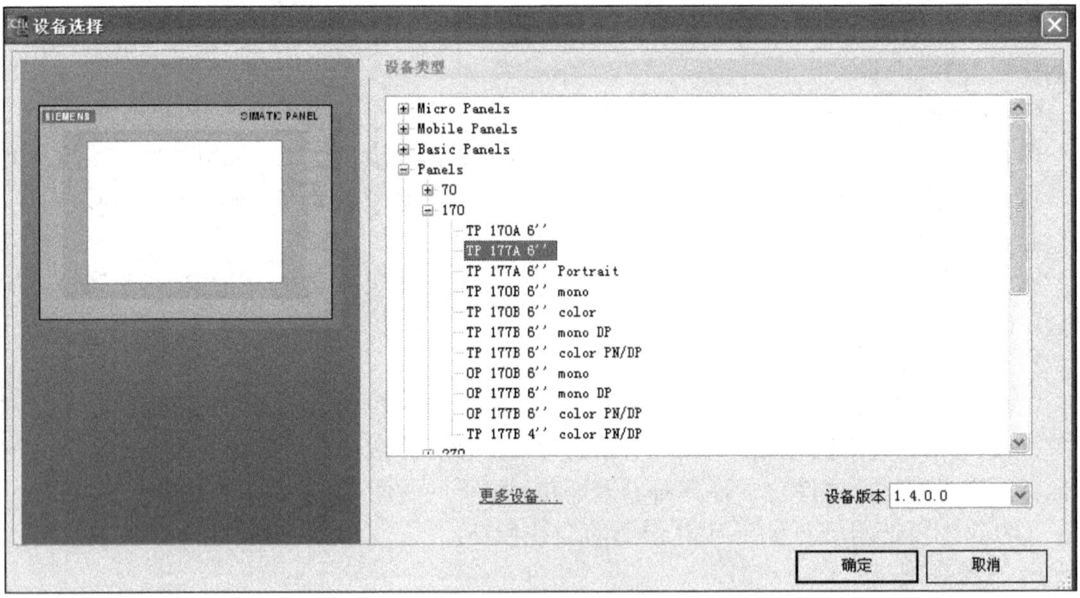

图 1–16 触摸屏选择

【step3】进入项目画面，在项目视图中，将项目名称重命名为“电机启停控制”，如图 1–17 所示。

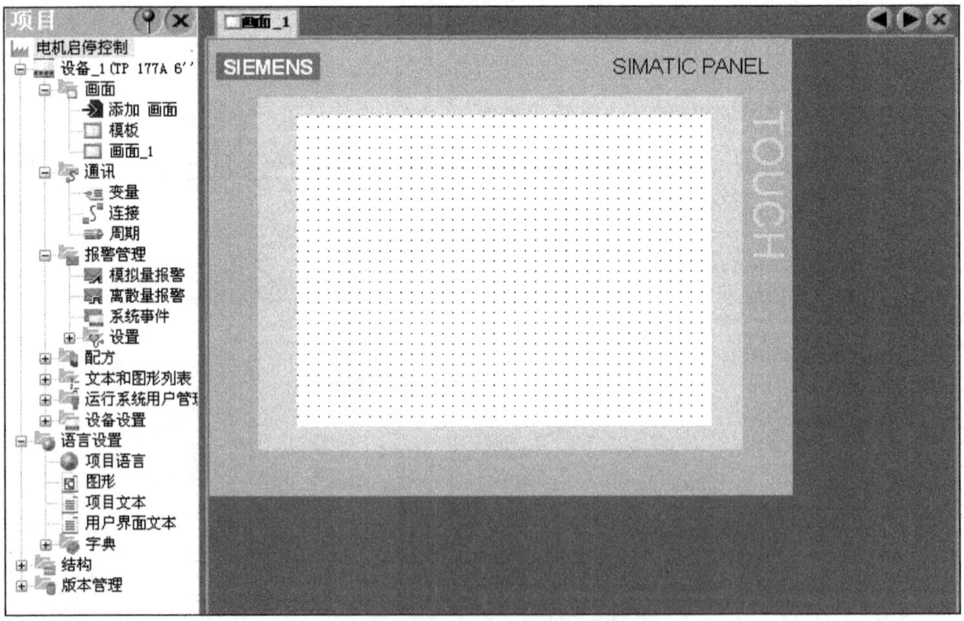

图 1–17 项目名称更改

【step4】双击项目视图中的“通讯”→“连接”，建立与 S7–200 连接并组态通信参数。在工作区域中，可更改名称为“PLC1”，选择“通信驱动程序”为“S7–200”，选择“在线”

为“开”，并如图 1-18 所示组态通信参数。

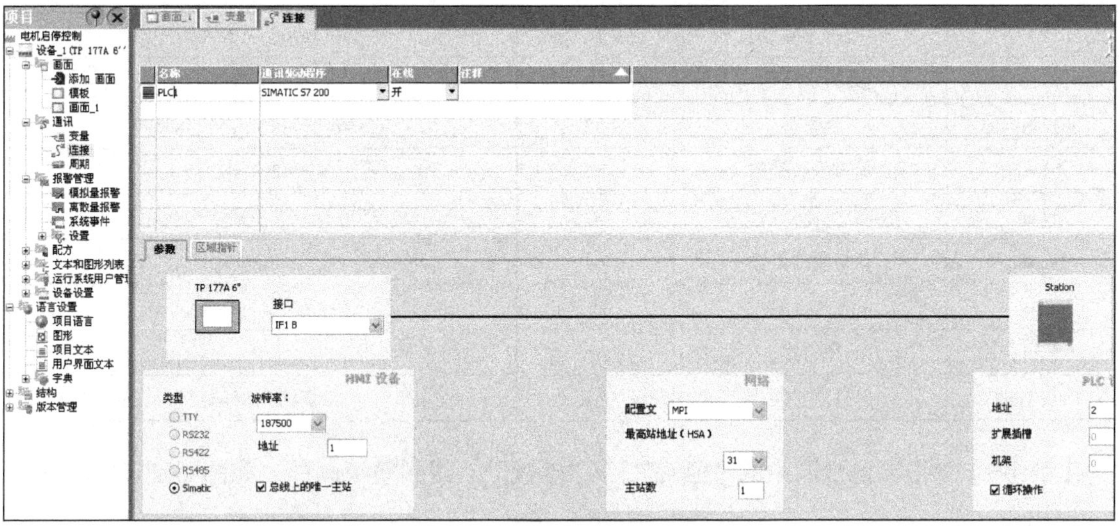

图 1-18　建立与 S7-200 连接

组态时，注意触摸屏的通信速率应与 PLC 的通信速率一致，触摸屏的站地址与 PLC 的站地址不一致。

【step5】双击项目视图中的“通讯”→“变量”，建立“启动”、“停止”和“电机”等变量，三个变量的“连接”选择“PLC1”，数据类型为“Bool”，“地址”分别为“M0.0、M0.1、Q0.0”，变量组态如图 1-19 所示。

名称	连接	数据类型	地址	数组计数	采集周期
启动	PLC1	Bool	M 0.0	1	500 ms
停止	PLC1	Bool	M 0.1	1	500 ms
电机	PLC1	Bool	Q 0.0	1	500 ms

图 1-19　建立变量

知识点学习：

1) HMI 变量的分类

HMI 变量分为内部变量和外部变量。

内部变量是指 HMI 与 PLC 不进行连接的变量，它存储在 HMI 设备中的存储器中，只有 HMI 设备能访问。

外部变量是指 HMI 与 PLC 进行连接的变量，可在 PLC 和 HMI 设备访问。

2) HMI 变量的数据类型

HMI 变量的基本数据类型如表 1-3 所示。

表 1-3　HMI 变量的基本数据类型

变量符号	变量类型	位数	取值范围
Char	字符	8	—
Byte	字节	8	0 ~ 255

续表

变量符号	变量类型	位数	取值范围
Int	有符号整数	16	-32768 ~ 32767
Unit	无符号整数	16	0 ~ 65535
Long	长整数	32	-2147483648 ~ 2147483647
Ulong	无符号长整数	32	0 ~ 4294967295
Float	实数（浮点数）	32	正负 1.175495e-38 ~ 正负 3.402823e+38
Double	双精度浮点数	64	—
Bool	布尔变量	1	True(1), False(0)
String	字符串	—	—
Date Time	日期时间	64	日期 / 时间

【step6】双击项目视图中的“画面”→“模板”，得到模板画面，如图 1-20 所示。

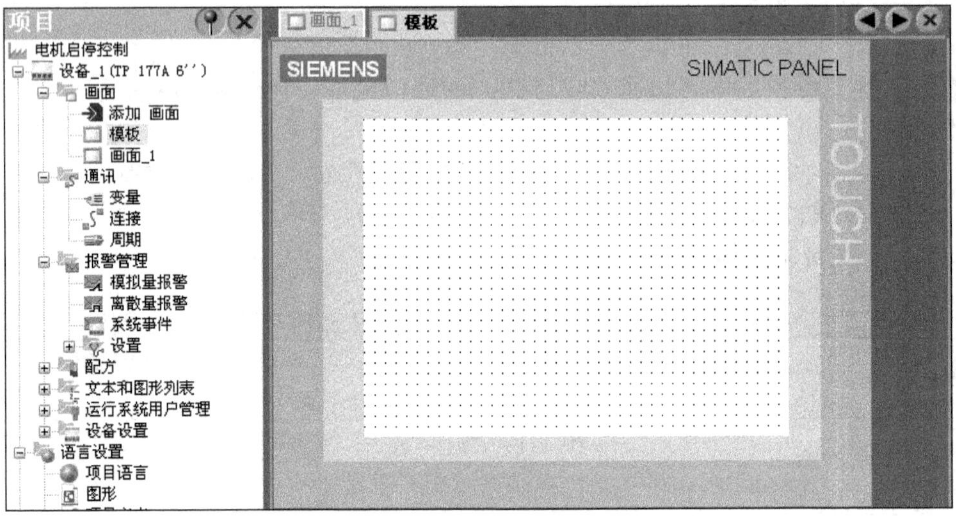

图 1-20　画面模板组态（一）

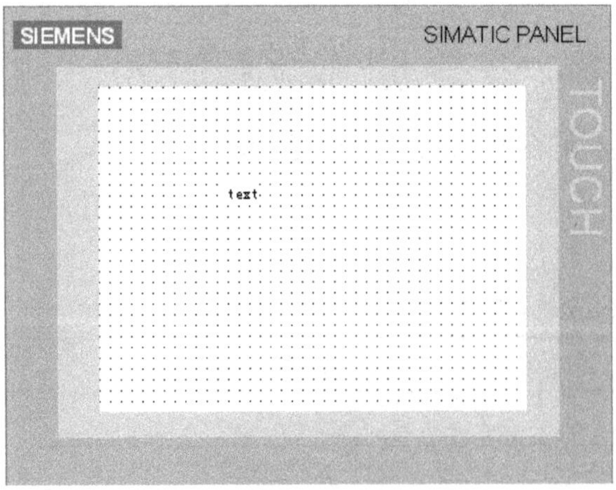

图 1-21　画面模板组态（二）

单击工具窗口的“简单对象”→“文本域”，将其放入模板工作区域适当位置，单击文本域或“视图”→“属性”菜单，出现文本域属性设置界面，如图 1-21 所示，在“常规”中输入“项目一：基于触摸屏的电机启停控制”，在“属性”→“文本”中设置“样式”为“宋体，12pt”，设置“对齐”为“水平居中，垂直中间，方向水平”，如图 1-22 所示，画面模板组态，结果如图 1-23 所示。

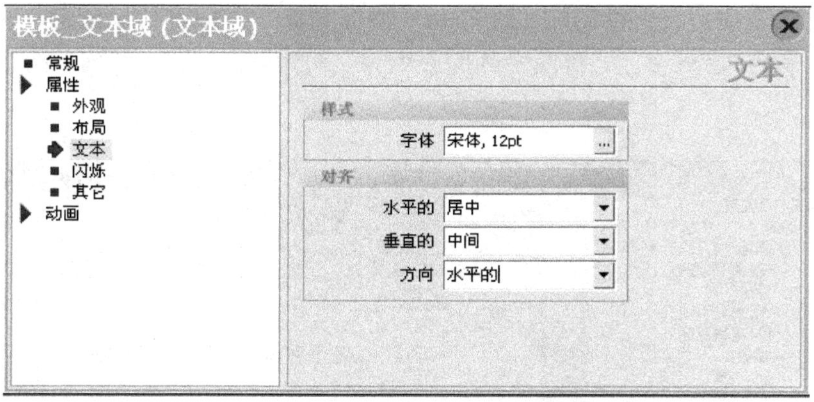

图 1–22　画面模板组态（三）

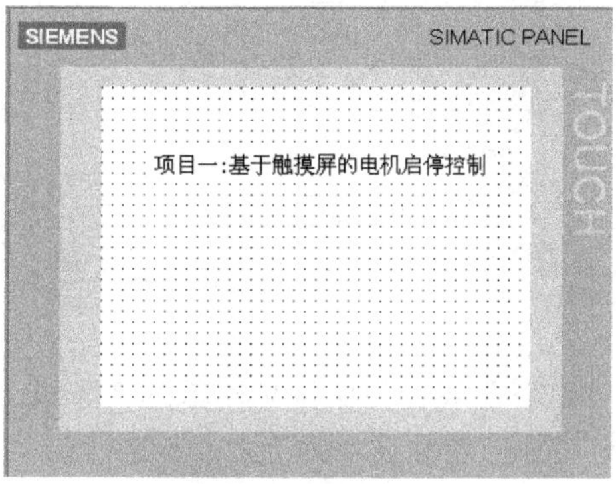

图 1–23　画面模板组态（四）

知识点学习：

创建画面的步骤如下：

1）画面的总体设计

根据系统的要求，规划需要创建哪些画面，各画面的主要功能和相互关系。这一步是项目设计的基础。

2）组态画面模板

一般在画面模板中组态报警窗口和报警指示器，也可以将需要在所有画面中显示的画面对象放置在模板中。如果在组态某个画面时不想显示画面模板的对象，则可在画面工作区下方的“常规”属性窗口中的“使用模板”复选框的“√”。

3）永久性窗口

永久性窗口用来存放所有的画面都需要的对象（如公司标志或项目名称），可以在任何一个画面中对永久性窗口的对象进行修改。

4）创建画面

可使用工具箱中的“简单对象”、“高级对象”和“库”中的对象来生成画面对象，也可以在“画面浏览”编辑器中创建画面结构，即画面之间的切换关系。

5）画面管理

用鼠标右键单击项目视图中某一画面的图标，可执行“重命名”、“复制”、“剪切”、“粘贴”和“删除”等命令操作。

【step7】双击项目视图中的“画面”→“添加画面”，得到两个画面，分别右击两个画面名称，并单击“重命名”，将两个画面更名为“初始画面”和“系统画面”，如图1-24所示。

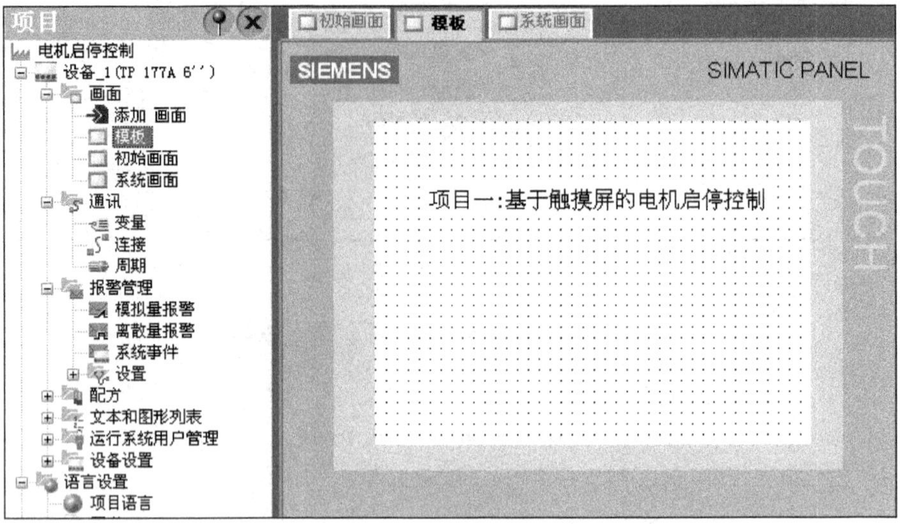

图1-24 画面创建

【step8】双击初始画面，选择工具窗口中简单对象的文本域，将两个文本域放入画面工作区域适当位置，分别将文本域“常规”属性输入为“设计单位：宜宾职业技术学院”和“设计时间：2014年1月1日”，并组态“文本”属性。用左键按住项目视图中的“系统画面”，拖到初始画面中，自动生成一个“系统画面”与“初始画面”之间的画面切换按钮，如图1-25所示。

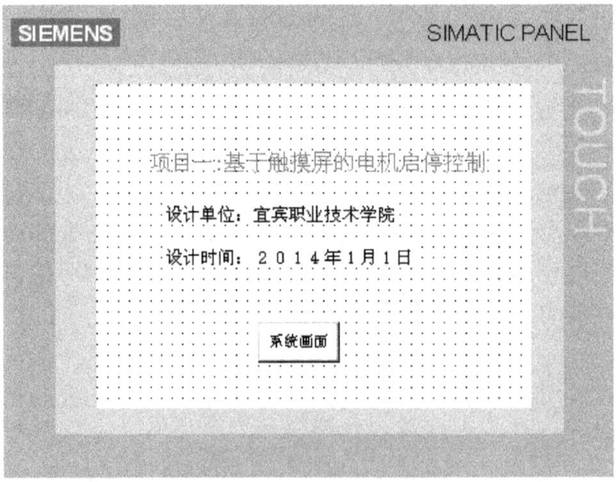

图1-25 初始画面组态

【step9】同理，打开系统画面，用左键按住项目视图中的“初始画面”，拖到初始画面中，自动生成一个“系统画面”与“初始画面”之间的画面切换按钮，如图1-26所示。

【step10】在系统画面中，单击工具窗口的“图形”，在“WinCC flexible图像文件夹/Symbol Factory Graphics/SymbolFactory/16 Colors/Motors”中选择“Motor1”并放入画面工作区，

如图 1–27 所示。

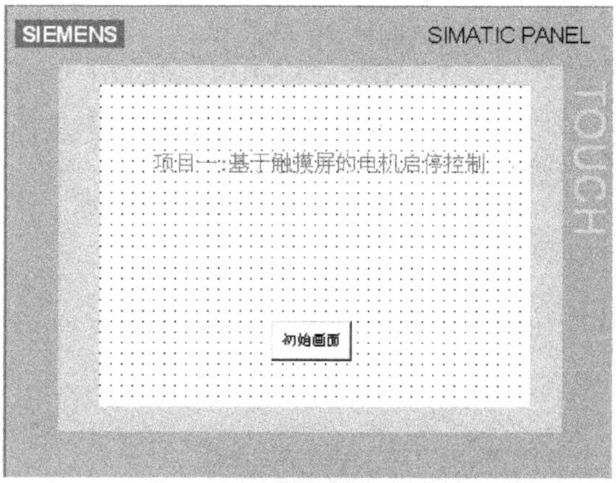

图 1–26　系统画面组态（一）

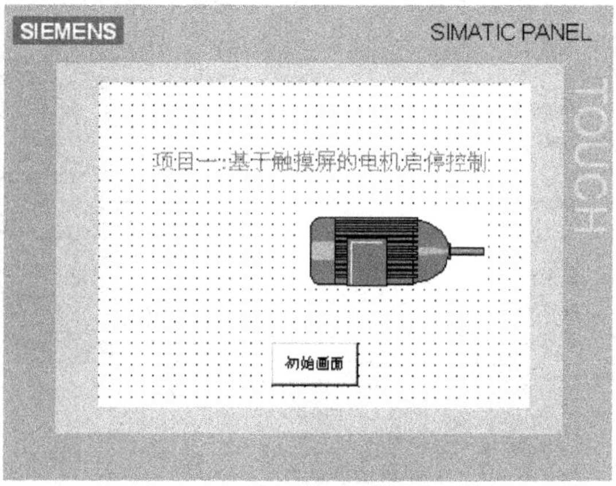

图 1–27　电机组态（一）

单击工具窗口的“图形”→“简单对象”→“矩形”，在画面中添加一个矩形，按图 1–28 所示设置矩形“属性”→“外观”的边框颜色和填充颜色。单击“动画”→“外观”，启用复选框打“√”，变量选择“电机”，类型选择“位”，当值分别为“0”和“1”时，按图 1–29 设置前景色和背景色。

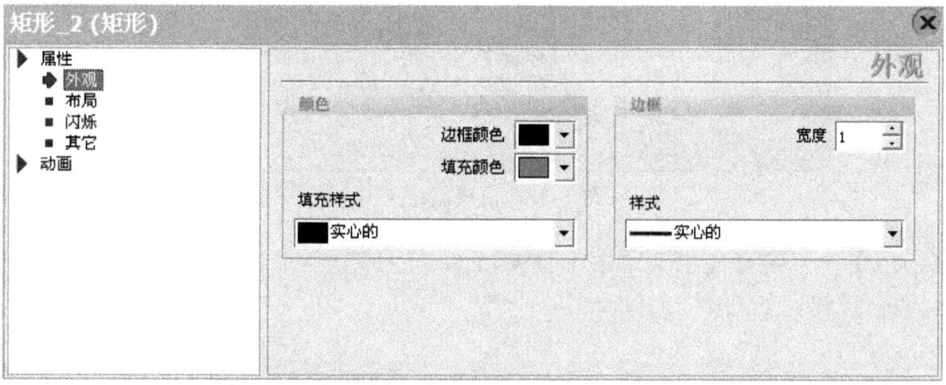

图 1–28　电机组态（二）

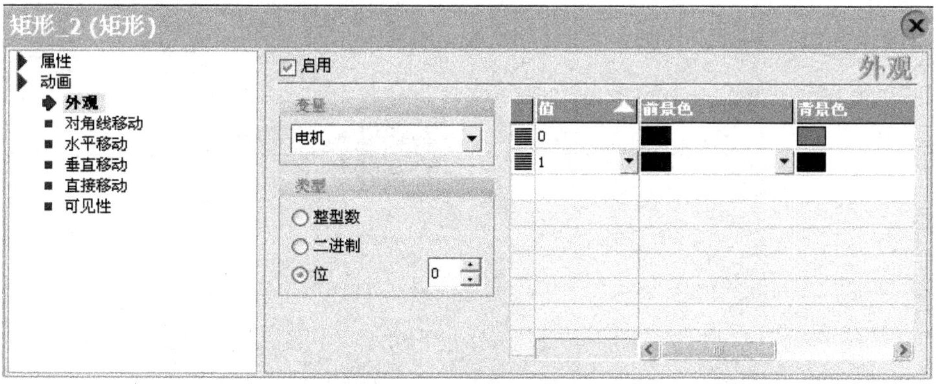

图 1–29　电机组态（三）

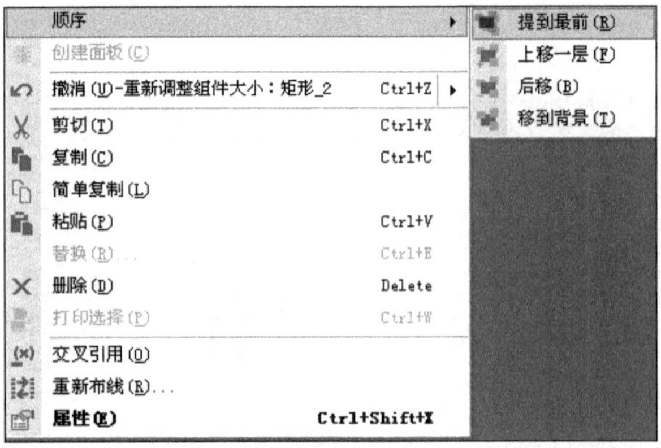

图 1–30 电机组态（四）

调整矩形合适大小，将与电动机轴重合，然后右击矩形，选择“顺序”→“提到最前”，如图 1–30 所示。

同时选中电动机和矩形并右击，选择“组合”，这样电动机和矩形是一个整体，如图 1–31 所示。

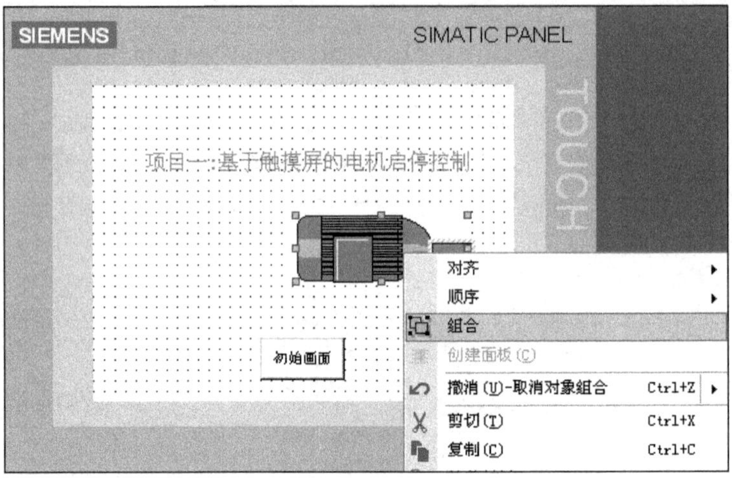

图 1–31 电机组态（五）

【step11】在系统画面中，单击工具窗口的“图形”→“简单对象”→“按钮”，在画面中增加两个按钮，如图 1–32 所示。

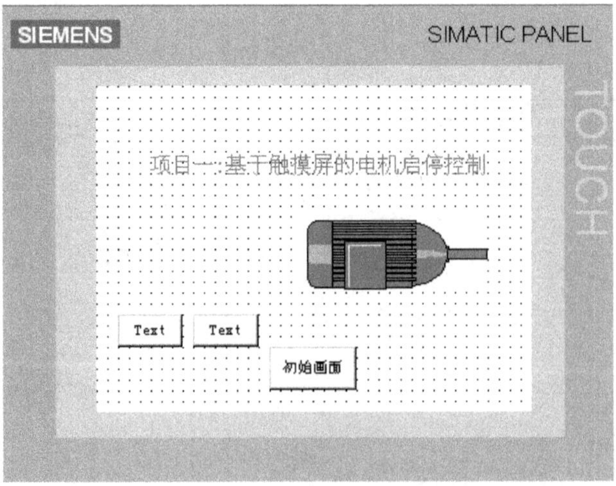

图 1–32 按钮组态（一）

双击第一个按钮或右击按钮选“属性”，进入按钮属性设置窗口，在“常规”对话框中，设置按钮模式为“文本”，设置“OFF 状态文本”（按钮弹起时显示的文本）为“启动”，如图 1–33 所示，如果选中“ON 状态文本”（按钮按下时显示的文本）复选框，则按钮在按下和弹起时显示不同的文本。

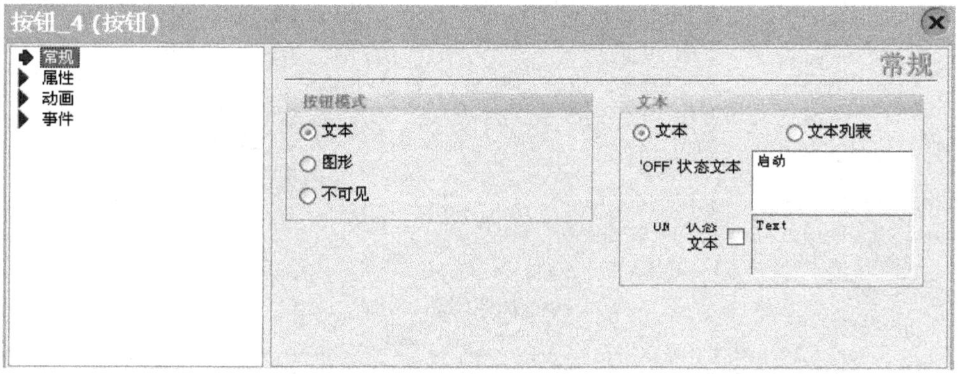

图 1–33　按钮组态（二）

打开“事件”的“按下”对话框，调用系统函数的置位函数 SetBit，对“启动变量”置位，如图 1–34 所示。打开“事件”的“释放”对话框，调用系统函数的置位函数 ResetBit，对“启动变量”复位，如图 1–35 所示。

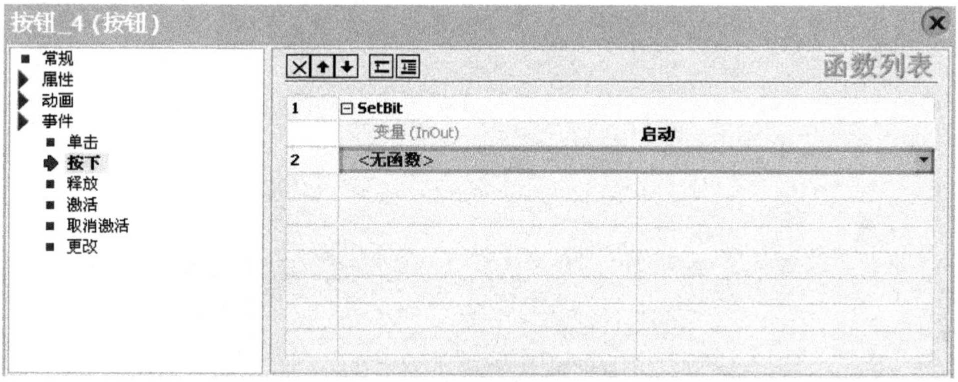

图 1–34　按钮组态（三）

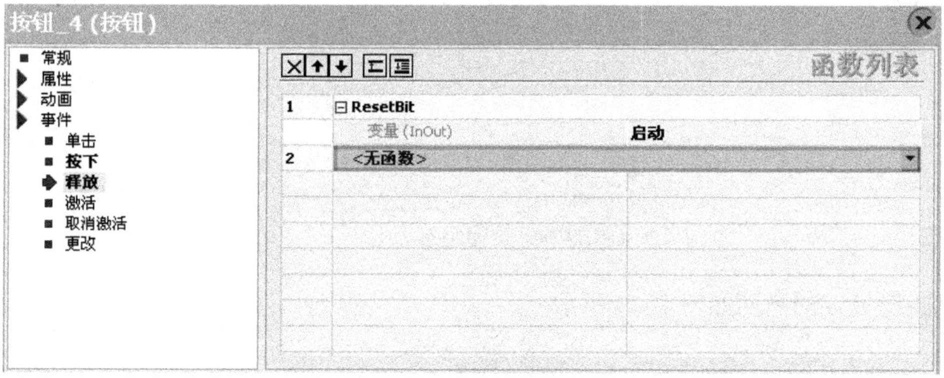

图 1–35　按钮组态（四）

同理，可将另一“停止”按钮进行组态，分别如图 1–36、图 1–37 和图 1–38 所示。

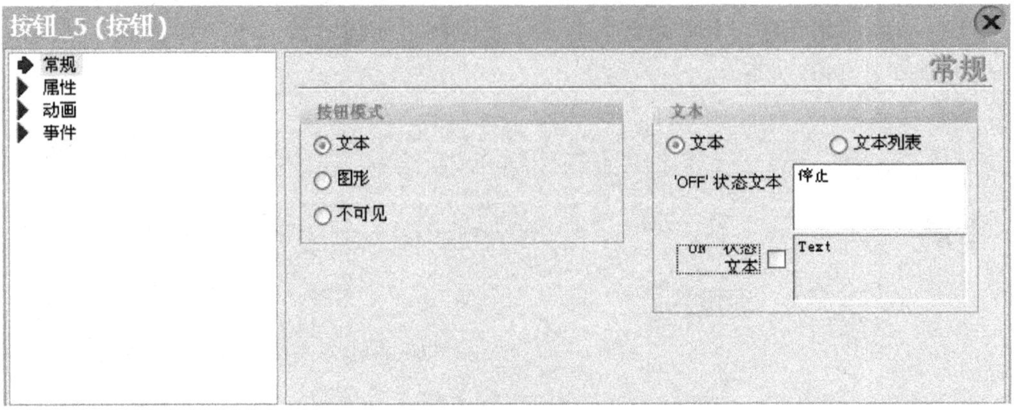

图 1–36　按钮组态（五）

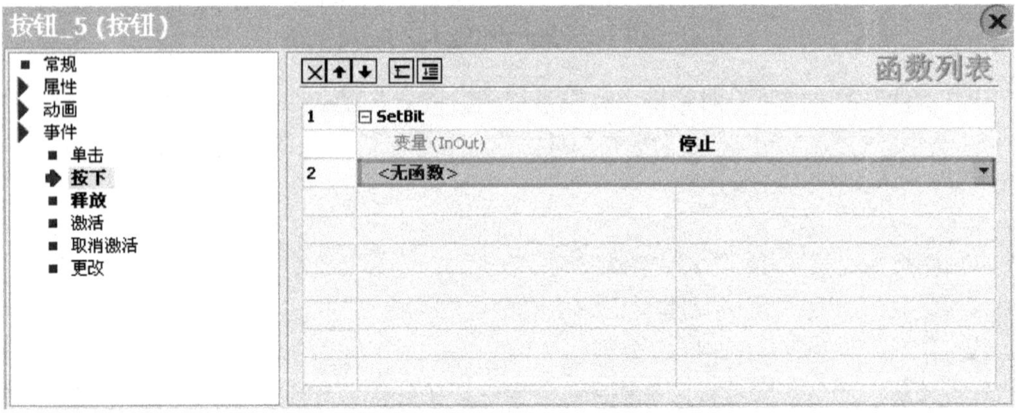

图 1–37　按钮组态（六）

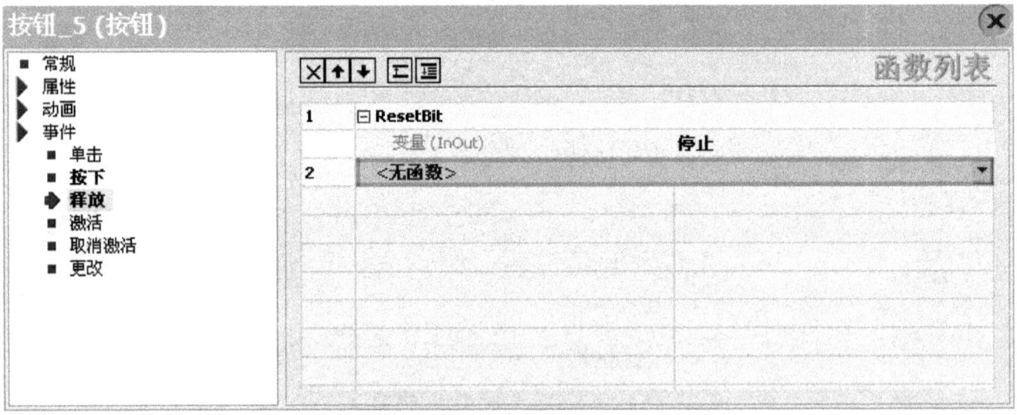

图 1–38　按钮组态（七）

按钮组态完成的画面如图 1–39 所示。

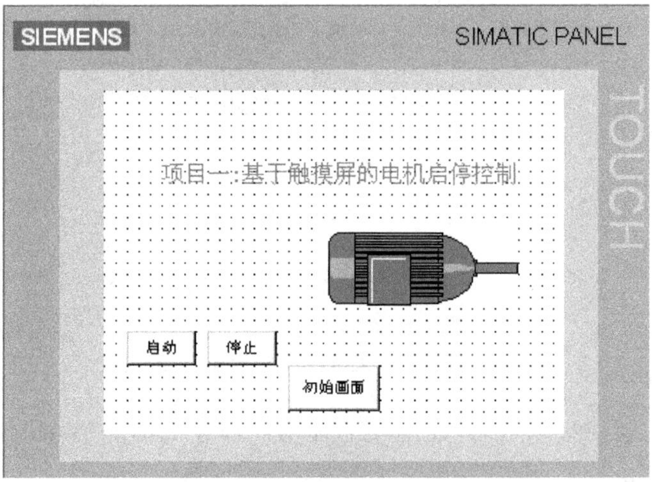

图 1–39　按钮组态（八）

知识扩展：

按钮最主要的功能是在单击时，它会执行事先组态好的系统函数，使用按钮可以完成丰富多彩的任务。

按钮的模式除了“文本”（上面介绍过），还有“图形”和“不可见”模式，下面介绍一下按钮的其他用途。

1）文本列表的按钮组态

双击项目视图的“文本和图形列表”文件夹中的“文本列表”，创建一个“文本列表 _1”的文本列表，当数值为 0 和 1 时分别对应“START”和“STOP”的条目，如图 1–40 所示。

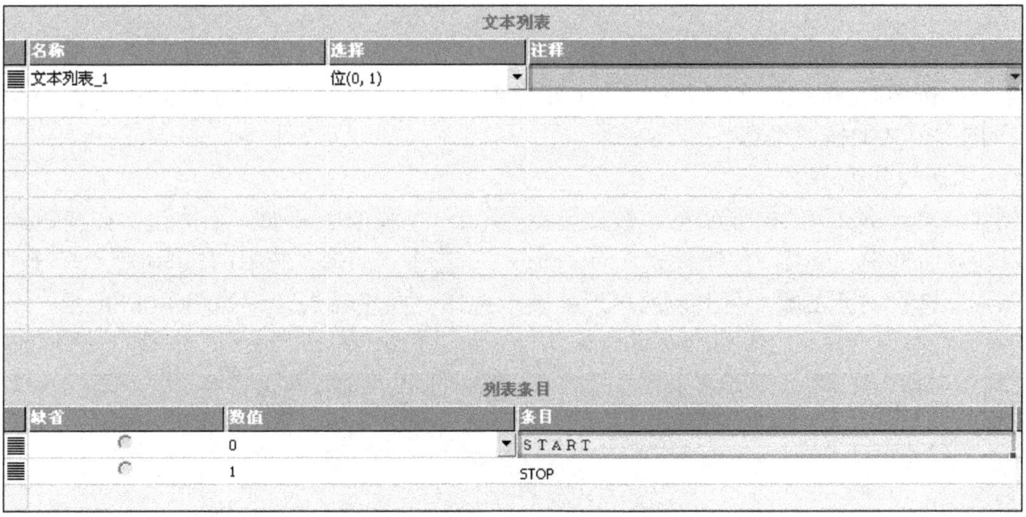

图 1–40　文本列表的按钮组态（一）

创建一个“tag1”的内部变量，数据类型为 Bool，创建一个“按钮组态”的画面，在画面中添加一个按钮，在按钮的“常规”属性对话框中，设置“按钮模式”为“文本”，选中“文本”域中的“文本列表”，将文本列表选择为“文本列表 _1”，在“过程”域中选择“tag1”的变量，如图 1–41 所示。

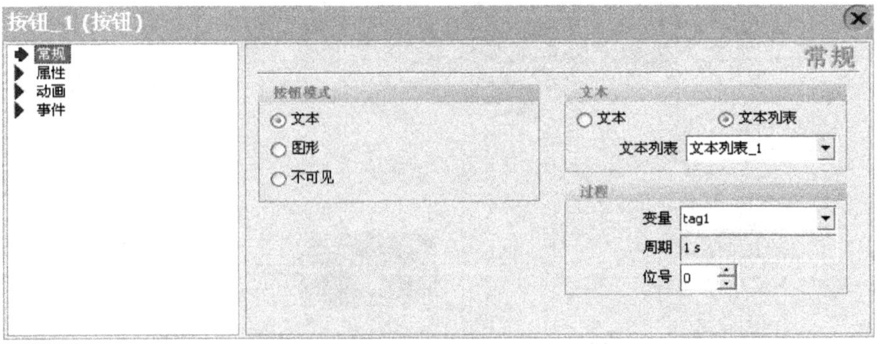

图 1-41　文本列表的按钮组态（二）

在按钮“事件”属性对话框中，组态在按下时执行系统函数“InvertBit”，使“tag1”的值取反，如图 1-42 所示。

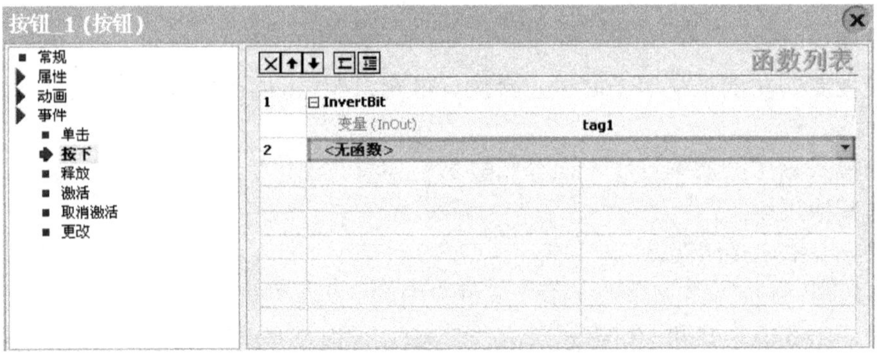

图 1-42　文本列表的按钮组态（三）

单击 WinCC flexible 工具栏中的图标，启动带模拟器的运行系统，进行离线模拟运行，当单击一次按钮时，按钮的文本显示为“STOP”，再单击一次按钮，按钮的文本显示为“START”。

2）图形模式的按钮组态

（1）图形模式组态

创建一个“tag2”的内部变量，数据类型为 Int，在画面中添加一个按钮，在按钮的“常规”属性对话框中，设置“按钮模式”为“图形”，选中“图形”域中的“图形”，单击“OFF 状态图形”选择右侧的，在出现的图形列表中选择“向左箭头”，如图 1-43 所示。

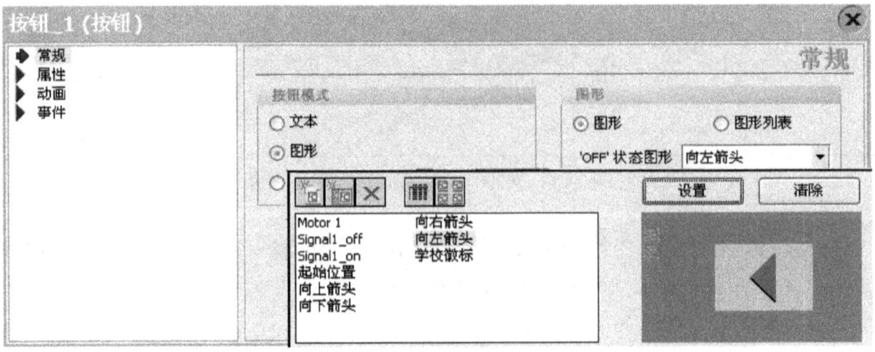

图 1-43　文本列表的按钮组态（四）

在按钮“事件”属性对话框中，组态在按下时执行系统函数“DecreaseValue”，使“tag2”的值减 1，如图 1–44 所示。

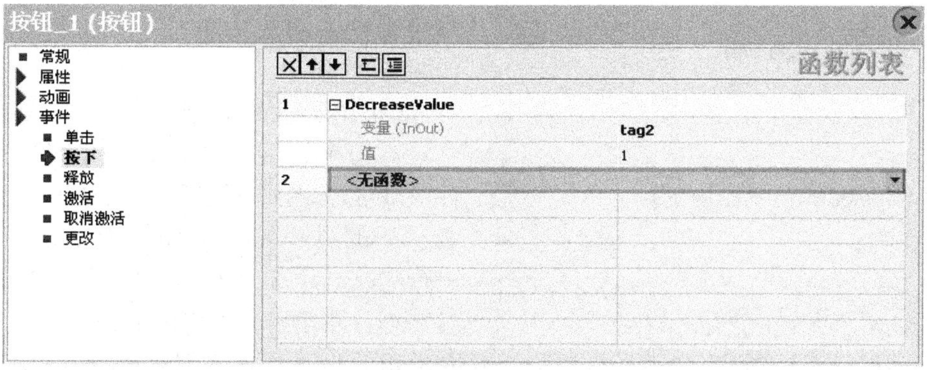

图 1–44　文本列表的按钮组态（五）

同理，在画面中再添加一个按钮，在按钮的“常规”属性对话框中，设置“按钮模式”为“图形”，选中“图形”域中的“图形”，单击“OFF 状态图形”选择右侧的，在出现的图形列表中选择“向右箭头”，如图 1–45 所示。

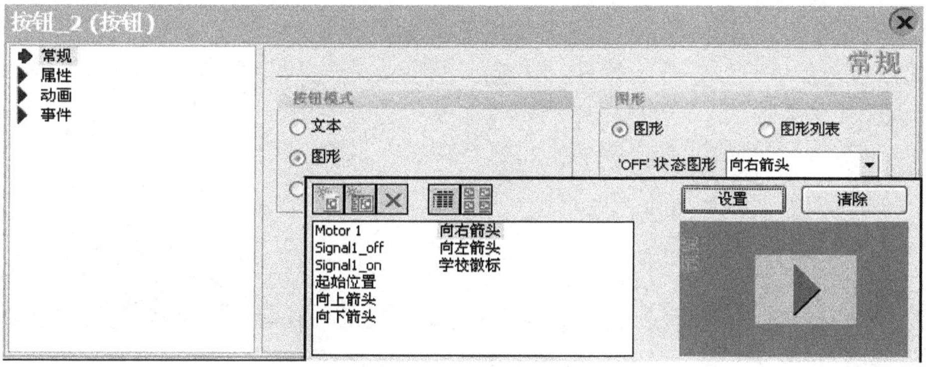

图 1–45　文本列表的按钮组态（六）

在按钮“事件”属性对话框中，组态在按下时执行系统函数“IncreaseValue”，使“tag2”的值加 1，如图 1–46 所示。

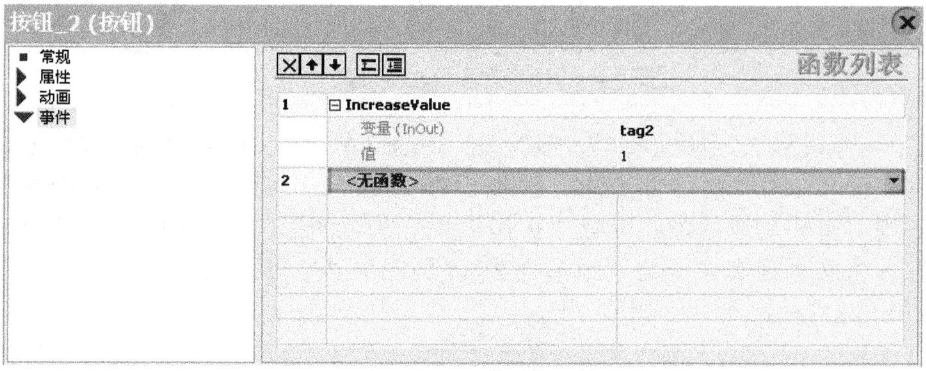

图 1–46　文本列表的按钮组态（七）

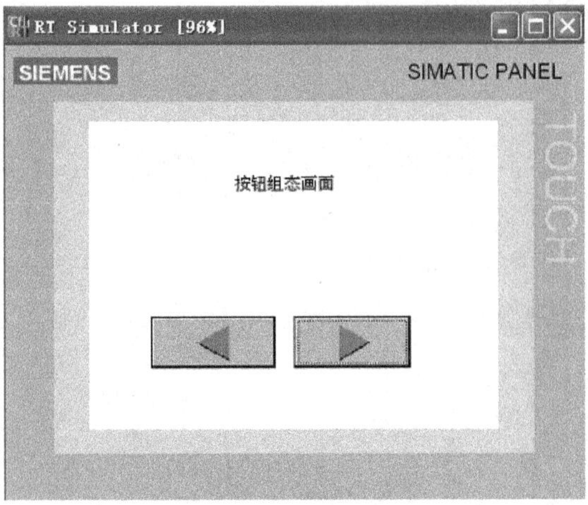

图 1-47　文本列表的按钮组态（八）

单击 WinCC flexible 工具栏中的图标，启动带模拟器的运行系统，进行离线模拟运行，当单击向左箭头按钮时，“tag2”的值减 1，当单击向右箭头按钮时，“tag2”的值加 1，如图 1-47 所示。

(2) 图形列表模式组态

双击项目视图的“文本和图形列表”文件夹中的“图形列表”，创建一个“图形列表 _1”的图形列表，单击“列表条目”中的第一行“数值”列，设置“数值”为 0。单击“条目”列，单击▾，出现图形列表对话框，单击左上角的（用文件创建新图形），打开图形文件（也可自己创建图形文件），选择“Selector switch 3 (left).wmf”，单击“设置”按钮，就生成了第一个条目，如图 1-48 所示。

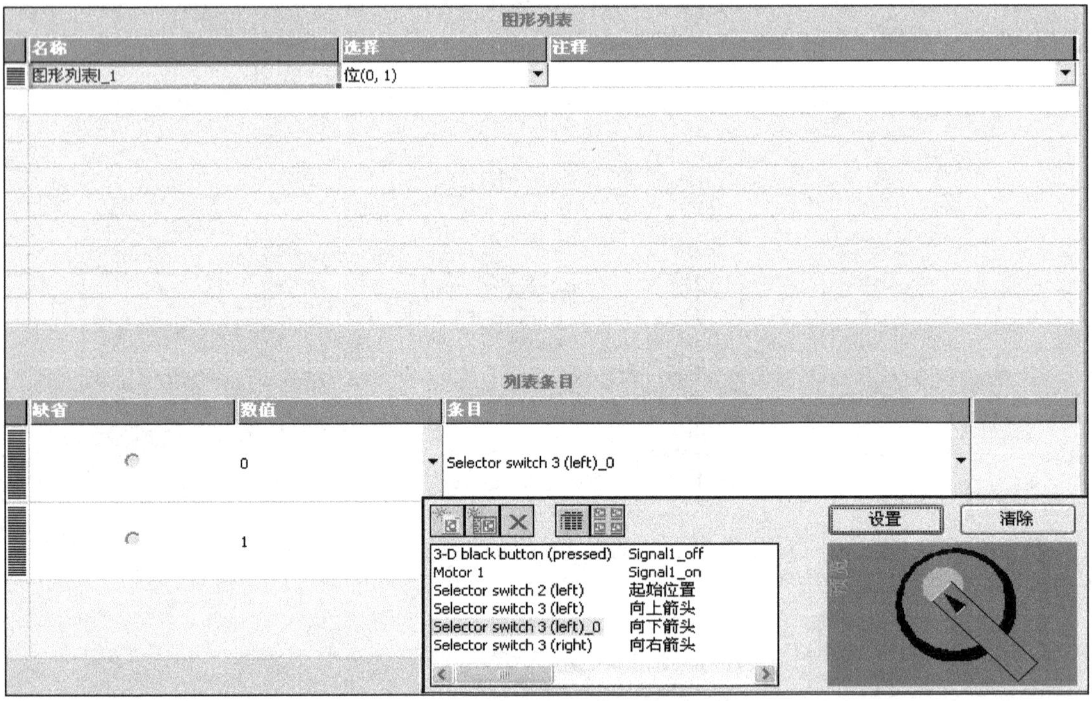

图 1-48　图形列表的按钮组态（一）

同理，可生成第二个图形文件为“Selector switch 3 (right).wmf”的条目，如图 1-49 所示。

创建一个“tag3”的内部变量，数据类型为 Bool，在画面中添加一个按钮，在按钮的“常规”属性对话框中，设置“按钮模式”为“图形”，选中“图形”域中的“图形列表”，将文本列表选择为“图形列表 _1”，在“过程”域中选择“tag3”的变量，如图 1-50 所示。

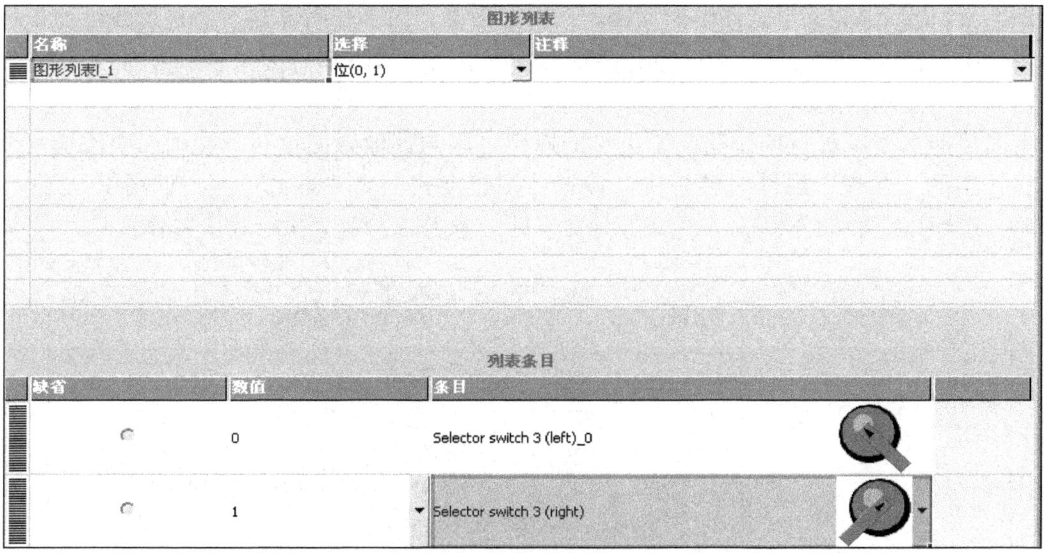

图 1–49　图形列表的按钮组态（二）

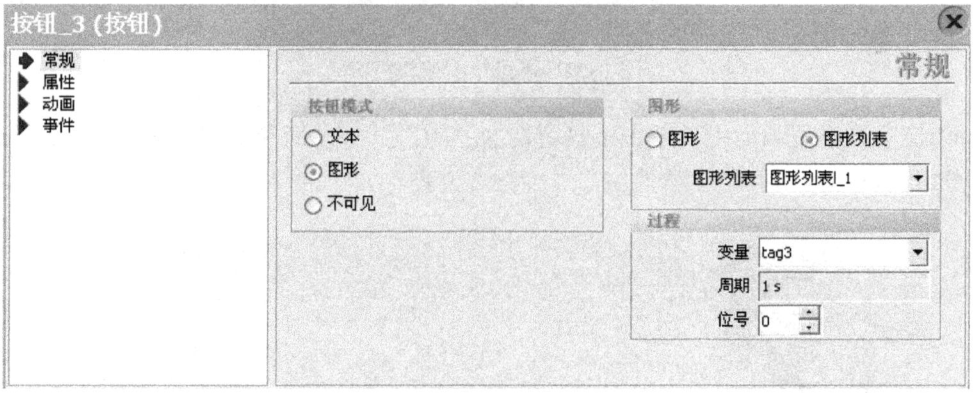

图 1–50　图形列表的按钮组态（三）

在按钮“事件”属性对话框中，组态在按下时执行系统函数“InvertBit”，使“tag3”的值取反，如图 1–51 所示。

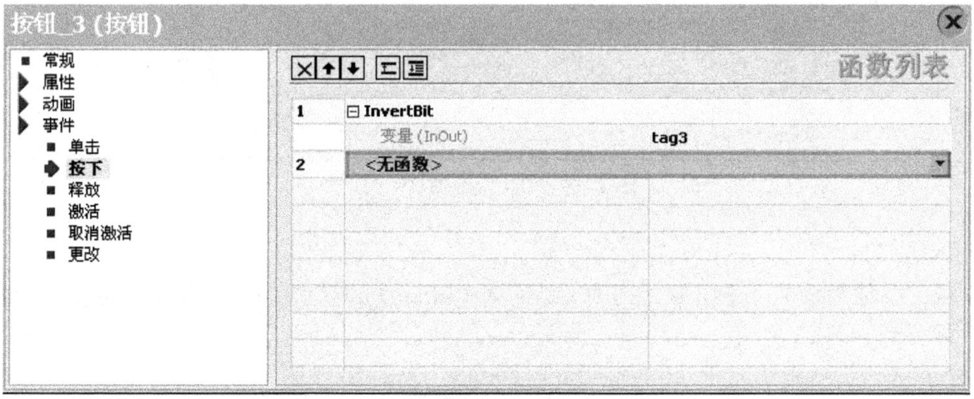

图 1–51　图形列表的按钮组态（四）

单击 WinCC flexible 工具栏中的图标，启动带模拟器的运行系统，进行离线模拟运行，当单击一次按钮时，按钮显示为向左开关图形，再单击一次按钮，按钮显示为向右开关图形。

(3) 不可见按钮组态

有时可能需要不可见的按钮，不可见的按钮可以与其他画面重叠。在画面中添加一个按钮，在按钮的“常规”属性对话框中，设置“按钮模式”为“不可见”，如图 1–52 所示，组态时，按钮以空心的方框显示，运行时看不见，单击时，就会执行相应操作。

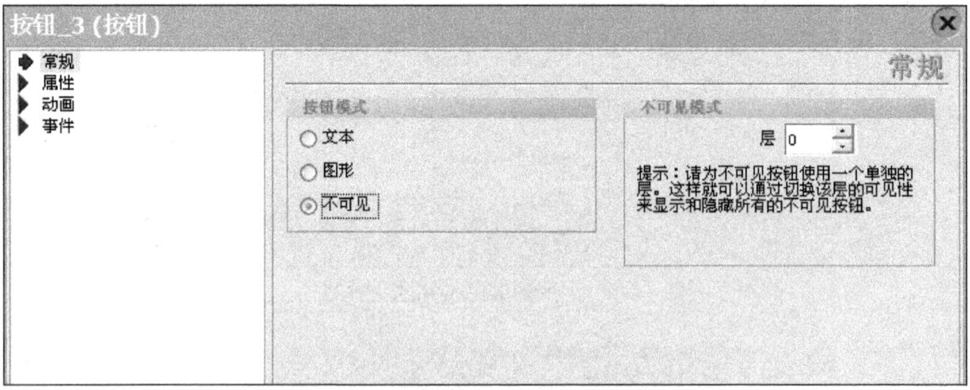

图 1–52　不可见的按钮组态

【step12】在系统画面中，单击工具窗口的“图形”→“简单对象”→“I/O 域”，在画面中增加一个 I/O 域，如图 1–53 所示。

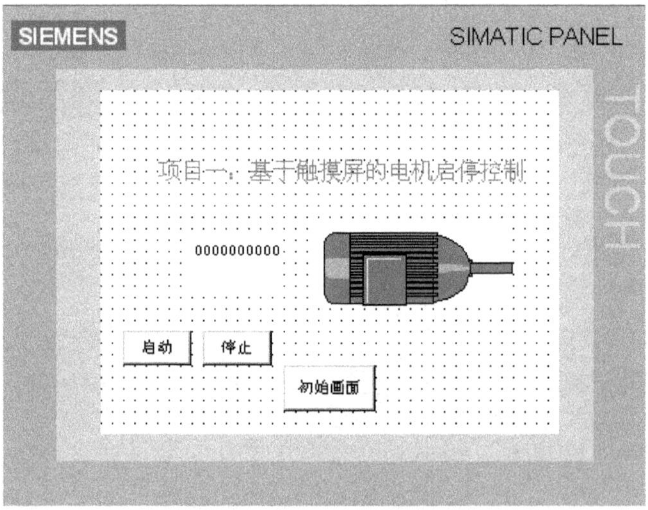

图 1–53　I/O 域组态（一）

知识点学习：

I/O 域，也称为输入 / 输出域，其中 I 是输入（input）的简称，O 是输出（Output）的简称。

I/O 域分为三种模式：

1) 输入域

输入域用于操作人员输入要传送的 PLC 的数字、字母、符号。

2）输出域

输出域用于显示变量的数值。

3）输入 / 输出域

输入 / 输出域同时具备输入输出的功能。

双击 I/O 域或右击按钮选“属性”，进入 I/O 域属性设置窗口，在“常规”对话框中，设置类型为“输出”模式，设置过程为“电机”变量，格式为“十进制”，格式样式为“9”，移动小数点为“0”，如图 1–54 所示。

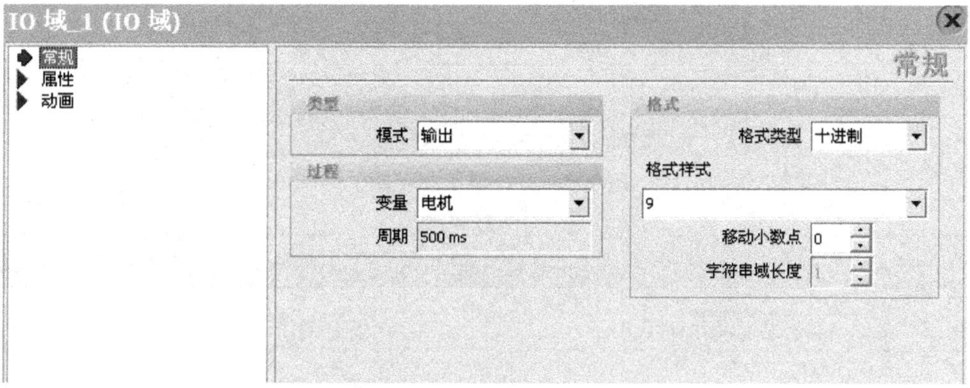

图 1–54　I/O 域组态（二）

单击“属性”→“文本”，在“文本”对话框中，设置字体为“宋体，8pt”、水平“居中”、垂直“中间”，如图 1–55 所示。

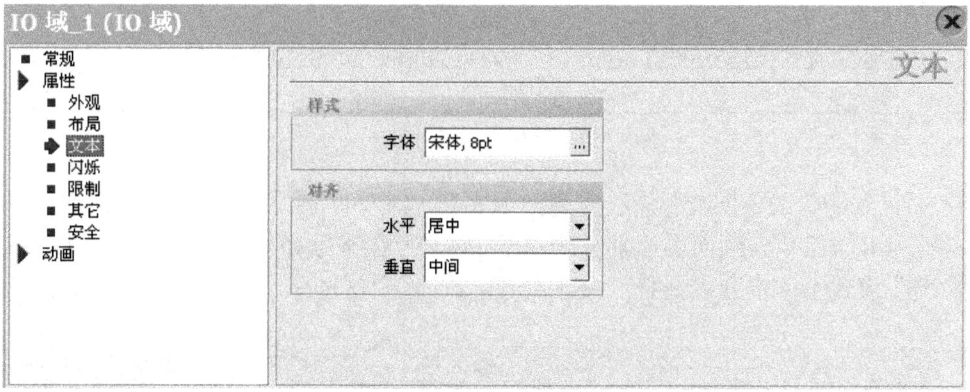

图 1–55　I/O 域组态（三）

在 I/O 域的下方，组态一个“电机状态”的文本域，组态完毕的画面见图 1–56。

知识扩展：

下面分别介绍符号 I/O 域和图形 I/O 域组态。

1）符号 I/O 域组态

创建一个“文本列表 _2”的文本列表，在“文本列表”对话框中创建当数值为 0 和 1 时分别对应“手动模式”和“自动模式”的条目，如图 1–57 所示。

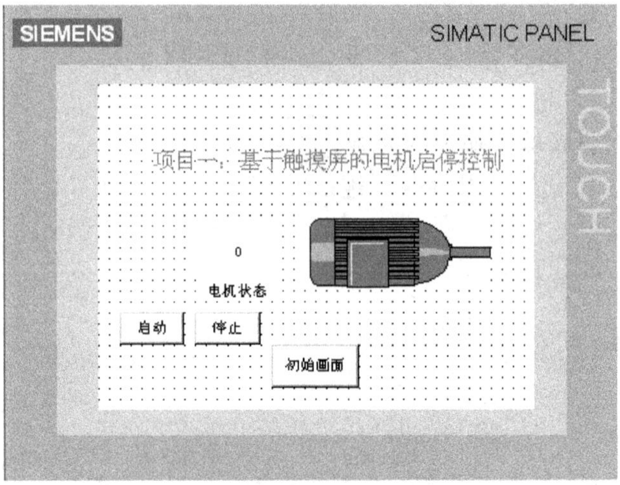

图 1–56　I/O 域组态（四）

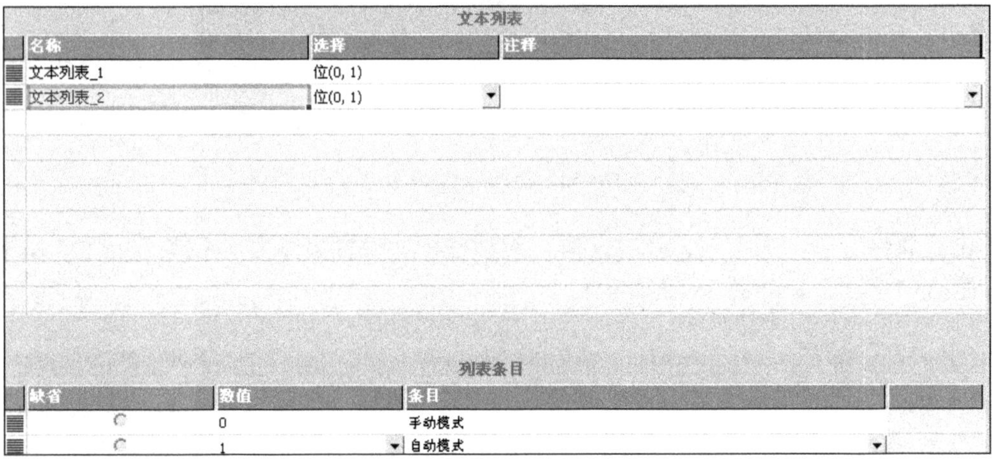

图 1–57　符号 I/O 域组态（一）

创建一个“tag5”的内部变量，数据类型为 Bool，创建一个“I/O 域组态”的画面，单击“简单对象→符号 IO 域”，在画面中添加一个符号 I/O 域，在符号 I/O 域的“常规”属性对话框中，设置“输出”模式，文本列表选择“文本列表 _2”，变量选择“tag5”， 如图 1–58 所示。

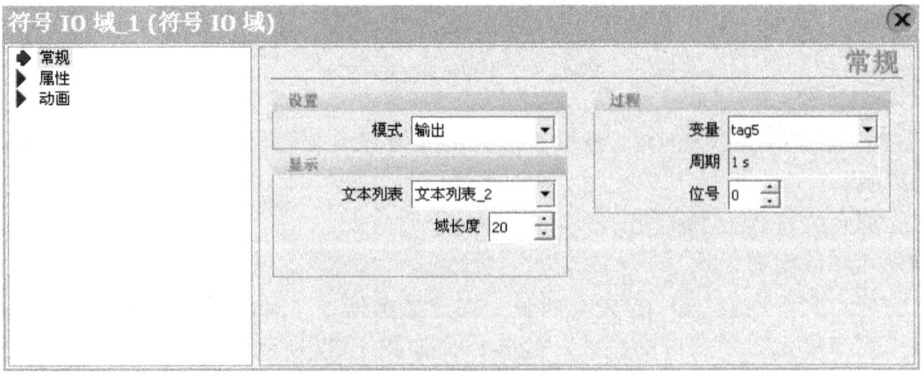

图 1–58　符号 I/O 域组态（二）

单击“简单对象”→“IO 域”，在画面中添加一个 I/O 域，在 I/O 域的“常规”属性对话框中，设置“输入”模式，变量选择“tag5”，格式样式为“9”，如图 1-59 所示。

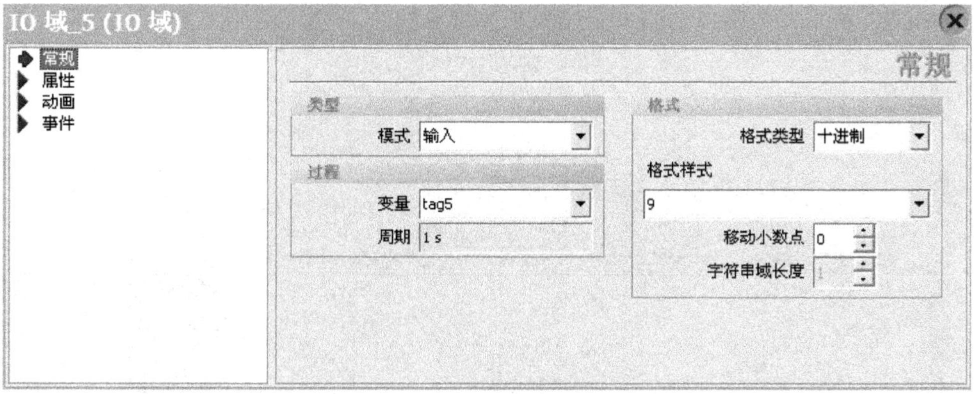

图 1-59　符号 I/O 域组态（三）

组态完成的画面如图 1-60 所示，单击 WinCC flexible 工具栏中的图标，启动带模拟器的运行系统，进行离线模拟运行，当在 I/O 域中输入“0”时，符号 I/O 域显示“手动模式”，在 I/O 域中输入“1”时，符号 I/O 域显示“自动模式”。

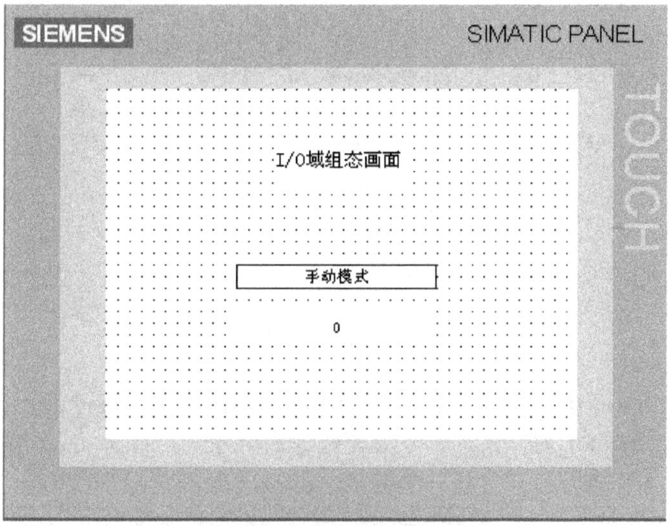

图 1-60　符号 I/O 域组态（四）

2）图形 I/O 域组态

双击项目视图的“文本和图形列表”文件夹中的“图形列表”，创建一个“图形列表_2”的图形列表，建立三个列表条目，数字 0、1、2 分别对应 PLC1、PLC2 和 PLC3 的图形，如图 1-61 所示。

单击“简单对象”→“图形 IO 域”，在画面中添加一个图形 I/O 域，在图形 I/O 域的“常规”属性对话框中，设置“输出”模式，文本列表选择“文本列表_2”，变量选择“tag2”，如图 1-62 所示。

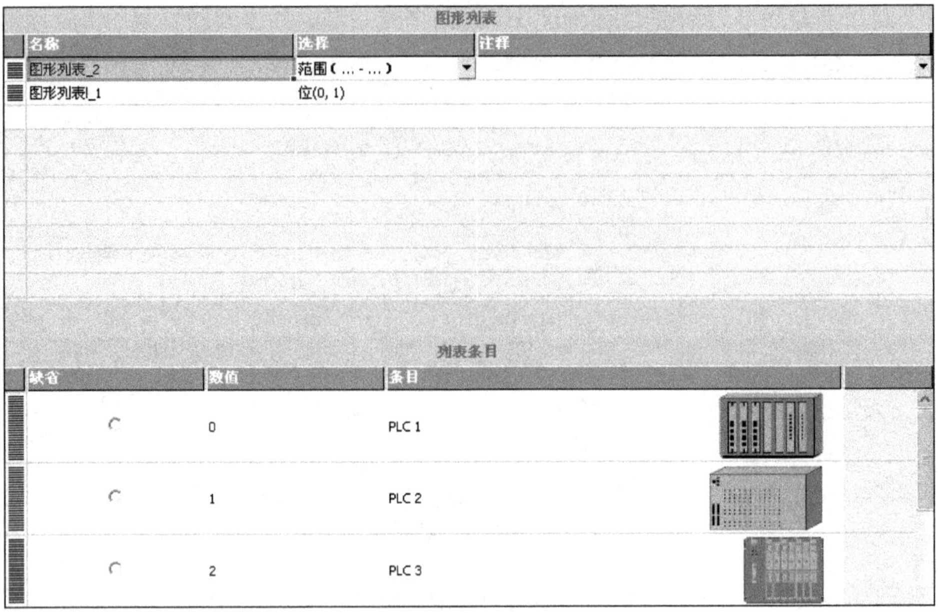

图 1–61　图形 I/O 域组态（一）

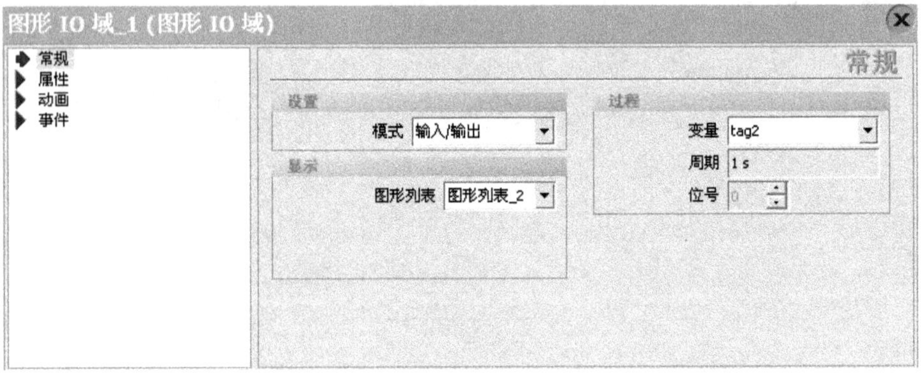

图 1–62　图形 I/O 域组态（二）

单击“简单对象”→“IO 域”，在画面中添加一个 I/O 域，在 I/O 域的“常规”属性对话框中，设置“输入”模式，变量选择“tag2”，格式样式为“9”，如图 1–63 所示。

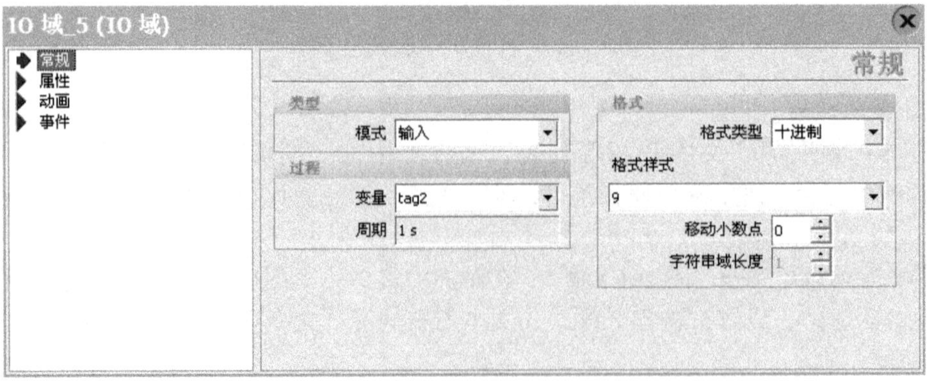

图 1–63　图形 I/O 域组态（三）

组态完成的画面如图 1-64 所示，单击 WinCC flexible 工具栏中的图标，启动带模拟器的运行系统，进行离线模拟运行，当在 I/O 域中输入“0”时，图形 I/O 域显示“PLC1”的图形，在 I/O 域中输入“1”时，图形 I/O 域显示“PLC2”的图形，在 I/O 域中输入“2”时，图形 I/O 域显示“PLC3”的图形。

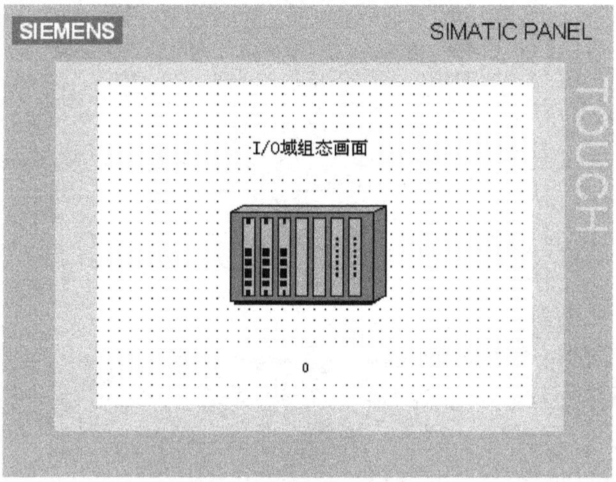

图 1-64　图形 I/O 域组态（四）

【step13】双击项目视图的“文本和图形列表”文件夹中的“图形列表”，创建一个“图形列表_3”的图形列表，建立两个列表条目，数字 0、1 分别对应“Signal1_off”和“Signal1_on”的图形，如图 1-65 所示。

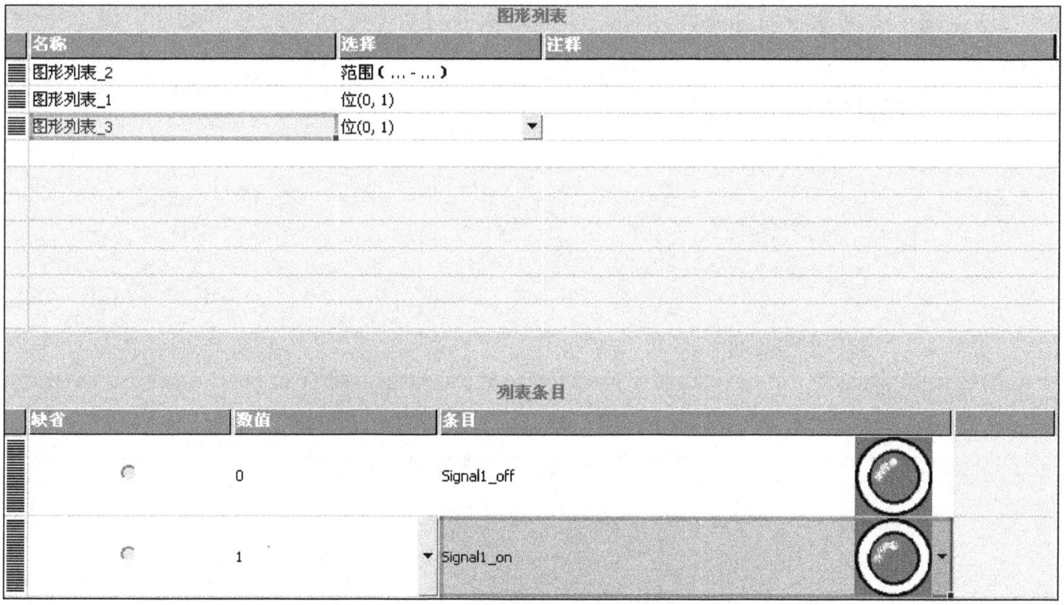

图 1-65　图形列表_3 组态

从工具窗口的“库”→“Button_and_switches”→“Indicator_switches”选择“PilotLight-1”，将其添加在系统画面，在该对象“常规”属性对话框中，设置“图形”模式和“图形列表”，图形列表选择“图形列表_3”，变量选择“电机”，如图 1–66 所示。

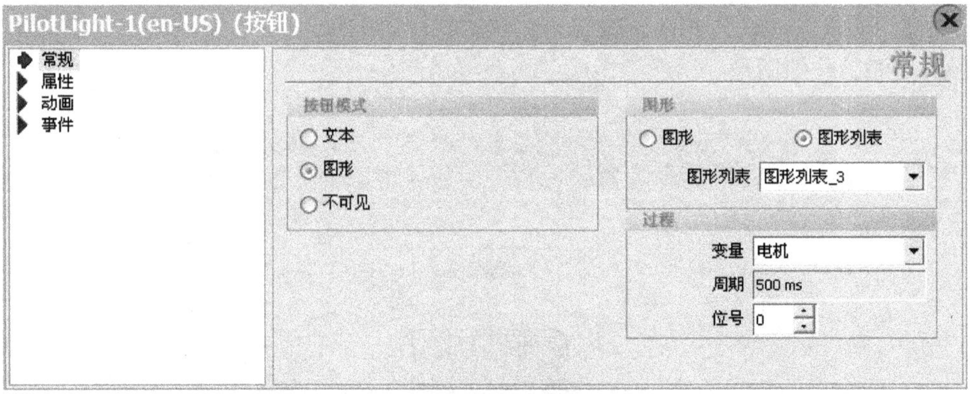

图 1–66　指示灯组态

在系统画面中再添加一个文本域，输入内容为“系统指示灯”，组态完毕的系统画面如图 1–67 所示。

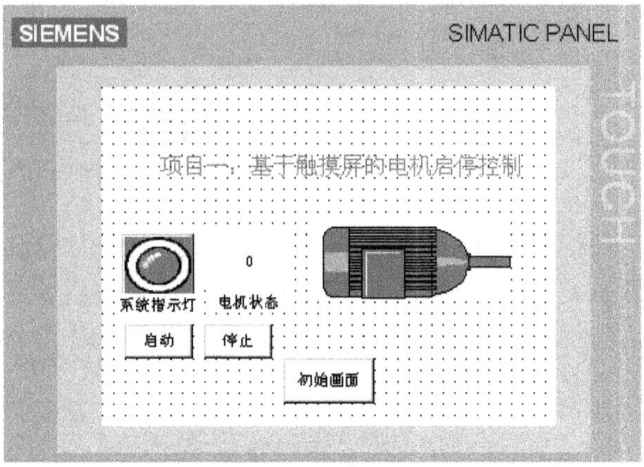

图 1–67　系统组态画面

【step14】单击项目视图中“设备设置”的按钮，在展开项目中双击“设备设置”，在“设备设置”对话框中将起始画面设置为“初始画面”，如图 1–68 所示。

【step15】项目编译。WinCC flexible 项目创建完后，使用菜单“项目”→“编译器”→“生成”或单击工具栏的图标，对项目进行一致性检查，完成后生成编译好的项目文件。项目编译如图 1–69 所示。

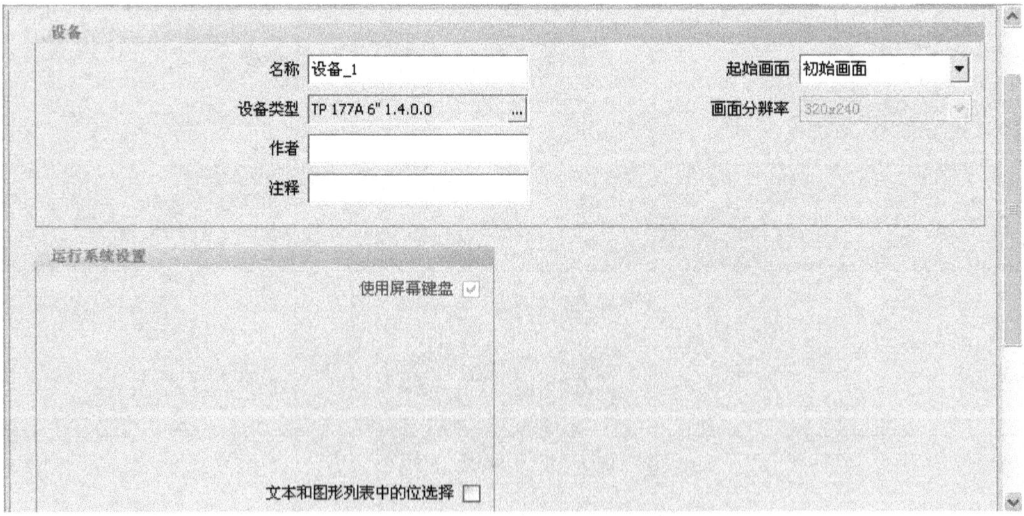

图 1–68　起始画面设置

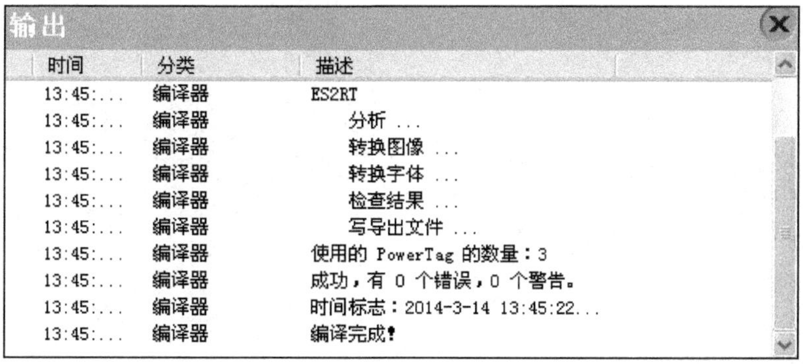

图 1-69　项目编译

三、TP177A 触摸屏与计算机通信组态

用 USB/PPI 或 PC/PPI 电缆将 TP177A 触摸屏与组态计算机连接起来。

1）触摸屏传输模式设置

在触摸屏上电时迅速出现的 HMI 设备装载程序画面如图 1-70 所示。

知识点学习：

装载程序画面各按钮功能如下：

(1) 按下“Transfer”按钮，将切换到传送模式；

(2) 按下“Start”按钮，启动运行系统打开 HMI 设备上已装载的项目；

(3) 按下“Cortrol Panel”按钮，访问 Windows CE 控制面板，可定义各种不同的设置，如图 1-71 所示。

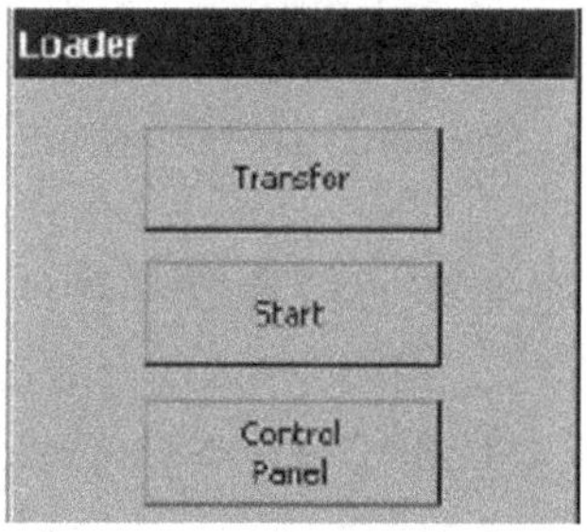

图 1-70　HMI 设备装载程序画面

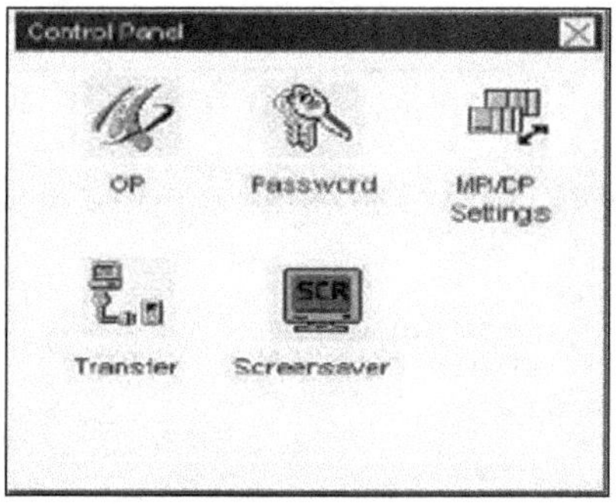

图 1-71　Windows CE 控制面板

双击“OP”图标，可设置和显示 OP 相关属性，图 1-72 所示为显示 HMI 设备相关信息，其中：① HMI 设备名称；②存储 HMI 设备映像和项目的内部闪存大小；③引导装载程序的版本；④引导装载程序的发行日期；⑤ HMI 设备映像的版本。

双击“MPI/DP Setings”图标，可更改 MPI/DP 设置，如图 1-73 所示，其中：① HMI 设备的总线地址；②数据传输率。

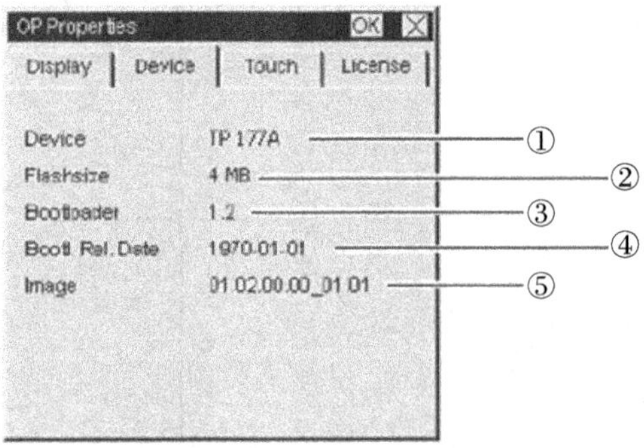

图 1-72　显示 OP 相关属性

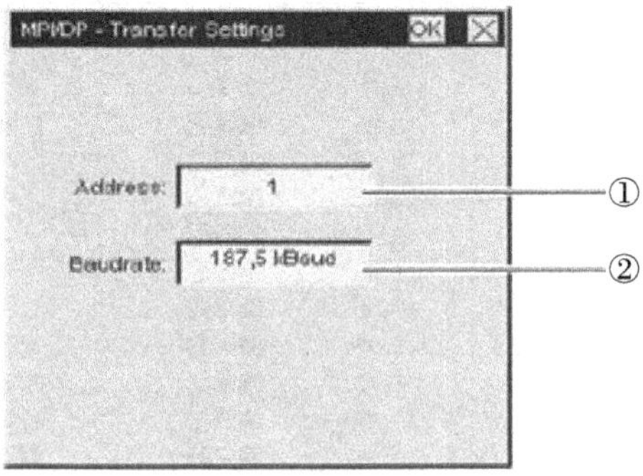

图 1-73　MPI/DP 参数设置

双击“Transfer”图标，可组态数据通道，如图 1-74 所示，出现叉号的复选框表示启用该数据通道，其中：①数据通道 1 的组（通道 1）；②数据通道 2 的组（通道 2）；③“MPI/DP 传送设置”对话框的按钮。

双击“Screensaver”图标，可设置屏幕保护程序，如图 1-75 所示。

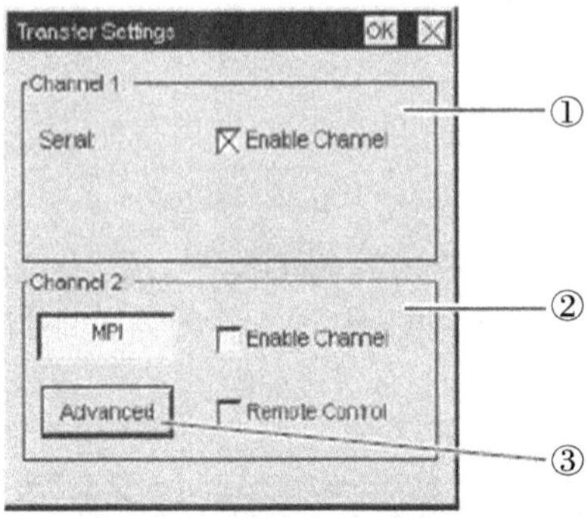

图 1-74　组态数据通道

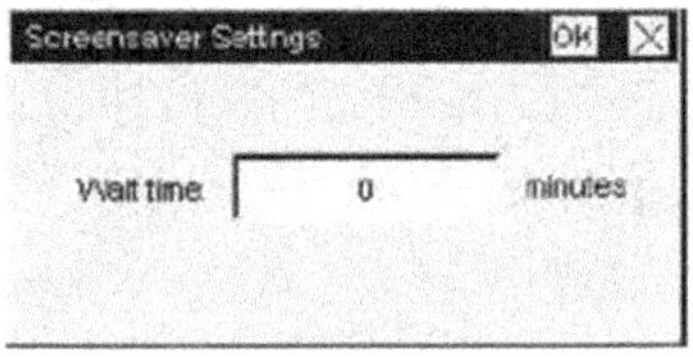

图 1-75　设置屏幕保护程序

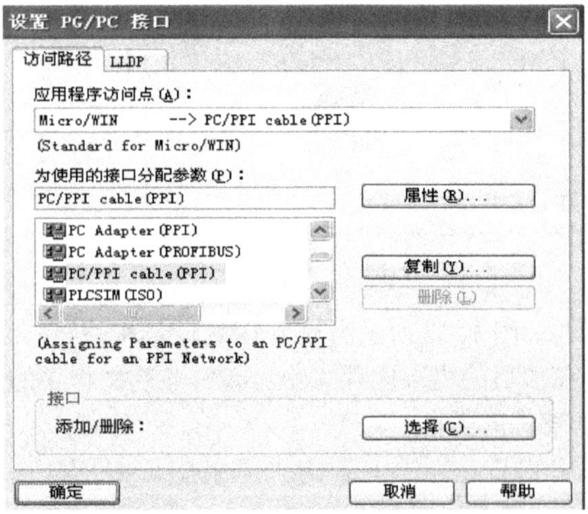

图 1-76　设置 PG/PC 端口（一）

双击“Transfer”图标，可设置控制面板的密码保护。

数据通道和通信参数设置如图 1-73 和图 1-74 所示，关闭 Windows CE 控制面板，在图 1-68 中按下“Transfer”按钮，等待 PC 传送。

2）组态计算机 PC 设置

选择“控制面板”→“设置 PG/PC 端口”，对 PG/PC 端口进行设置，如图 1-76 ~ 图 1-78 所示。

3）WinCC flexible 项目传输设置

单击图 1-79 中的图标，出现传送模式设置画面，如图 1-80 所示。

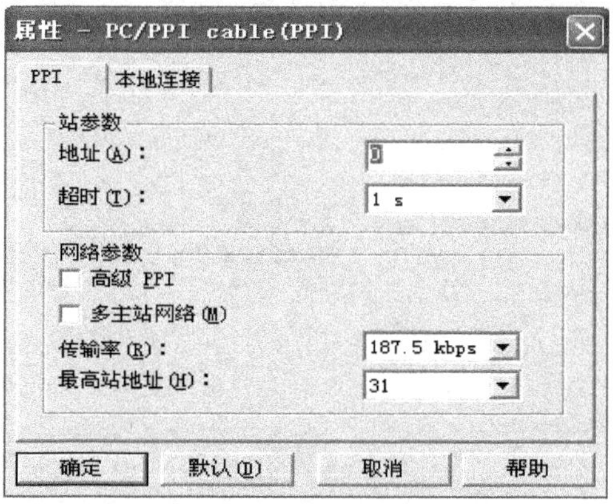

图 1-77　设置 PG/PC 端口（二）

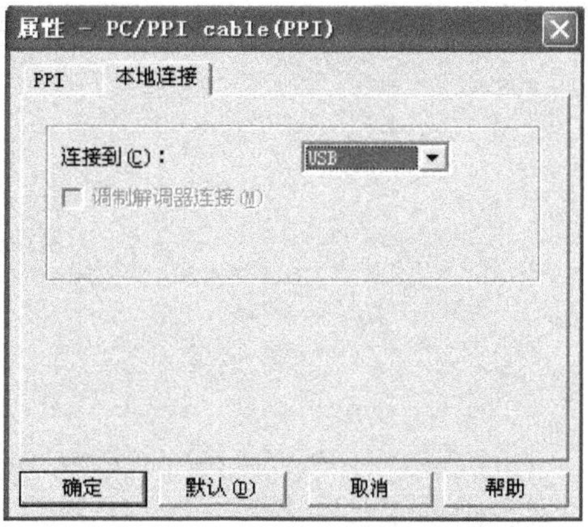

图 1-78　设置 PG/PC 端口（三）

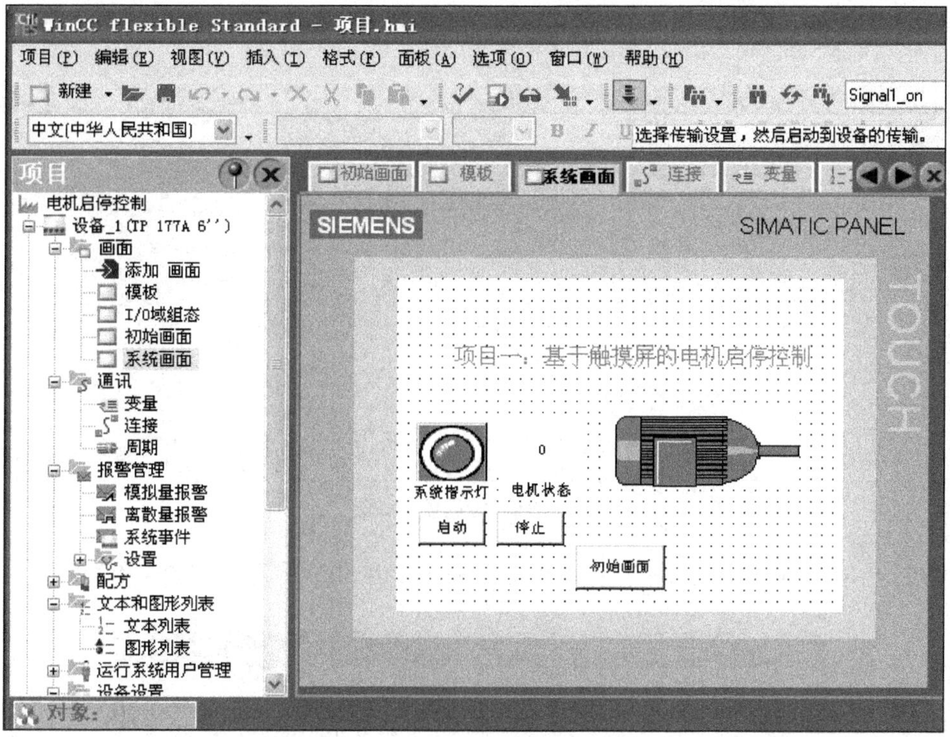

图 1-79　项目画面

知识点学习：

图 1-80 中的传送模式共三种：

(1) MPI/DP。组态计算机和 HMI 设备处于同一个 MOI 网络或 PROFIBUS DP 网络，使用相应的协议进行传送操作。

(2) RS232/PPI 多主站电缆。采用 RS232/PPI 多主站电缆连接计算机的串口和 HMI 设备的 RS485 端口进行传输。

(3) USB/PPI 多主站电缆。采用 USB/PPI 多主站电缆连接计算机的 USB 端口和 HMI 设备的 RS485 端口进行传输。

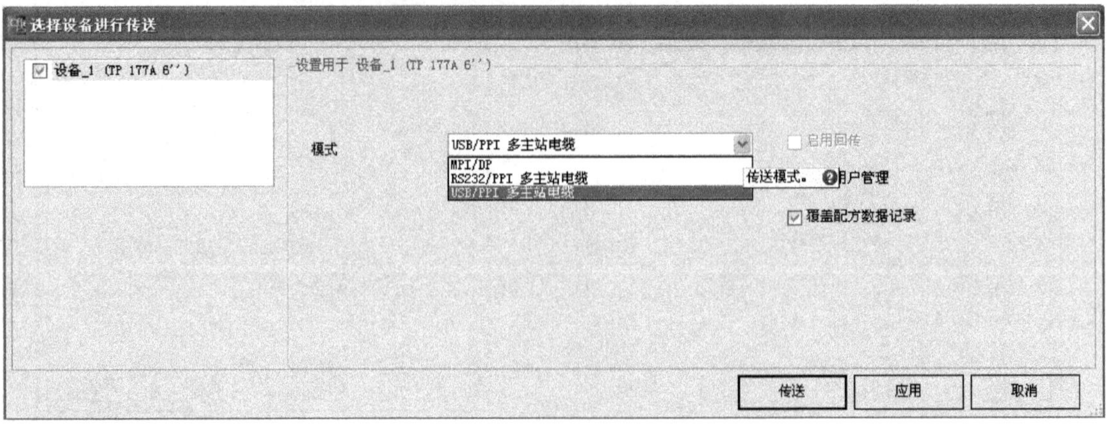

图 1-80 传送模式设置画面

本项目设置的传送模式为“USB/PPI 多主站电缆”模式，如图 1-81 所示。

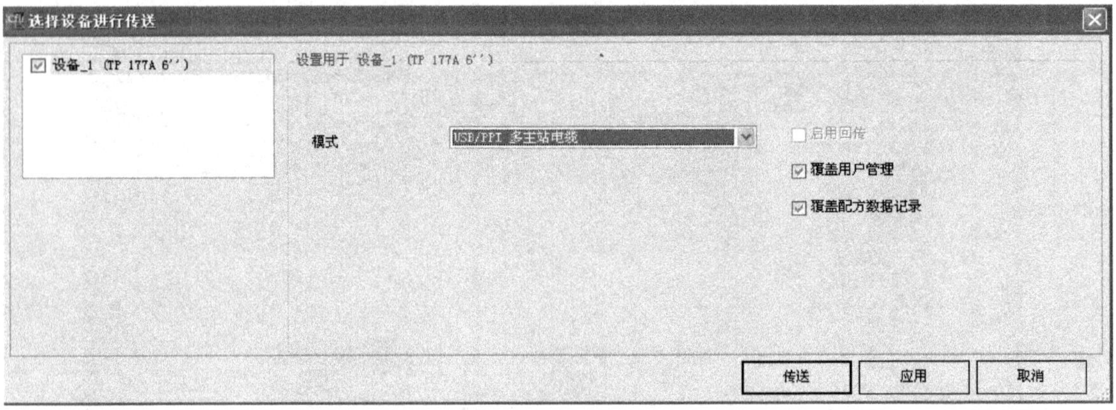

图 1-81 传送模式设置

单击图 1-81 中的“传送”按钮，就进入 WinCC flexible 传送，如图 1-82 所示。

图 1-82 WinCC flexible 传送

四、PLC 控制程序编写下载

1) PLC 控制程序编写

根据控制任务要求，编写以下控制程序，见图 1-83。图 1-83 中，当 I0.0 或 M0.0 接通时，电机启动；当 I0.1 或 M0.1 接通时，电机停止。

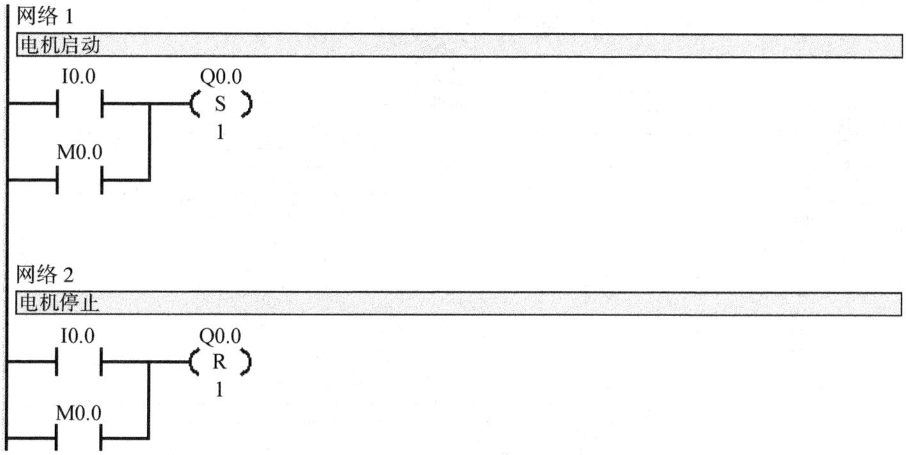

图 1-83　PLC 控制程序（一）

2) PLC 控制程序下载

用 USB/PPI 或 PC/PPI 电缆将 PLC 的 PORT1 与组态计算机连接起来。

(1) 组态计算机通信参数设置。PC 参数设置与图 1-76、图 1-77 和图 1-78 一样。

(2) PLC 通信参数设置。在 V4.0 STEP 7 MicroWIN 中，选择“查看”→“系统块”，组态 PORT0 端口（与 TP177A 通信的端口），如图 1-84 所示。

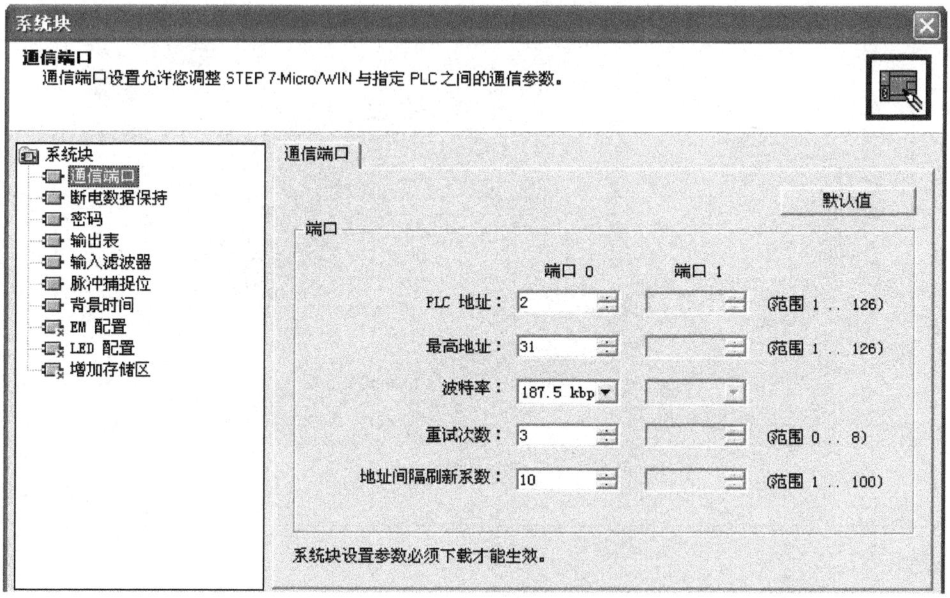

图 1-84　PLC 通信端口组态

(3) 程序下载。单击图 1-85 中的▲图标，将 PLC 控制程序下载到 PLC，下载过程如图 1-86 所示。

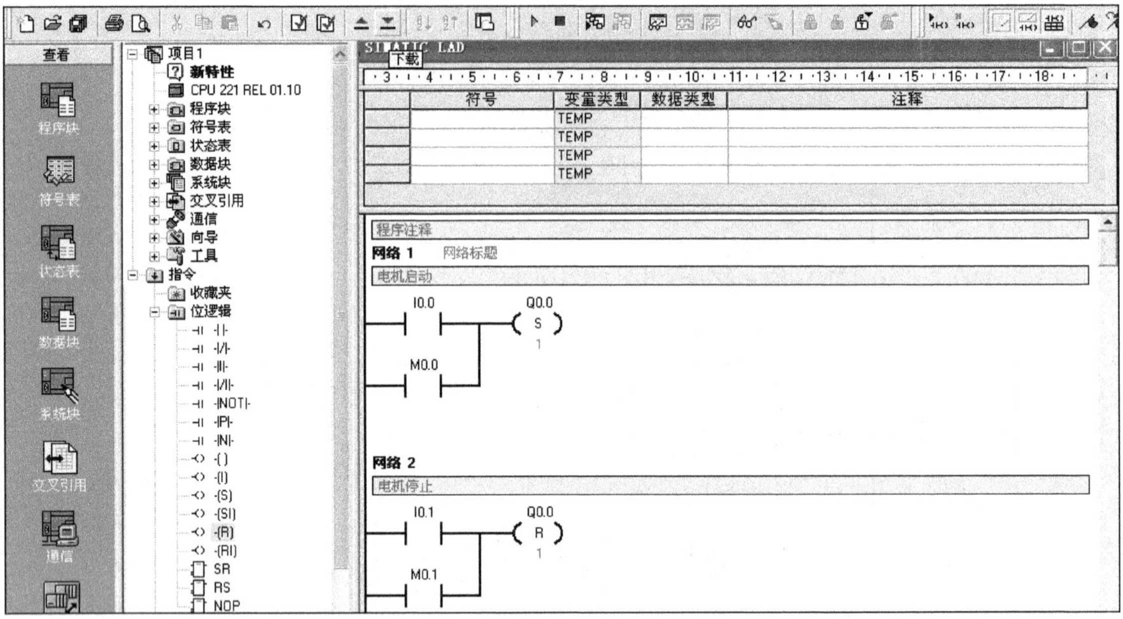

图 1–85　PLC 控制程序下载（一）

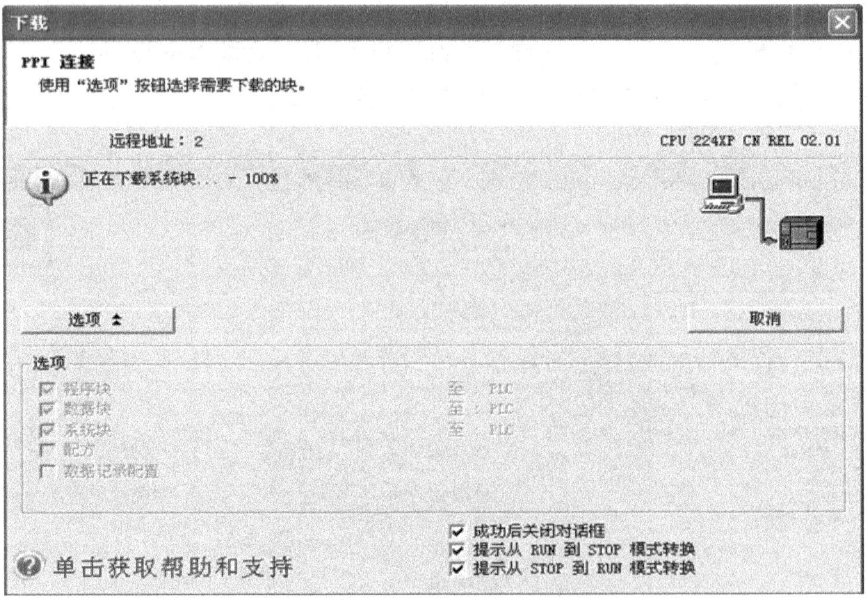

图 1–86　PLC 控制程序下载（二）

五、项目运行

WinCC flexible 组态的项目可以通过 WinCC flexible 运行系统在计算机上运行，也可以通过 WinCC flexible 运行系统进行测试和模拟调试编译后的项目文件。WinCC flexible 运行系统的功能与使用的 HMI 设备的型号有关，功能的范围和性能（如变量的个数）由授权许可证类型决定。

知识点学习：

WinCC flexible 提供了一个模拟器软件，在没有 HMI 设备的情况下，可以进行模拟调试，可以用它来测试项目，对组态的 HMI 项目进行调试。模拟调试的方法主要有离线模拟、在线模拟和集成模拟。

1）离线模拟

离线模拟就是不带 PLC 控制器和 HMI 设备的模拟方式，它通过 WinCC flexible 运行系统的离线模拟功能来检查人机界面的部分功能，在模拟项目之前，应该对组态好的项目进行编译，编译成功后才能模拟运行。离线模拟只能模拟实际系统的部分功能。

2）在线模拟

在线模拟就是带 PLC 控制器而没有 HMI 设备情况下的模拟方式，它需要 PLC 与运行 WinCC flexible 的计算机之间建立通信。在线模拟是一种半“真实”的系统，与实际的控制系统非常接近。

3）集成模拟

集成模拟就是将 WinCC flexible 的项目集成到 STEP7，用 WinCC flexible 的运行系统模拟 HMI 设备，用仿真软件 S7-PLCSIM 来模拟 S7-300/400。集成模拟不需要 PLC 控制器和 HMI 硬件，比较接近真实控制系统。

项目运行如下：

(1) 用 USB/PPI 或 PC/PPI 电缆将 PLC 的 PORT1 与组态计算机连接起来，用 MPI 电缆将 TP177A 的 IF 1B 端口与 PLC 的 PORT0 端口连接起来，然后设备通电运行。

(2) 单击图 1-70 的“Start”按钮，系统进入“初始画面”运行，如图 1-87 所示。

(3) 单击图 1-87 的“系统画面”按钮，运行画面切换到“系统画面”，如图 1-88 所示。

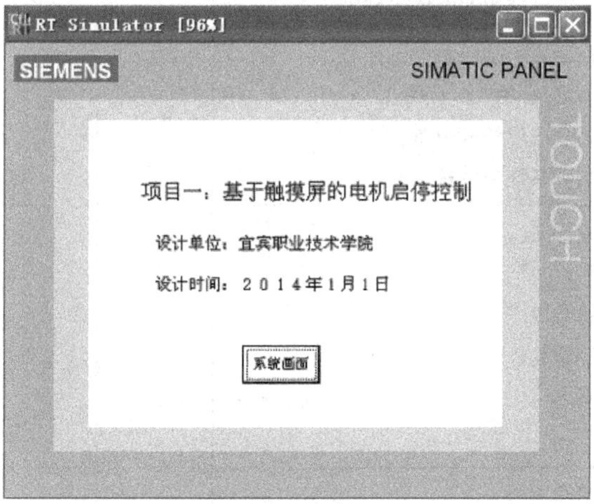

图 1-87　项目运行（一）

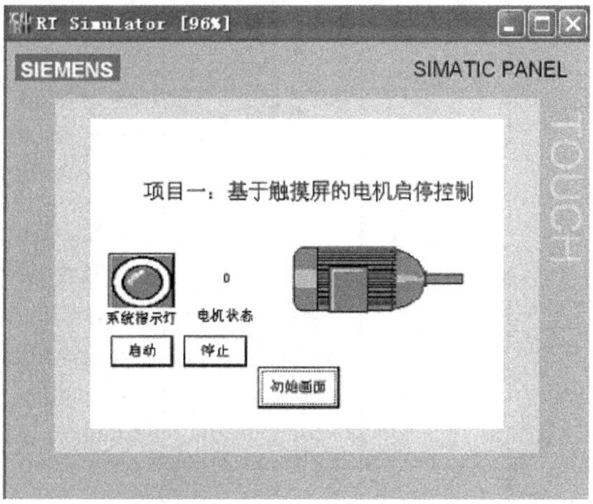

图 1-88　项目运行（二）

(4) 单击图 1-88 的“启动”按钮，系统运行如图 1-89 所示。

单击图 1-89 的“停止”按钮，系统运行如图 1-90 所示。

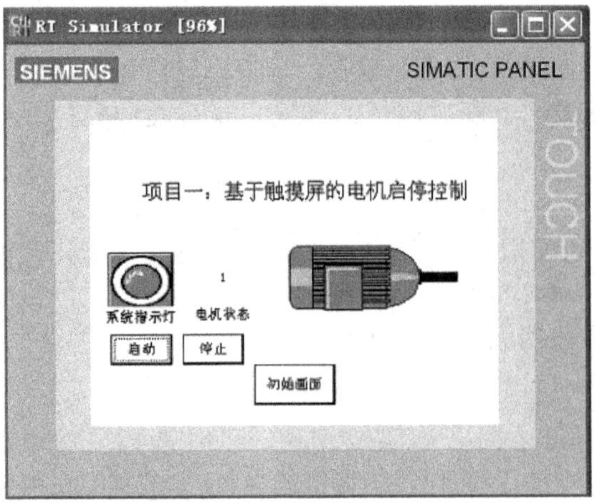

图 1–89　项目运行（三）

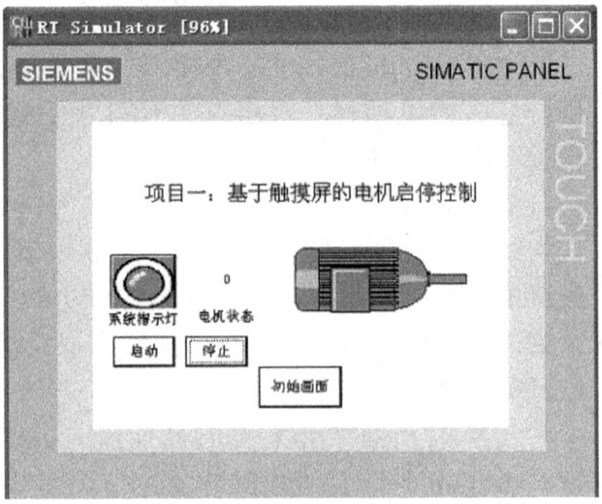

图 1–90　项目运行（四）

【项目检查与评估】

根据项目完成情况，按照表 1–4 进行评价。

表 1–4　项目评价表

序号	考核项目	评价内容	要求	权重	评价
1	系统设计	项目分析	1. 初步能分析触摸屏控制系统的控制对象的工艺要求； 2. 初步能确定人机接口技术要求； 3. 初步掌握触摸屏的基本功能及特点	5%	
		控制方案设计	1. 初步能设计触摸屏系统监控方案； 2. 初步掌握触摸屏过程画面的组态规则	10%	
2	硬件配置	设备选型	1. 初步能根据控制要求选取触摸屏型号； 2. 能根据控制要求选取 PLC 型号； 3. 能根据控制要求选取外部设备； 4. 初步掌握触摸屏系统设备选取原则	10%	
		系统接线	1. 能绘制电气原理图； 2. 能绘制接线图； 3. 能绘制元器件布置图； 4. 能绘制元器件现场位置图； 5. 初步能根据图纸要求对触摸屏控制系统进行现场安装	15%	
3	系统组态	触摸屏组态	1. 初步能正确创建项目； 2. 初步能正确组态过程画面； 3. 初步能正确组态与 PLC 的通信； 4. 初步掌握触摸屏项目的组态步骤	20%	
		PLC 组态	1. 能正确编制系统的地址分配表； 2. 能根据控制要求正确编制控制程序； 3. 初步能正确组态与触摸屏的通信	15%	

续表

序号	考核项目	评价内容	要求	权重	评价
4	系统调试	校验信号	初步能校验现场触摸屏系统的输入／输出信号的动作是否正确	5%	
		联机调试	初步能正确运行触摸屏系统，正确下载、运行程序，初步能进行系统联机调试	10%	
5	职业素质	职业素质	具备良好的职业素养，具有良好的团结协作、语言表达及自学能力，具备安全操作意识、环保意识等	10%	
6	评价结果				

【项目总结】

人机界面是操作人员与 PLC 之间相互沟通的桥梁，它是按工业现场环境应用来设计的，能在恶劣的工业环境中长时间连续运行，它是 PLC 的最佳搭档。而触摸屏是人机界面的发展方向。认识触摸屏，了解触摸屏基本知识，初步具备触摸屏选型、WinCC flexible 软件使用、基本项目组态、通信组态的能力，初步具备 HMI 控制系统的设计、安装、运行与调试能力，将为以后的学习打下坚实的基础。

【练习与训练】

1. 知识练习

(1) 什么是人机界面？它有什么功能？

(2) 人机界面产品分为哪几类？各有什么特点？

(3) 触摸屏有什么优点？

(4) 与 ProTool 相比，WinCC flexible 有什么特点？

2. 项目练习

利用 TP177A 触摸屏和 S7-200PLC 实现对三台电机的顺序控制，当按下触摸屏上的“系统启动”时，M1 电机启动，5S 后，M2 电机启动，再过 5S 后，M3 电机启动；当按下触摸屏上的“系统停止”时，M3 电机停止，5S 后，M2 电机停止，再过 5S 后，M1 电机启动。要求：当每台电机运行后，其对应指示灯亮，对应 I/O 显示“Mx 电机运行”；当每台电机停机后，其对应指示灯熄灭，对应 I/O 显示“Mx 电机停机”。

项目二　基于触摸屏实现灌装生产线控制

【项目描述】

有一灌装生产线，传送带由电机驱动。瓶子传感器能够检测瓶子经过，并产生电平信号。当传送带中部传感器检测到瓶子经过时，传送带停止，传送带中部的可控灌装漏斗打开并开始灌装。当灌装完时，设定数量，灌装漏斗关闭并停止灌装，传送带继续运行。位于传送带末端的传感器用于对灌装完的瓶子进行计数。灌装生产线示意图如图 2–1 所示。

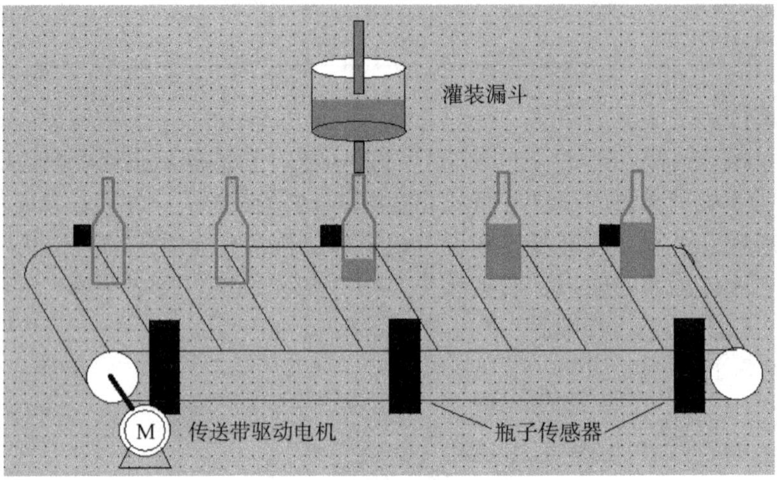

图 2–1　灌装生产线示意图

【项目能力目标】

(1) 熟悉报警、数据记录和用户管理的基本概念与功能；
(2) 掌握报警、数据记录和用户管理的组态步骤；
(3) 会熟练进行触摸屏控制系统的接线；
(4) 能进一步对触摸屏项目进行正确创建和组态；
(5) 能进一步设置触摸屏与 PLC 通信参数，并实现相互通信；
(6) 能进一步对整个监控系统进行运行及调试；
(7) 具备资料收集、整理和自我学习的能力；
(8) 具备顺利地与相关人员进行沟通、协调和交流的能力。

【完成项目的计划决策】

本项目通过人机界面（HMI）装置与 PLC 来实现对灌装在线模拟控制，系统选择西门子触摸屏作为人机界面，选择西门子的 S7–200 作为控制器。

触摸屏项目有“主画面”、“系统画面”、“报警画面”及“趋势视图”等四个画面，各画面间可相互切换。在“系统画面”，单击“启动”按钮，传送带电机工作，灌装生产线运行；单击“停止”按钮，传送带电机停机，灌装生产线停止运行，同时画面中可对灌装液位进行设定（并设定安全操作权限），可实时显示液位值和灌装数。“报警画面”能对液位偏高进行报警。“趋势视图”能对液体值的数据曲线进行显示。

【实施过程】

一、系统电路设计

1. PLC 选型

该控制系统有 4 个输入点、2 个输出点，选用西门子 S7-200 系列 PLC，具体型号为 CPU224 XP CN AC/DC/RLY。

2. HMI 选型

TP177A 是用于 S7 系列 PLC 的经济的、优化的触摸屏，该控制系统选择西门子触摸屏 TP177A 作为人机界面。

3. 系统接线图

1) PLC 地址分配

PLC 地址分配如表 2-1 所示。

表 2-1　PLC 地址分配

序号	地址	含义	序号	地址	含义
1	I0.0	系统启动（PLC）	7	M0.0	系统启动（触摸屏）
2	I0.1	系统停止（PLC）	8	M0.1	系统停止（触摸屏）
3	I0.2	灌装传感器	9	VW0	灌装液位
4	I0.3	灌装满瓶计数传感器	10	VW2	瓶子位移
5	Q0.0	传送带驱动电机	11	VW4	灌装满瓶计数值
6	Q0.1	灌装漏斗	12	VW6	灌装液位设定值

2) 系统接线

触摸屏、PLC 与其他设备连接的系统图，如图 2-2 所示。

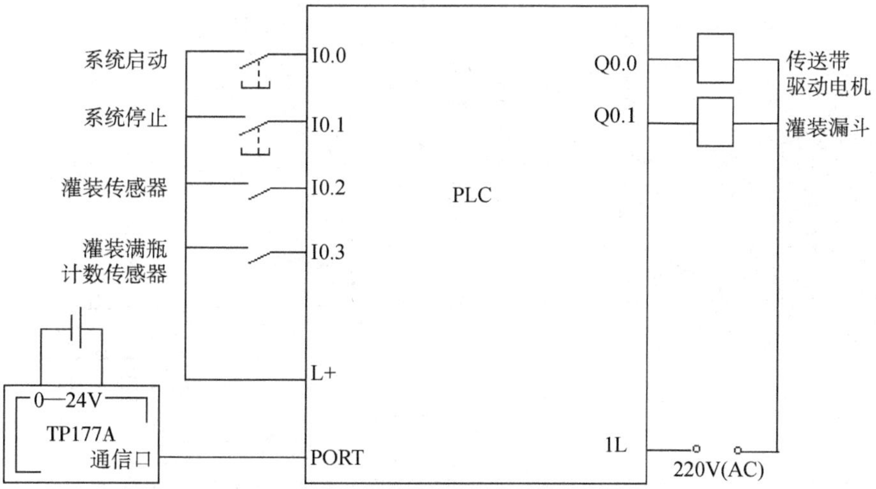

图 2-2　系统接线图

二、触摸屏监控组态

项目组态如下：

【step1】如图 2-3 所示，创建一个项目。

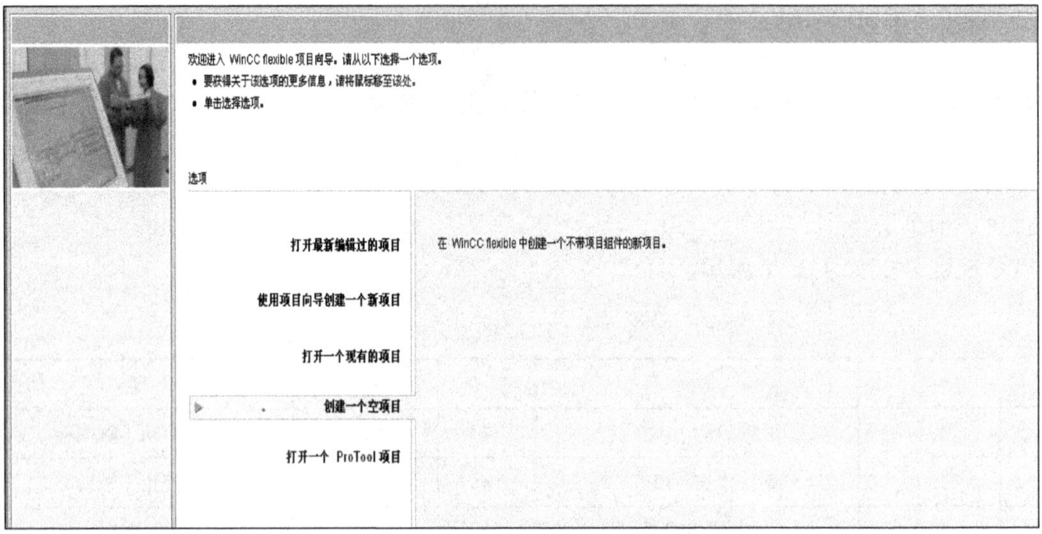

图 2-3　项目创建

【step2】选择本项目所需的 TP177A 6 寸触摸屏，如图 2-4 所示，然后单击“确定”。

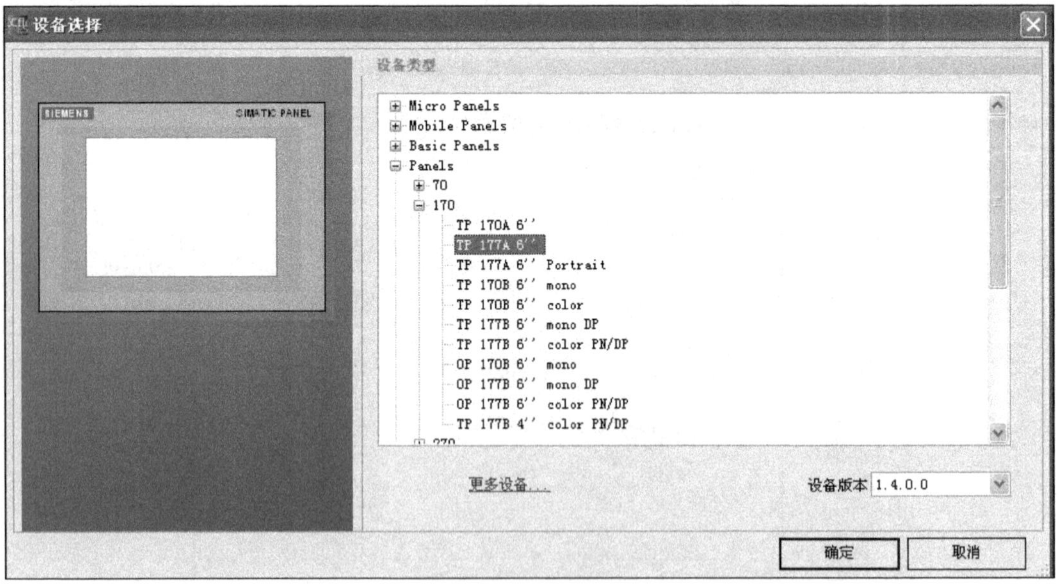

图 2-4　触摸屏选择

【step3】双击项目视图中的“通讯”→“连接”，建立与 S7-200 连接并组态通信参数，如图 2-5 所示。

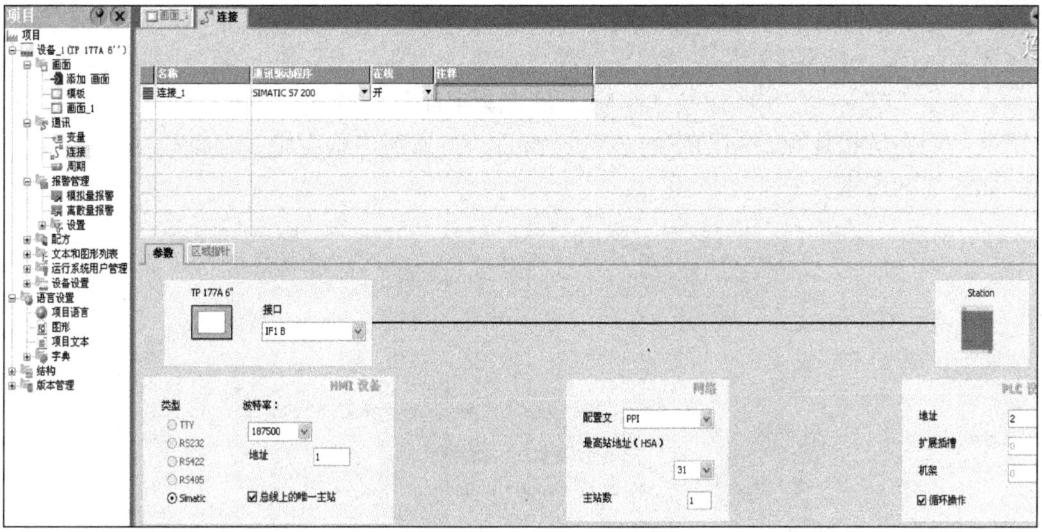

图 2-5　建立与 S7-200 连接

【step4】双击项目视图中的“通讯”→“变量”，建立变量，如图 2-6 所示。

名称	连接	数据类型	地址	数组计数	采集周期
传送带驱动…	连接_1	Bool	Q 0.0	1	500 ms
灌装漏斗	连接_1	Bool	Q 0.1	1	500 ms
灌装满瓶计数	连接_1	Word	VW 4	1	500 ms
灌装液位	连接_1	Word	VW 0	1	500 ms
瓶子位移	连接_1	Word	VW 2	1	500 ms
启动	连接_1	Bool	M 0.0	1	500 ms
停止	连接_1	Bool	M 0.1	1	500 ms
灌装液位设…	连接_1	Word	VW 6	1	500 ms

图 2-6　建立变量

【step5】双击项目视图中的“画面”→“添加画面”，得到四个画面，右击这四个画面名称，并单击“重命名”，分别将画面更名为“主画面”、“系统画面”、“报警画面”及“趋势视图”，如图 2-7 所示。

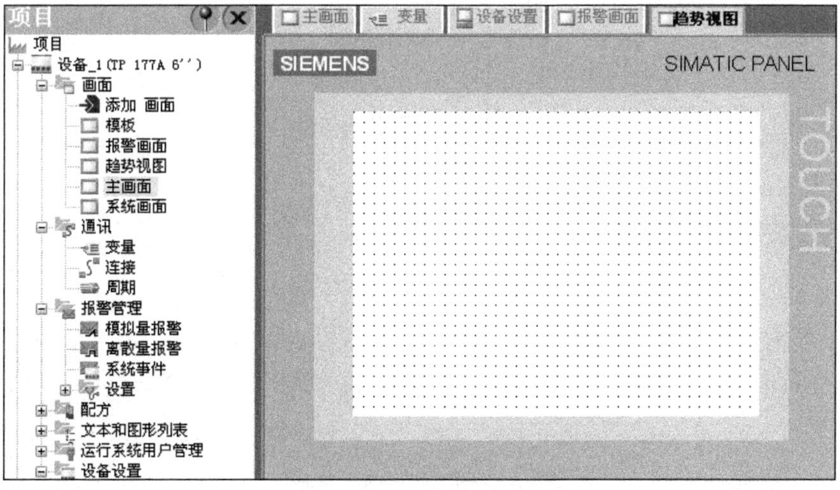

图 2-7　画面创建

【step6】打开主画面，选择工具窗口中“简单对象”的“输入文本域”，将三个输入文本域放入主画面，分别将文本域“常规”属性设置为“项目二：基于触摸屏实现灌装生产线控制”、“设计单位：宜宾职业技术学院”和“设计时间：2014 年 3 月 16 日”，并组态“文本”属性。用左键按住项目视图中的“系统画面”，拖到主画面中，自动生成一个画面切换按钮，如图 2-8 所示。

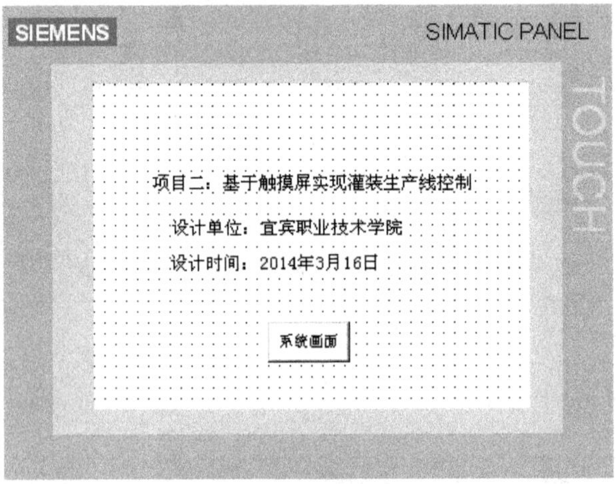

图 2-8 主画面组态（一）

选择“工具窗口中”的“图形”，在“我的图像文件夹→新链接”中单击“学校徽标”的图形（用户可将自己创建的图形或其他项目需要的图形放在该链接下），在画面左上角位置放置该图形，如图 2-9 所示。

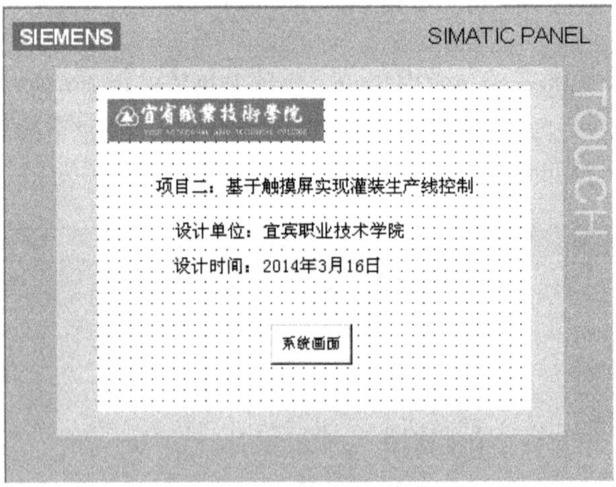

图 2-9 主画面组态（二）

选择“工具窗口中”的“简单对象”，单击“日期时间域”，放在主画面的右上方，如图 2-10 所示。右击“日期时间域”，设置“常规”属性为“输出”模式及“显示系统时间”，如图 2-11 所示。

图 2-10　主画面组态（三）

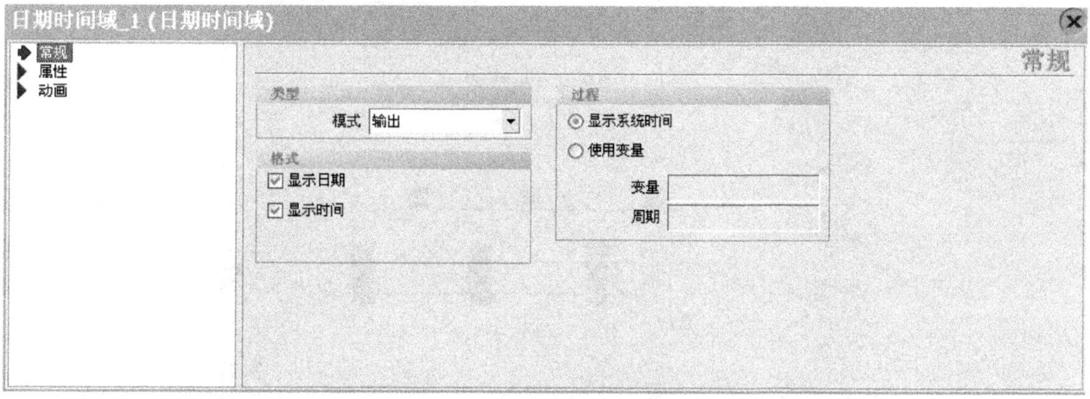

图 2-11　主画面组态（四）

【step7】打开系统画面，在画面中建立输入文本域并输入“灌装生产线监控系统”，建立一个与“主画面”切换的按钮，如图 2-12 所示。

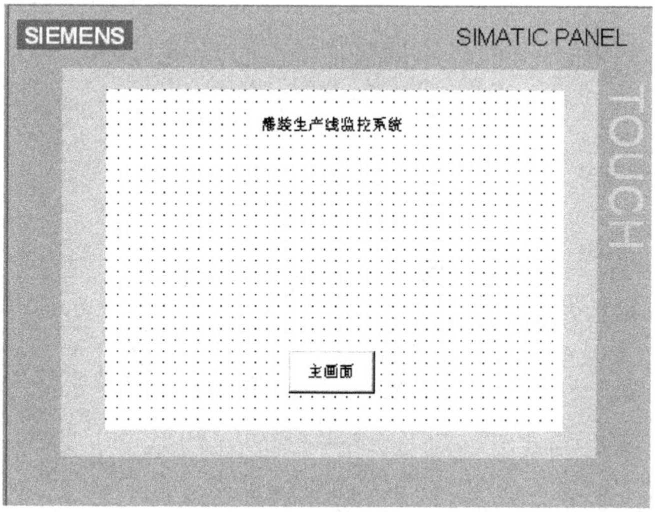

图 2-12　系统画面组态（一）

【step8】在系统画面中，通过工具窗口中简单对象的圆、线和矩形创建传送带。其中 6 个矩形构成传感器，右击一个矩形，选择“属性”→“外观”→“填充颜色”为图 2–13 所选颜色，另五个矩形同样组态。传送带组态如图 2–14 所示。

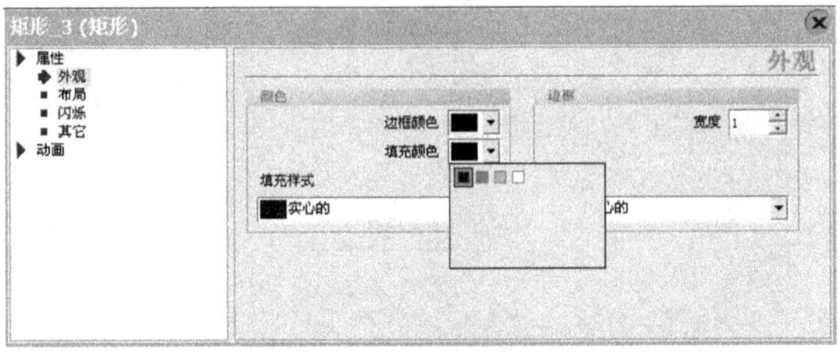

图 2–13 矩形组态

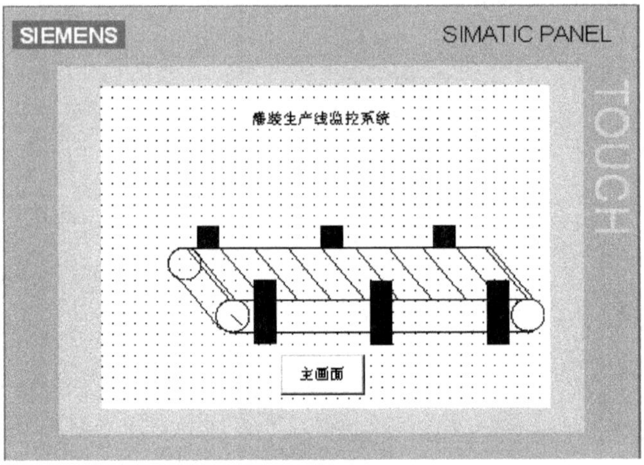

图 2–14 传送带组态

【step9】在系统画面中，通过工具窗口中简单对象的圆、线和文本域创建电机，如图 2–15 所示。

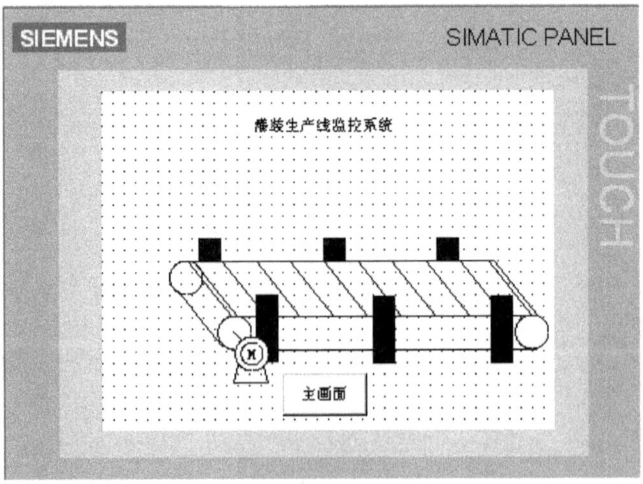

图 2–15 电机创建

右击电机中的内圆，选择“属性”子菜单，在“属性”对话框中单击“动画”→“外观”，变量选择“传送带驱动电机”，类型选择“位”，颜色选择如图 2-16 所示颜色。

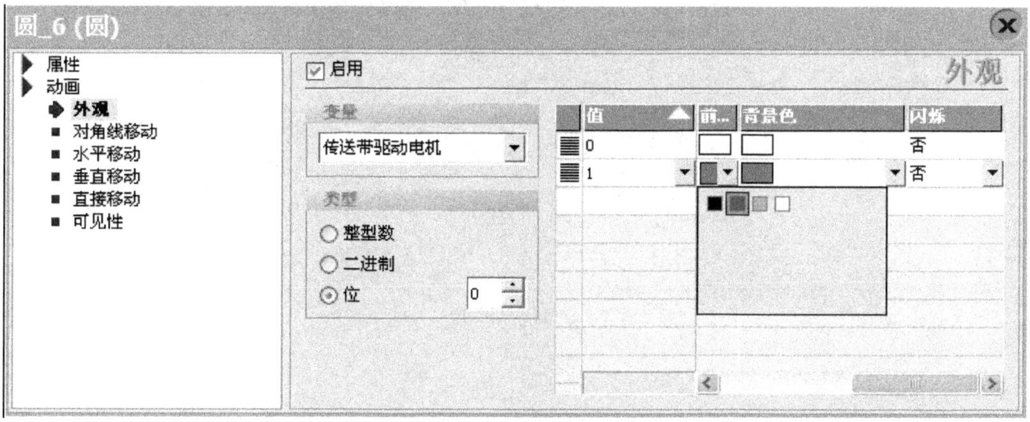

图 2-16　电机组态

【step10】在系统画面中，通过工具窗口中简单对象的椭圆、线和矩形创建灌装容器，其中两个椭圆分别构成容器顶部和底部，中间部分由一个矩形和两条线组成，另两个矩形构成管道和漏斗，如图 2-17 所示。

灌装容器中间部分的矩形组态如图 2-18 所示。

漏斗组态如图 2-19 所示，其中变量连接“灌装漏斗”。

进料管道组态如图 2-20 所示。

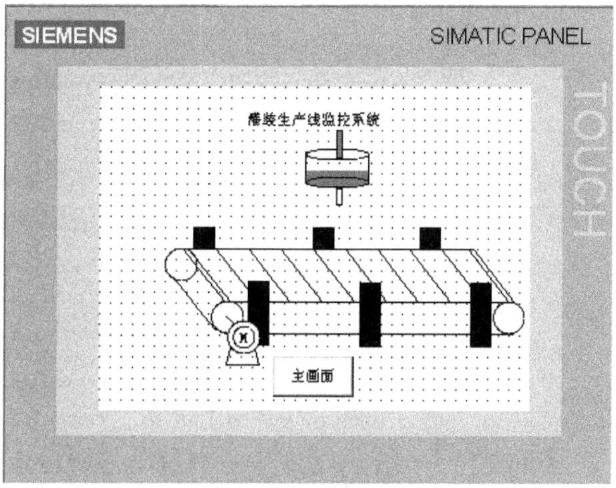

图 2-17　灌装容器创建

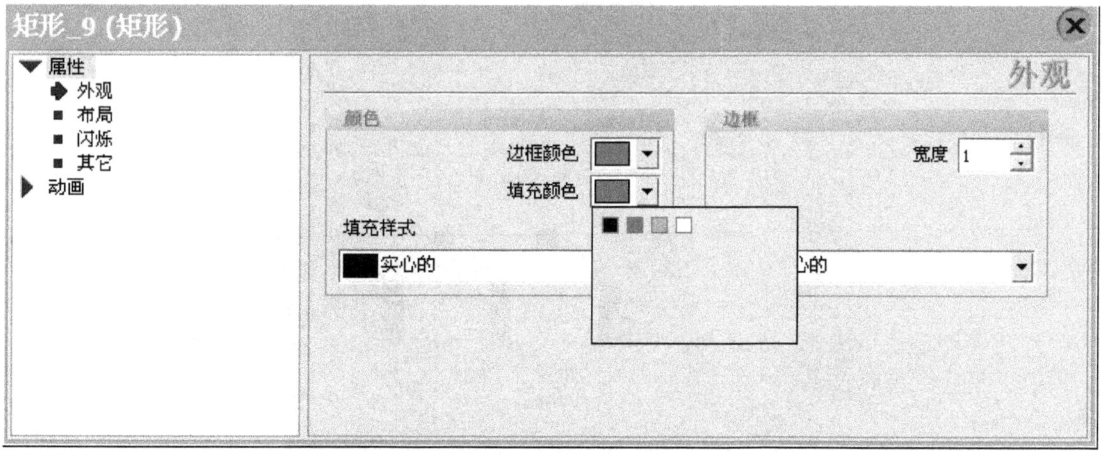

图 2-18　灌装容器组态（一）

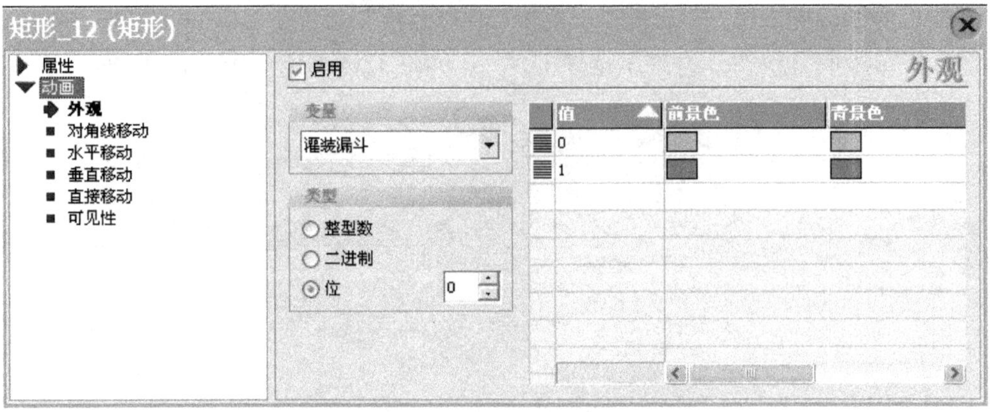

图 2-19 灌装容器组态（二）

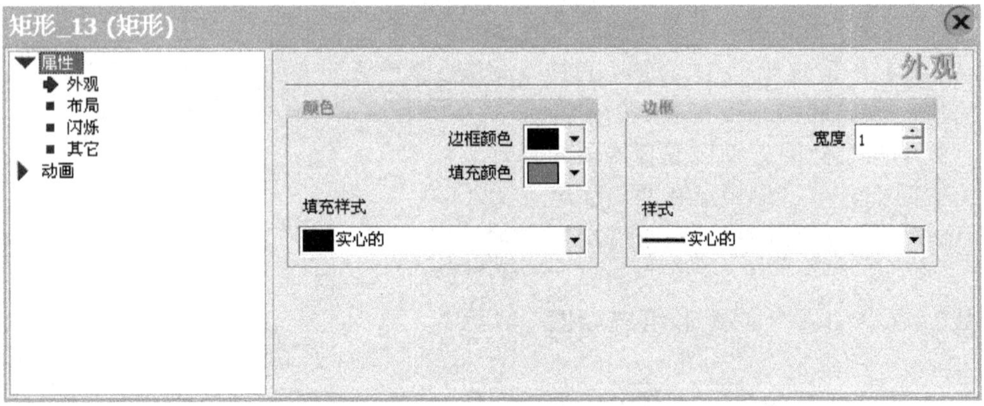

图 2-20 灌装容器组态（三）

【step11】在系统画面中，通过工具窗口中简单对象的棒图、线和矩形创建瓶子，其中棒图构成瓶子的主体部分，如图 2-21 所示。

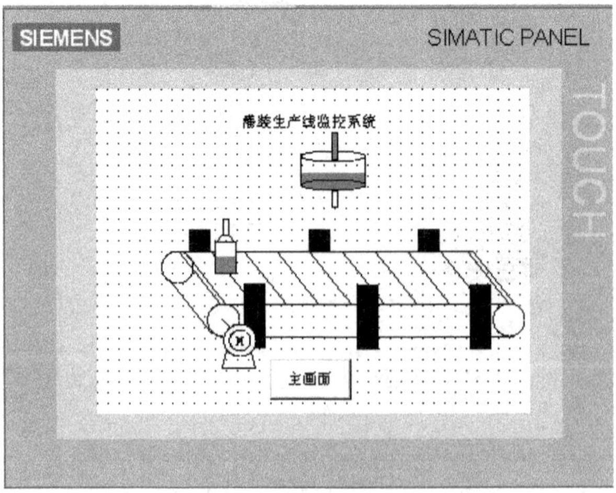

图 2-21 瓶子创建

右击棒图，选择“属性”子菜单，在“属性”对话框中单击“动画”→“水平位移”，变量连接“瓶子位移”，“范围、起始位置和结束位置”根据画面具体位置来设定。棒图组态如图 2-22 所示。

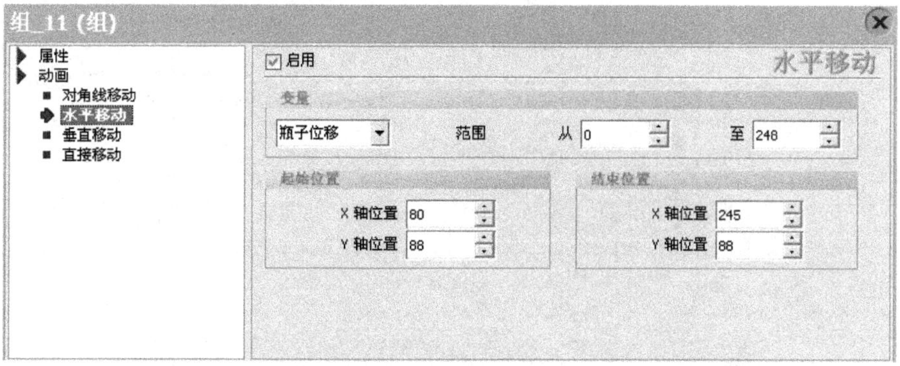

图 2-22　瓶子组态

【step12】在系统画面中，从工具窗口的简单对象中添加两个按钮，如图 2-23 所示。右击其中一个按钮，单击“属性”→“常规”，将文本命名为“启动”，另一个按钮同理命名为“停止”，如图 2-24 ~ 图 2-26 所示。

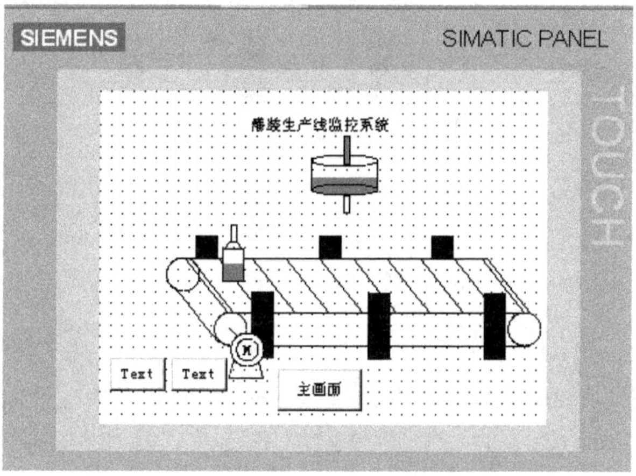

图 2-23　添加按钮

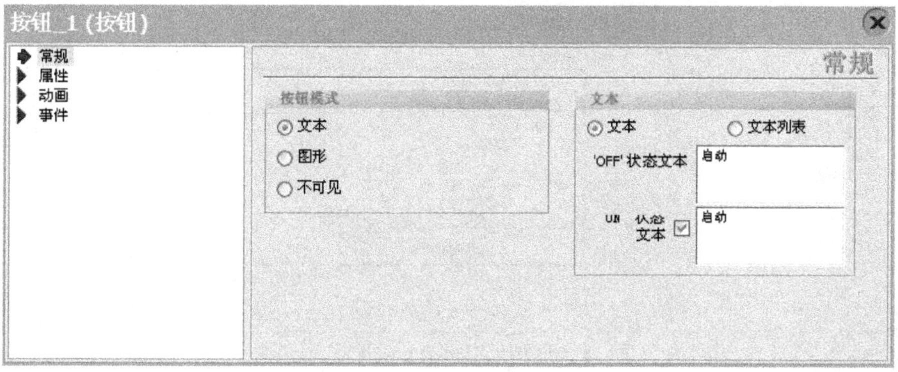

图 2-24　组态按钮（一）

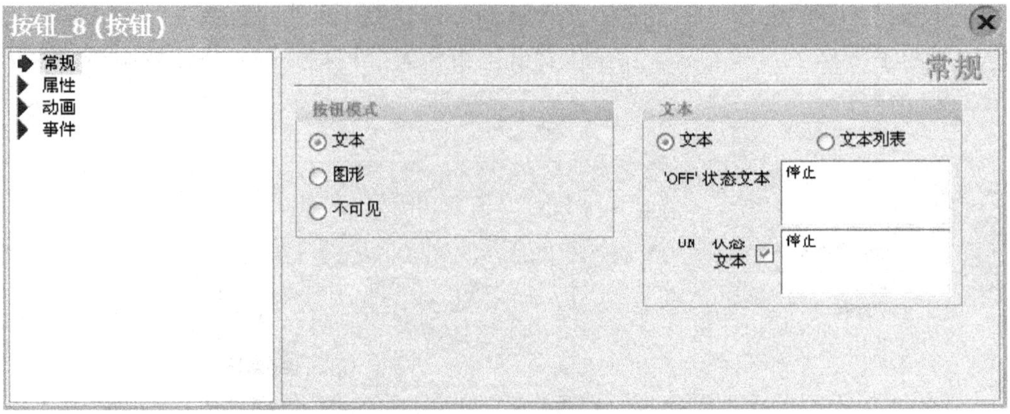

图 2-25 组态按钮（二）

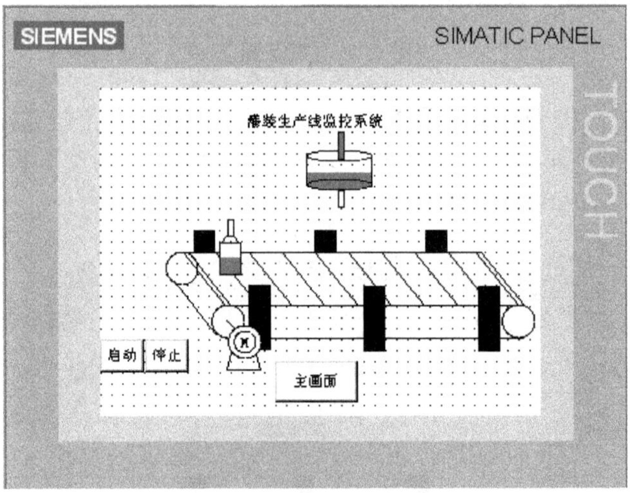

图 2-26 组态按钮（三）

右击“启动”按钮，单击“属性”→“事件”→“按下”，在“函数列表”选择“SetBit”函数，在变量行中选择“启动”变量，如图 2-27 ~ 图 2-29 所示。同理组态“释放”事件，在“函数列表”选择“ResetBit”函数，在变量行中选择“启动”变量，如图 2-30 所示。

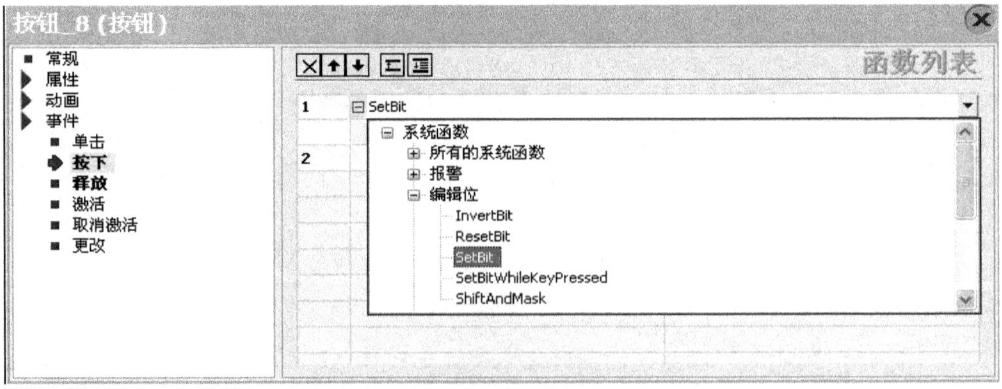

图 2-27 “启动按钮”组态（一）

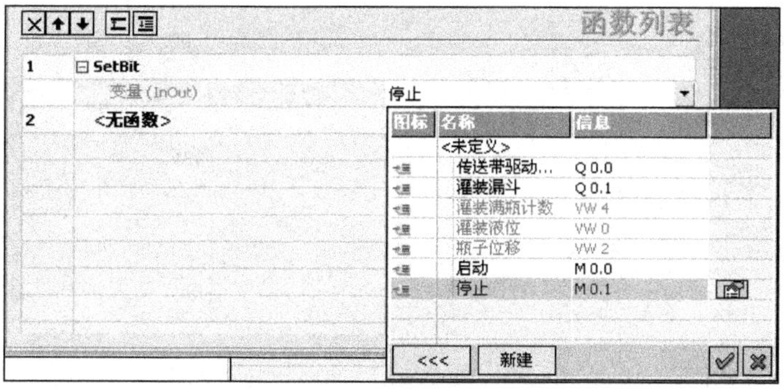

图 2-28 “启动按钮”组态（二）

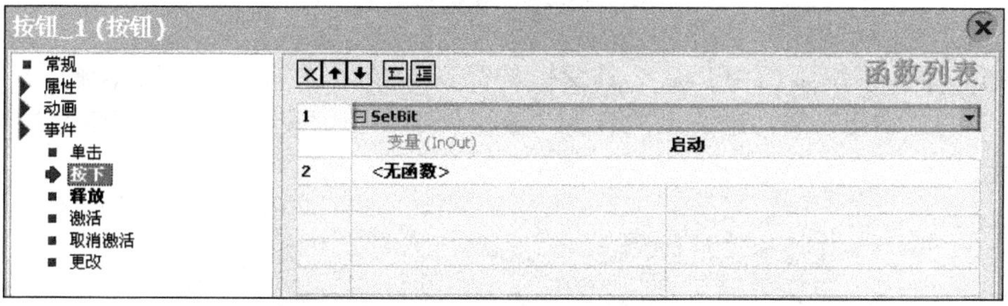

图 2-29 “启动按钮”组态（三）

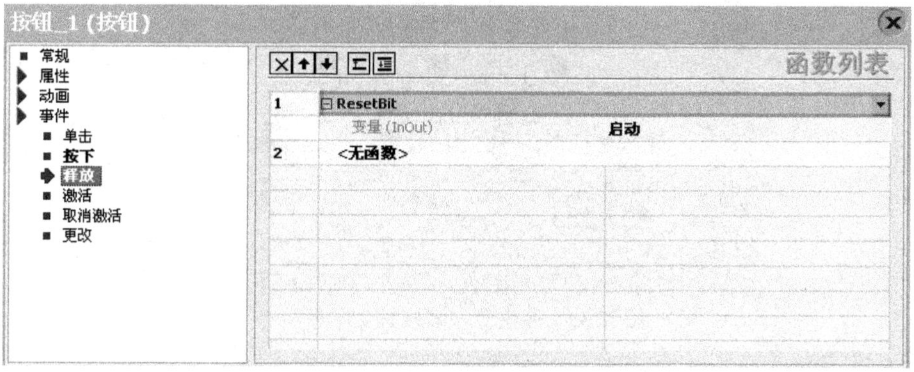

图 2-30 “启动按钮”组态（四）

同理，组态“停止”按钮，在变量行中选择“停止”变量，如图 2-31 和图 2-32 所示。

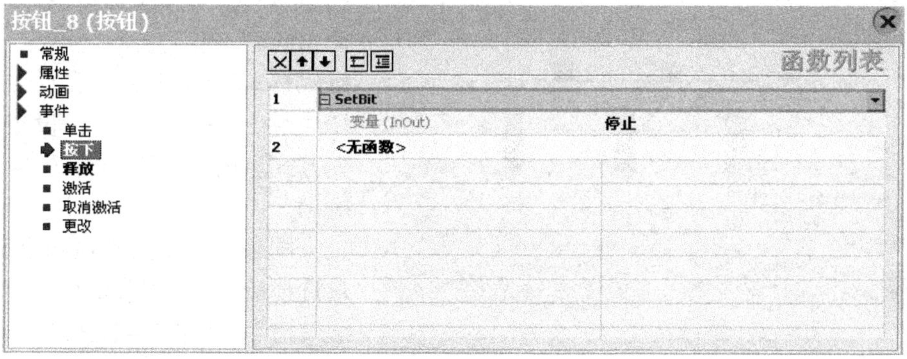

图 2-31 “停止”按钮组态（一）

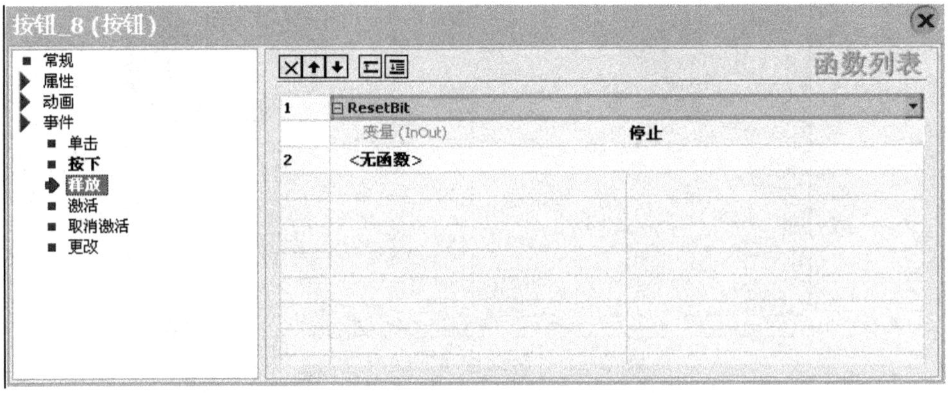

图 2-32 “停止”按钮组态（二）

【step13】在系统画面中，从工具窗口的简单对象中添加三个“文本域”，分别设置“文本域”的“常规”属性的文本内容为“液位设定”、“液位值”及“满瓶计数”，如图 2-33 所示。

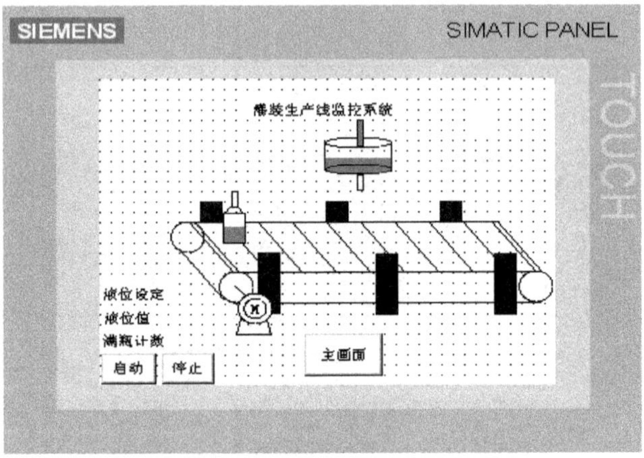

图 2-33 液位值和灌装数文本域组态

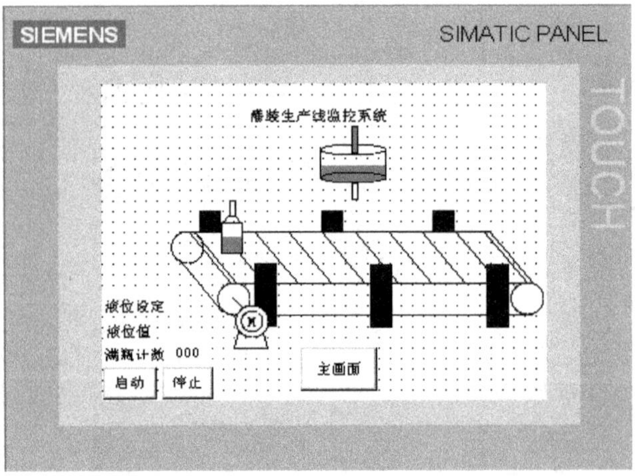

图 2-34 I/O 域组态（一）

从工具窗口的简单对象中添加三个 I/O 域，右击第一个 I/O 域，单击“属性→常规”，模式选择“输入 / 输出”，变量选择“灌装满瓶计数”，周期选择 500ms，格式类型选择“十进制”，格式样式选择 999，小数为 0 位，选择“属性”→“文本”，设置样式和对齐方式。组态过程如图 2-34 ~ 图 2-36 所示。

同理，可组态其他两个 I/O 域，变量选择分别为“灌装液位设定值”和“灌装液位”，如图 2-37 和图 2-38 所示。

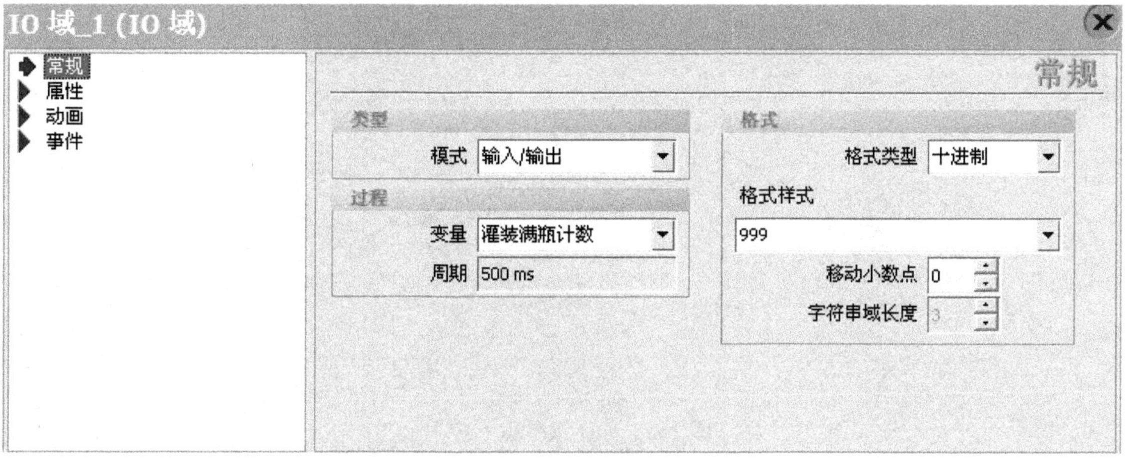

图 2-35　I/O 域组态（二）

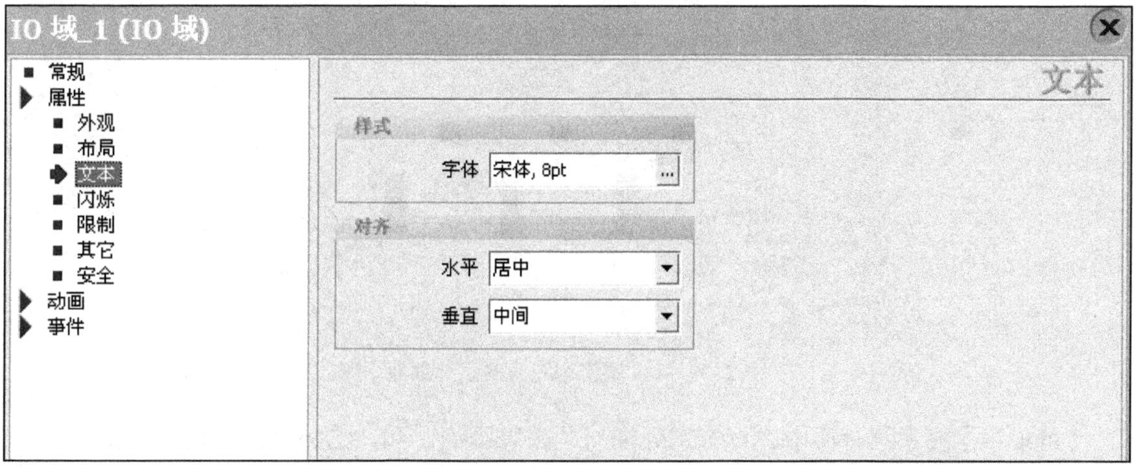

图 2-36　I/O 域组态（三）

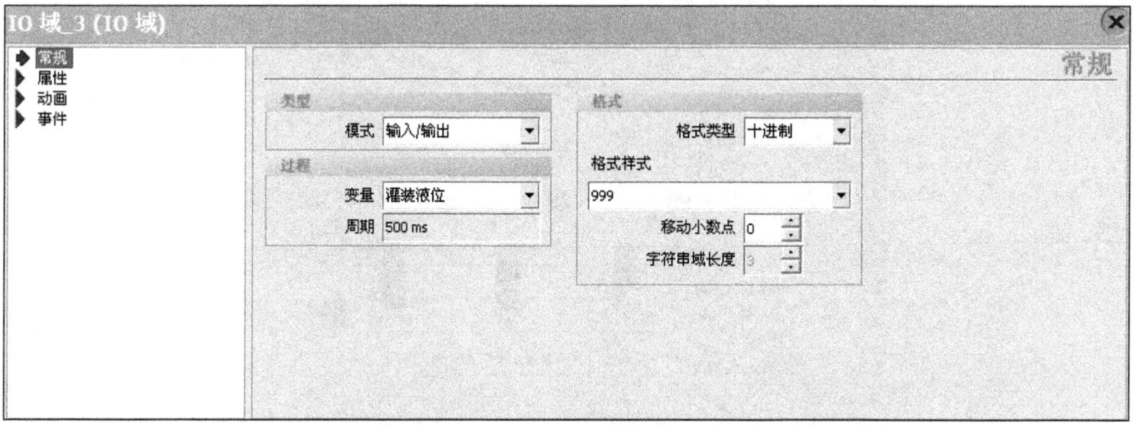

图 2-37　I/O 域组态（四）

I/O 域组态完的系统画面如图 2-39 所示。

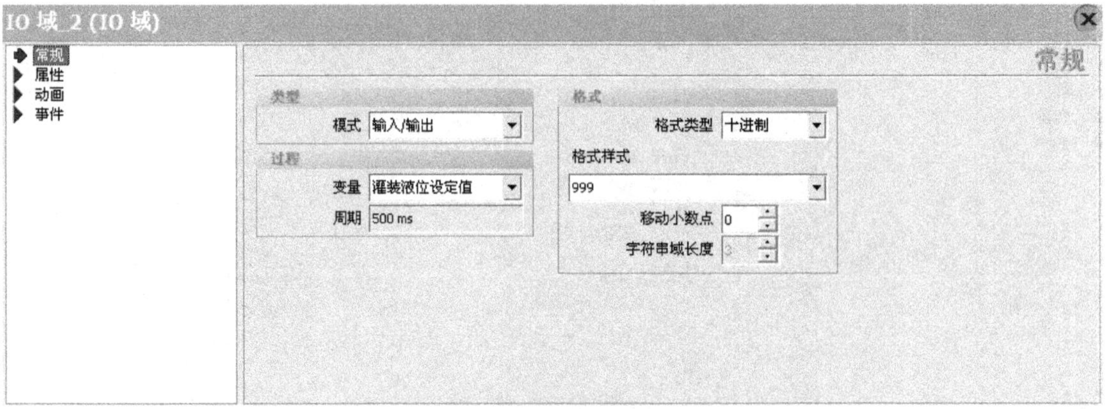

图 2-38　I/O 域组态（五）

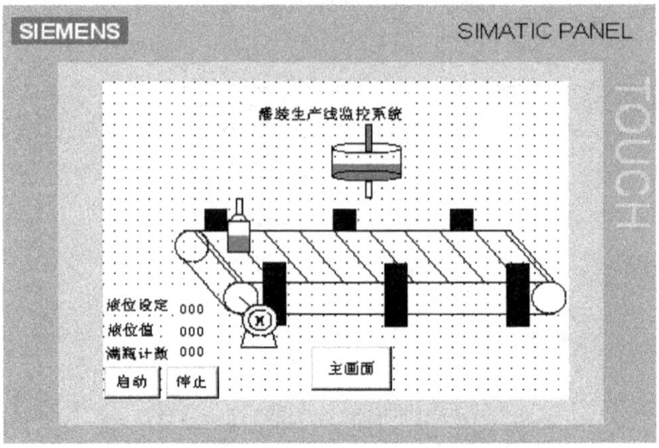

图 2-39　I/O 域组态完成的系统画面

【step14】在系统画面中，再组态分别与“报警画面”和“趋势视图”切换的按钮，如图 2-40 所示。

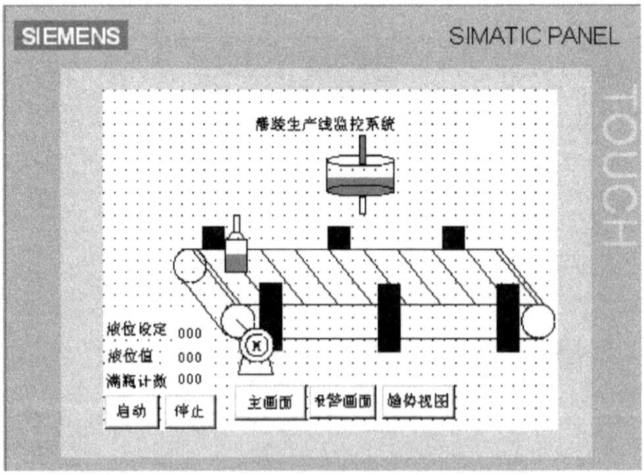

图 2-40　组态完成的系统画面

【step15】打开报警画面，进行项目报警组态。

知识点学习：

报警用来指示控制系统中出现的事件或操作状态，可以用报警信息对系统进行诊断。报警事件可以在 HMI 设备上显示，或者输出到打印机，也可以将报警事件保存到报警记录中。

1）报警的分类

(1) 自定义报警

自定义报警是用户组态的报警，用来在 HMI 设备上显示过程状态，或者测量和报告从 PLC 接收的过程数据。

自定义报警分为离散量报警和模拟量报警。离散量报警是指通过开关量的状态（0 或 1）来触发的报警。模拟量报警是通过模拟量的值超出上限或下限来触发的报警。

(2) 系统报警

系统报警用来显示 HMI 设备或 PLC 中特定的系统状态，系统报警是在这些设备中预定义的。系统报警分为 HMI 设备触发的系统报警和 PLC 触发的系统报警。

2）报警的状态

离散量报警和模拟量报警有以下两种状态：

(1) 满足了触发报警的条件时，该报警的状态为“到达”，操作人员确认报警后，该报警的状态为“（到达）确认”；

(2) 当触发报警的条件消失时，该报警的状态为“（到达）离开”，操作人员确认了已取消激活的报警，该报警的状态为“（到达确认）离开”。

3）报警的确认

操作员可以用下列元件进行确认：

(1) 某些操作员面板的确认键；

(2) 触摸屏画面上的按钮，或操作员面板的功能键；

(3) 通过函数列表或脚本中的系统函数进行确认。

4）报警的显示

在 HMI 设备上显示报警的有下列图形对象：报警画面、报警窗口和报警指示器。

项目报警组态如下：

在“项目视图”→“项目”→“报警管理”中双击“模拟量报警”。双击报警表的第一行，组态一个模拟量报警，其中设置文本为“液位超过 10”，类别为“错误”，触发变量为“灌装液位”，限制“10”，触发模式为“上升沿时”，如图 2-41 所示。

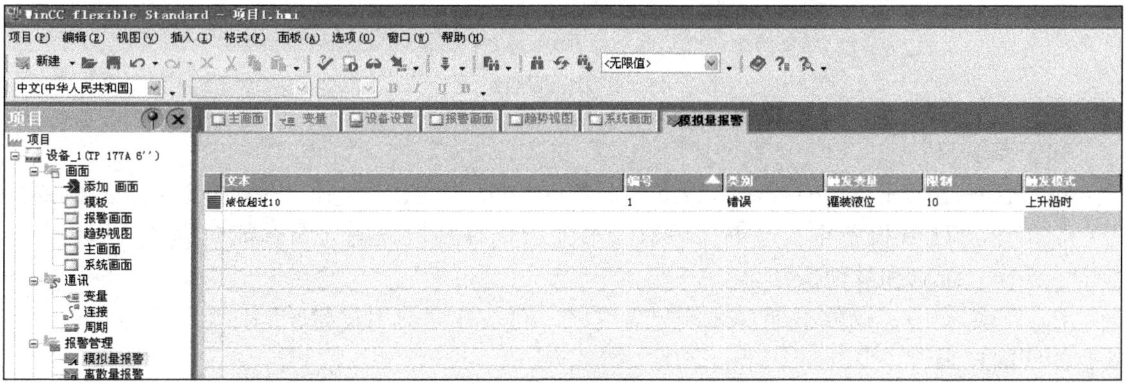

图 2-41　创建模拟量报警

在“工具”→“增强工具”中单击“报警视图”，在画面中增添一个报警视图，如图 2-42 所示。

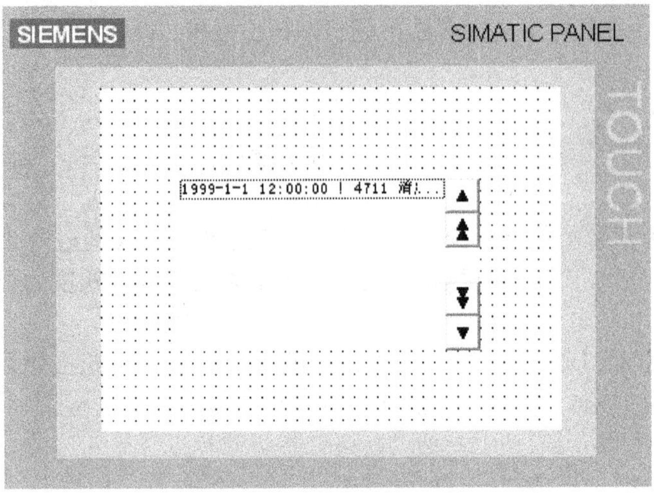

图 2-42　报警画面组态（一）

在画面中增添一个“报警视图”的文本域作为标题，再增加一个与“系统画面”切换的按钮，如图 2-43 所示。

【step16】项目用户管理组态。

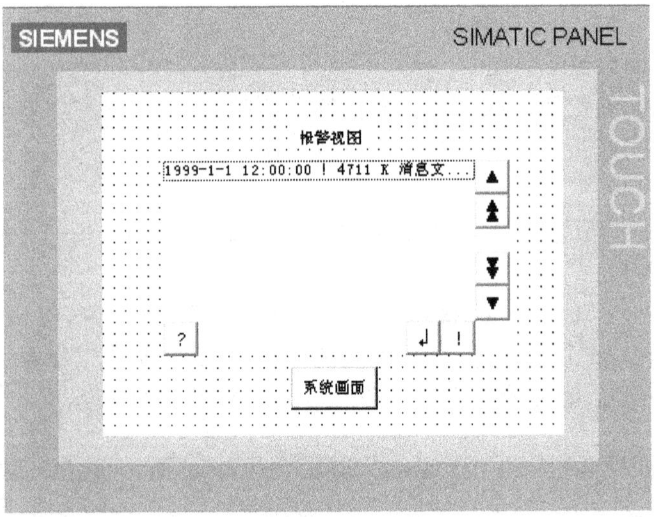

图 2-43　报警画面组态（二）

知识点学习：

用户管理用于在运行时控制对数据和函数的访问，为此创建并管理用户和用户组，然后将它们传送到 HMI 设备中，应确保只有经过专门训练和授权的人员才能对设备进行设计、调试、操作、维修和其他操作。

在用户管理中，权限不是直接分配给用户，而是分配给用户组，同一个用户组中的用户具有相同的权限。

用户管理将用户的管理与权限的组态分离开，可确保访问保护的灵活性。

项目用户管理组态如下：

在“项目视图”→“运行系统用户管理”中双击“组”，出现图 2-44 所示的用户组编辑器。

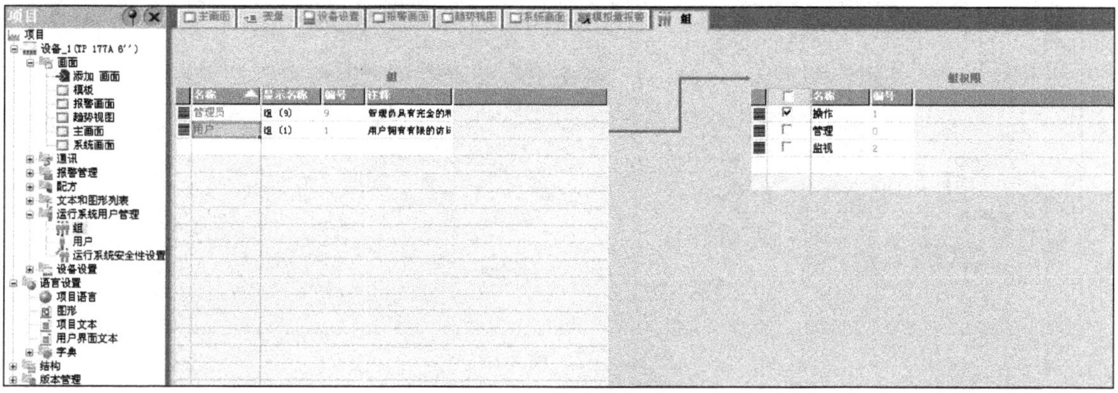

图 2-44 用户组编辑器

双击用户组编辑器的第三行，新建“用户 1”的组，权限为操作，如图 2-45 所示。

在“项目视图”→“运行系统用户管理”中双击“用户”，出现图 2-46 所示的用户编辑器。

双击用户编辑器的第二行，新建“User1”的用户，密码为“11111”，该用户属于“用户 1”用户组，如图 2-47 所示。

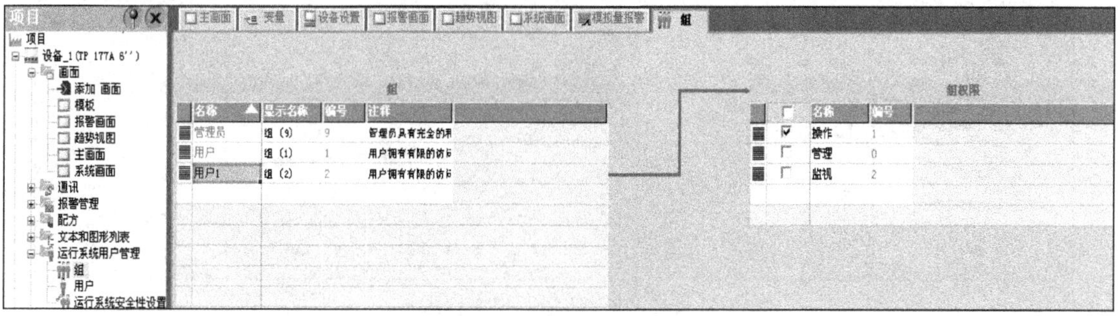

图 2-45 新建用户组

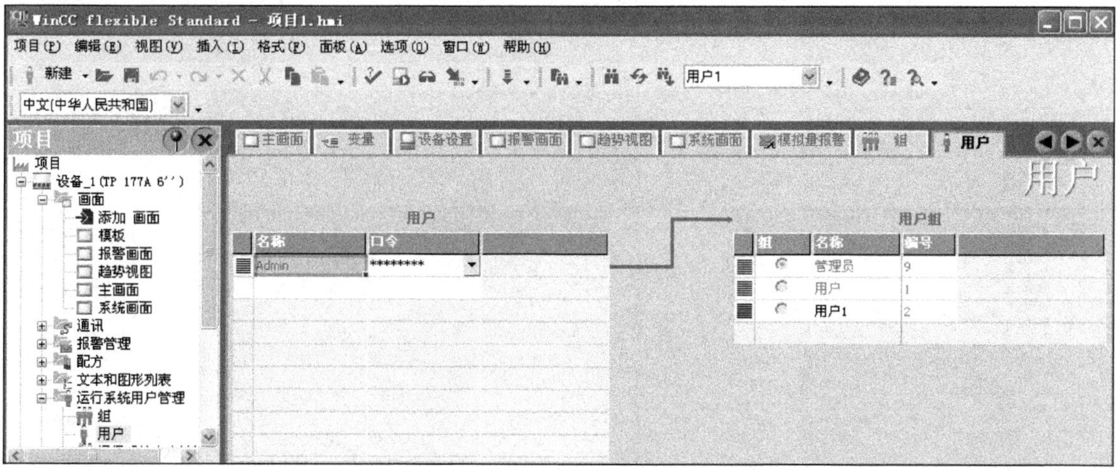

图 2-46 用户编辑器

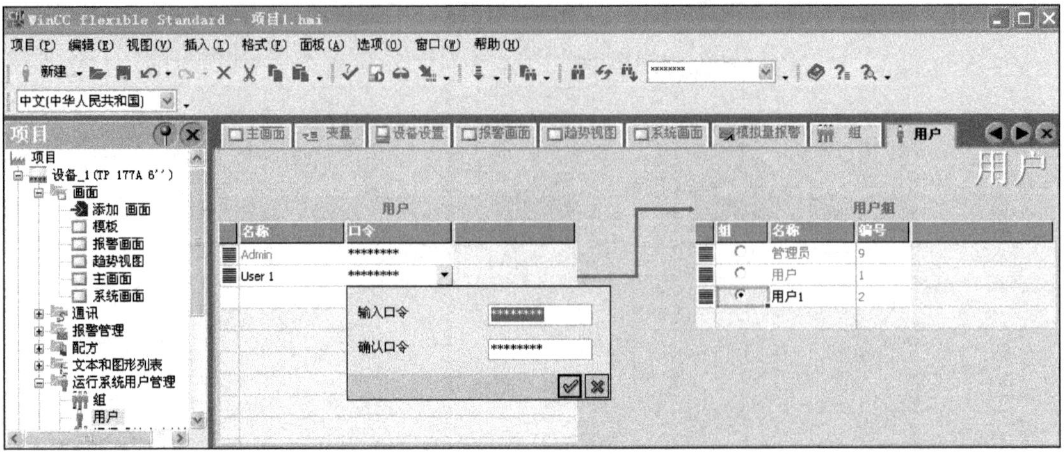

图 2-47　新建用户

在图 2-44 所示的用户组编辑器中，双击组权限的第四行，新建一个“液位设定值”的组权限，并设置“用户 1”组具有此权限，如图 2-48 所示。

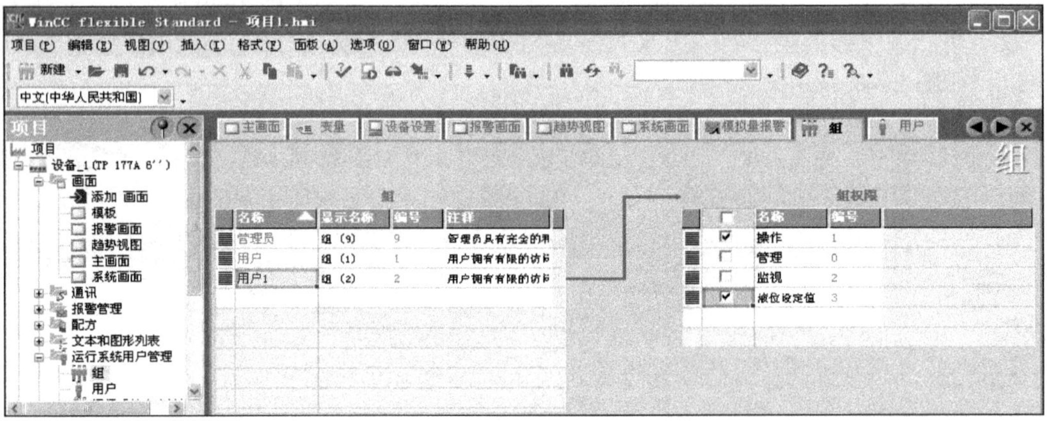

图 2-48　新建用户组权限

在系统画面中，双击“液位设定值”的 I/O 域，单击“属性”→“安全”，设置“液位设定值”的权限，并选中“启动”复选框，如图 2-49 所示。

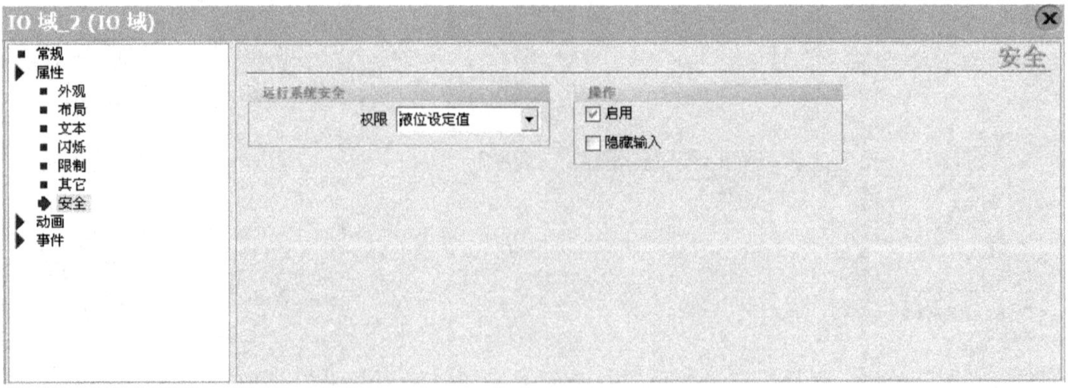

图 2-49　I/O 域权限设置

新建用户视图画面，在“用户视图”画面中，单击“工具”→“增强工具”→“用户视图”，将其放在画面适当位置，如图 2-50 所示。

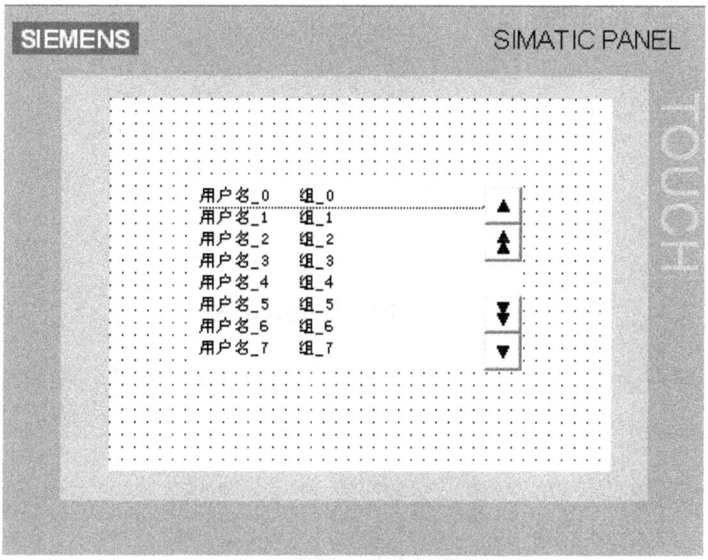

图 2-50　新建用户视图

在用户视图画面添加“登录用户”和“注销用户”的按钮，添加一个名为“当前用户”的文本域和 I/O 域，添加一个“用户视图”文本域作为画面标题，组态一个与“系统画面”切换的按钮，如图 2-51 所示。

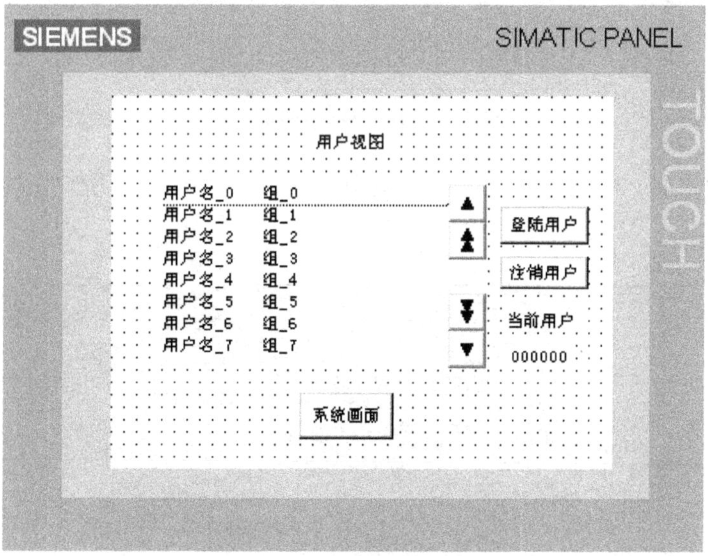

图 2-51　用户视图组态

单击“登录用户”按钮，在其“事件”→“单击”中执行系统函数 ShowLogonDialog 函数，如图 2-52 所示。

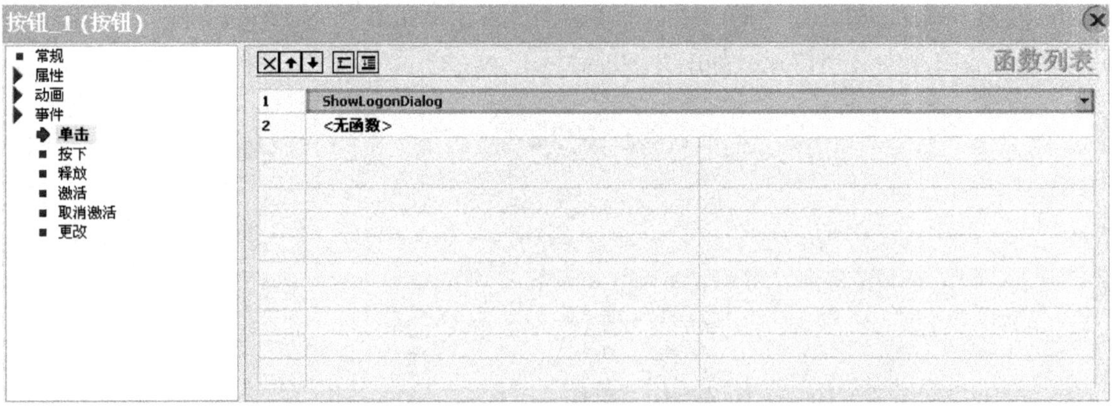

图 2-52 用户登陆按钮组态

同理，单击“用户注销”按钮，在其“事件”→“单击”中执行系统函数 Logoff 函数，如图 2-53 所示。

图 2-53 用户注销按钮组态

新建一个“用户名”的内部变量，数据类型为 string，对“当前用户”的 I/O 域进行组态，如图 2-54 所示。

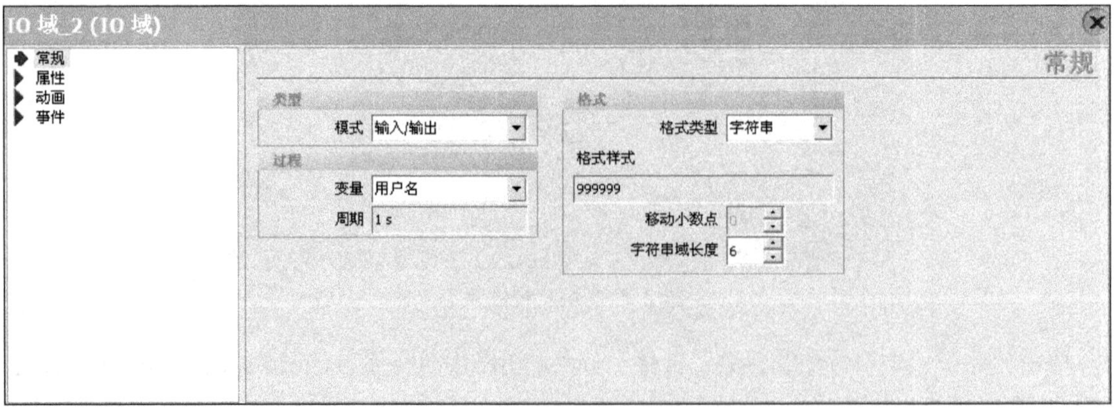

图 2-54 当前用户 I/O 域组态

在系统画面中组态一个切换到“用户视图”的按钮，如图 2–55 所示。

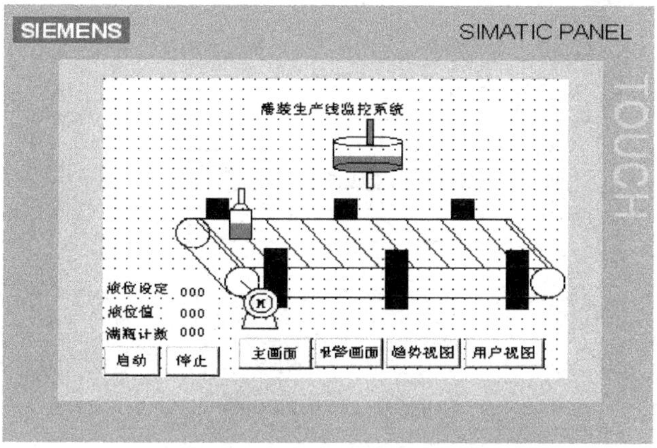

图 2–55　增加用户视图切换按钮

【step17】项目数据记录与趋势视图组态。

知识点学习：

1）数据记录

数据是指在生产过程中采集的，保存在与 HMI 设备连接的自动化设备（如 PLC）存储器中的过程变量。

数据反映了设备的状态，技术人员和管理人员通过分析采集的过程数据，可以判断设备的运行状态，对故障进行处理，确定最佳的维护方案，提高产品质量。

可以为每一个内部变量和外部变量指定一个数据记录。

2）趋势视图

趋势是变量在运行时的值的图形表示，在画面中用趋势视图来显示。趋势视图是一种动态显示元件，以曲线的形式连续显示过程数据。

趋势有以下四种类型：

⑴ 记录。显示变量的记录值，在运行时，操作员可以改变时间段，以查看期望的时间段内记录的数据。

⑵ 实时周期触发。要显示的值由固定、可组态的时间间隔从 PLC 读取数据，并在趋势视图中显示，适合表示连续的过程。

⑶ 事实位触发。启用缓冲方式的数据记录，实时数据保存在缓冲区内。通过在“趋势传送”变量中设置的一个位来触发要显示的值。读取完后，该位被复位。该趋势适合显示短暂的快速变化的值。

⑷ 缓冲区位触发。用于带有缓冲数据采集的事件触发趋势视图显示。要显示的值保存在 PLC 的缓冲区中，指定的一个位被置位时，读取一个数据块的缓冲数据。该趋势适合显示“历史趋势”，可以显示变量的快速变化。

趋势视图组态如下：

打开“趋势视图”画面，将工具视图中的“增强对象”的“趋势视图”拖放到画面工作区，如图 2–56 所示。

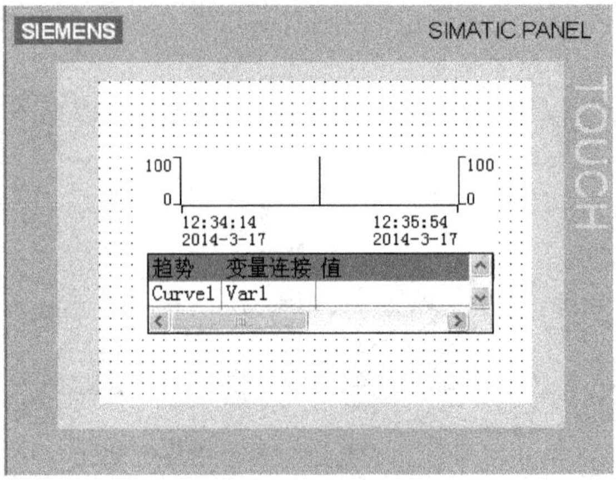

图 2-56　新建趋势视图

双击趋势视图，打开“趋势视图”属性对话框，设置“常规”属性，如图 2-57 所示。

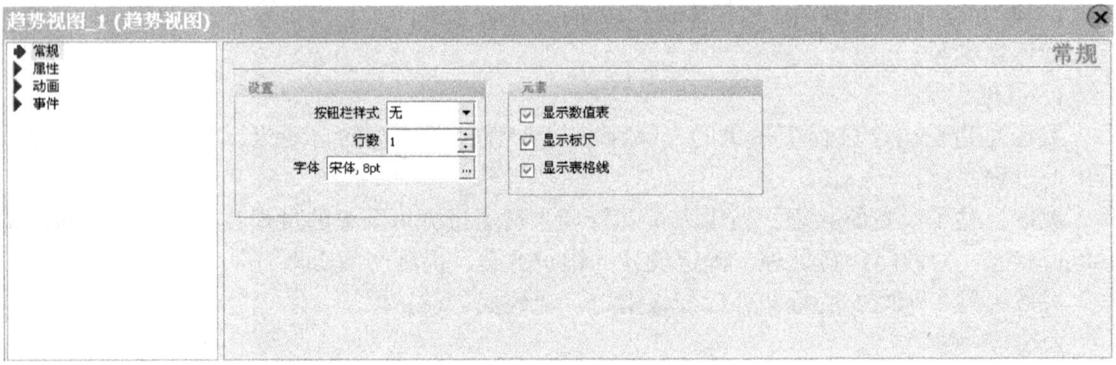

图 2-57　趋势视图组态（一）

单击“属性”→“X 轴”，设置“X 轴”属性，“时间”模式，新值来源于“居右”，时间间隔“100”，如图 2-58 所示。

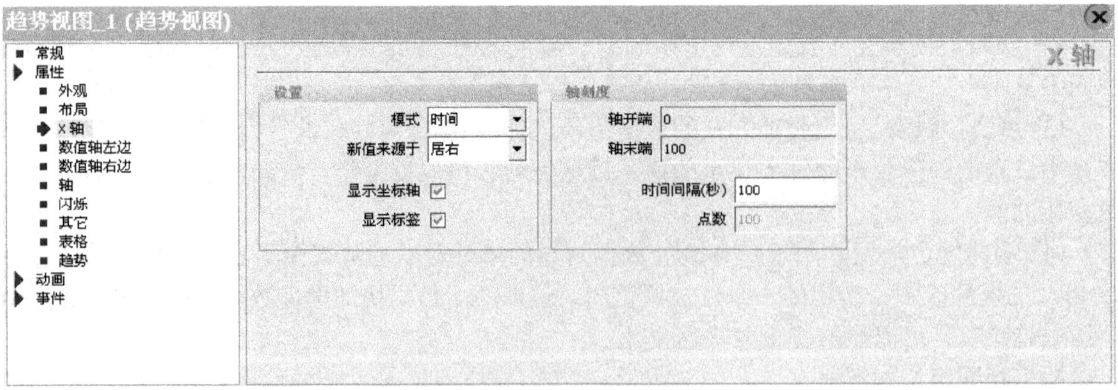

图 2-58　趋势视图组态（二）

单击“属性”→“数值轴左边”，设置“数值轴左边”属性，轴开端“0”，轴末端“100”，如图 2-59 所示。

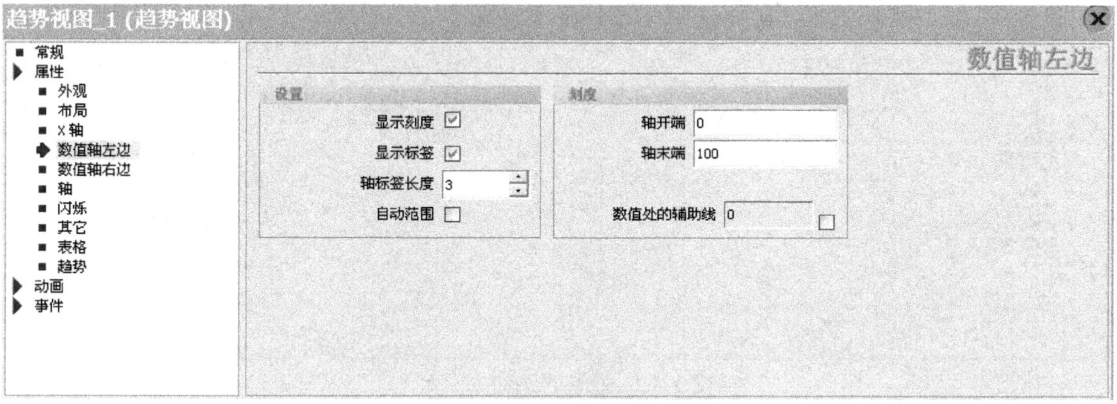

图 2-59　趋势视图组态（三）

单击“属性”→“数值轴右边”，设置“数值轴右边”属性，轴开端“0”，轴末端“100”，如图 2-60 所示。

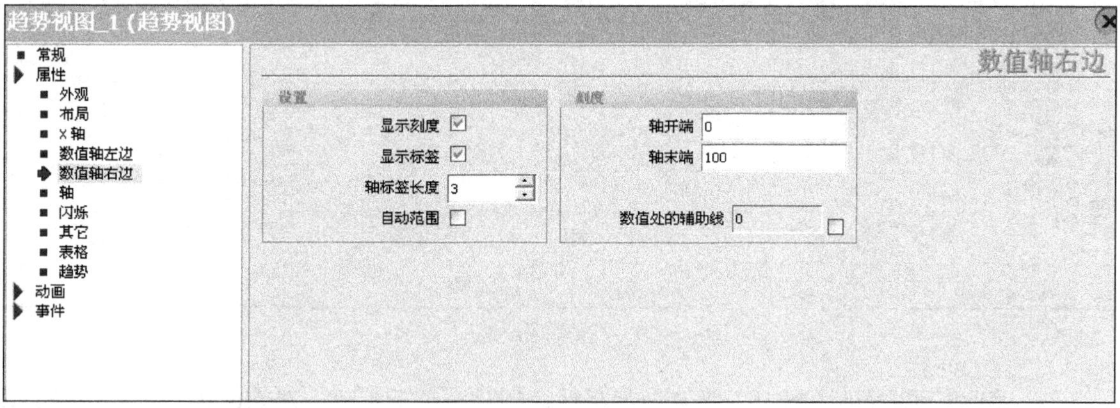

图 2-60　趋势视图组态（四）

单击“属性”→“轴”，设置“轴”属性，如图 2-61 所示。

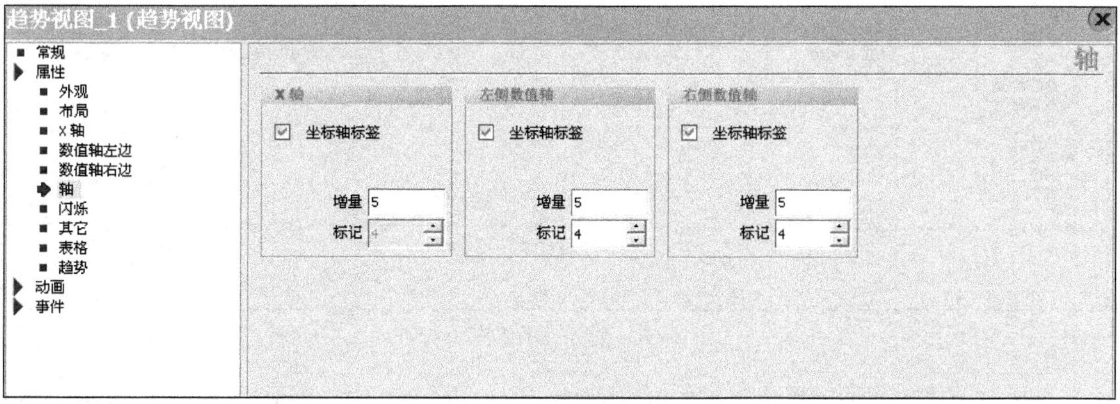

图 2-61　趋势视图组态（五）

单击“属性”→“表格”，设置“表格”的颜色及字体，如图 2-62 所示。

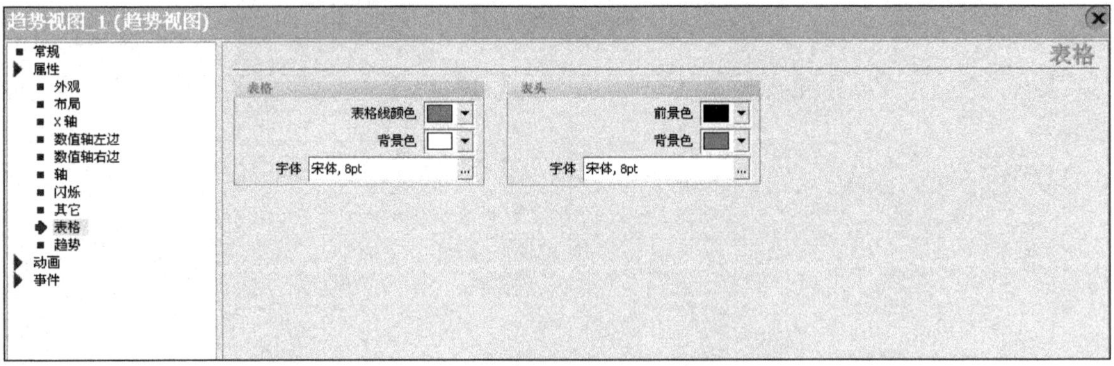

图 2–62 趋势视图组态（六）

单击“属性”→“趋势”，打开“趋势”设置对话框，如图 2–63 所示。

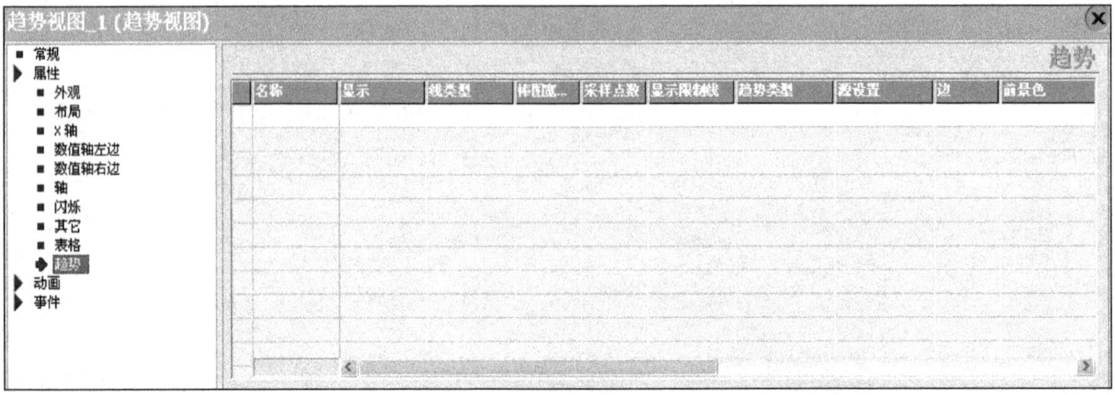

图 2–63 趋势视图组态（七）

在“趋势”设置对话框中，双击一个空行，创建一个新趋势，对它的类型和参数进行设置，如图 2–64 所示。

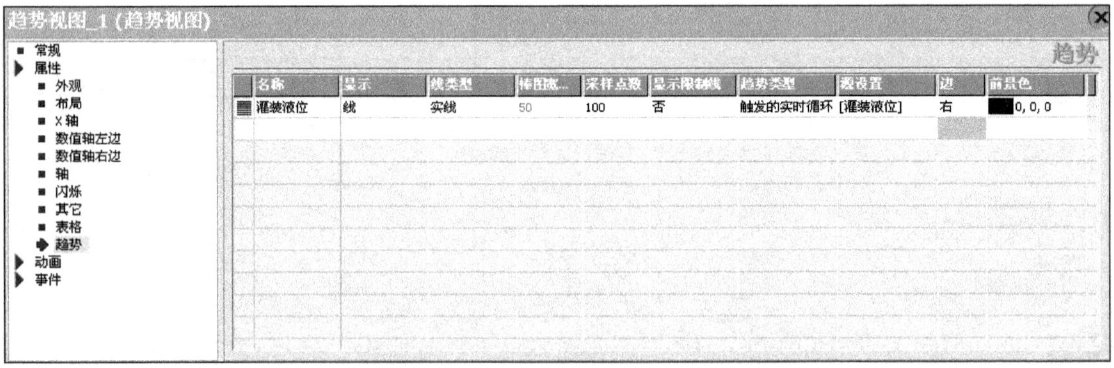

图 2–64 趋势视图组态（八）

在画面中添加一个“趋势视图”的文本域，组态一个与“系统画面”的切换按钮，如图 2–65 所示。

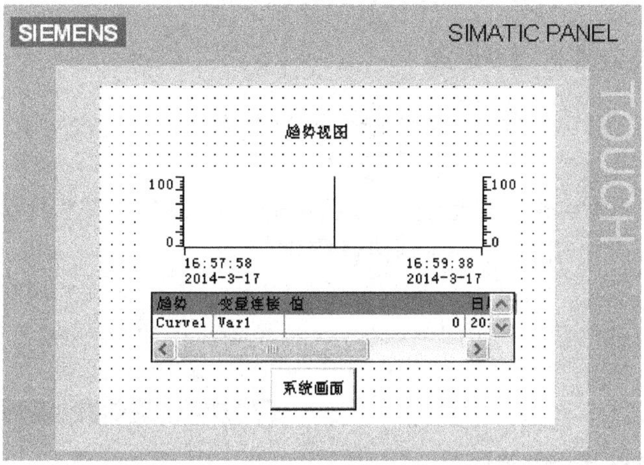

图 2-65　趋势视图组态（九）

【step18】单击项目视图中“设备设置”的图标，在展开项目中双击“设备设置”，在“设备设置”对话框中将起始画面设置为“主画面”，如图 2-66 所示。

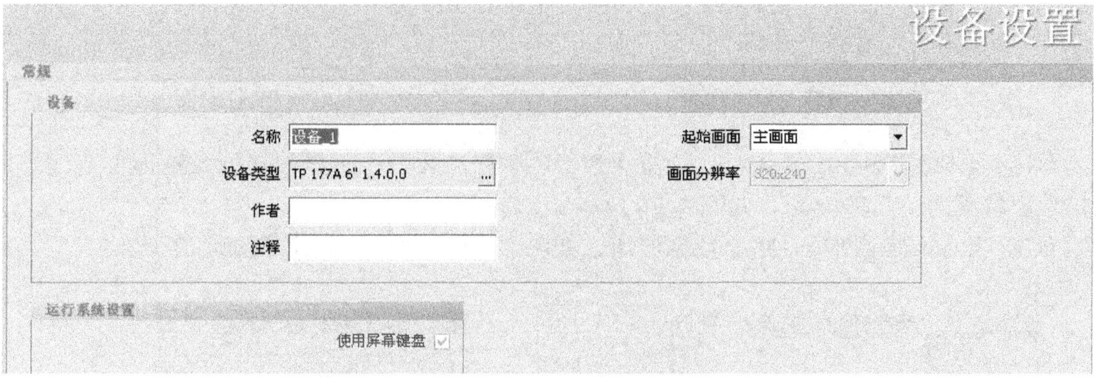

图 2-66　起始画面设置

【step19】项目编译。WinCC flexible 项目创建完后，使用菜单“项目”→“编译器”→“生成”或单击工具栏的图标，对项目进行一致性检查，完成后生成编译好的项目文件。项目编译如图 2-67 所示。

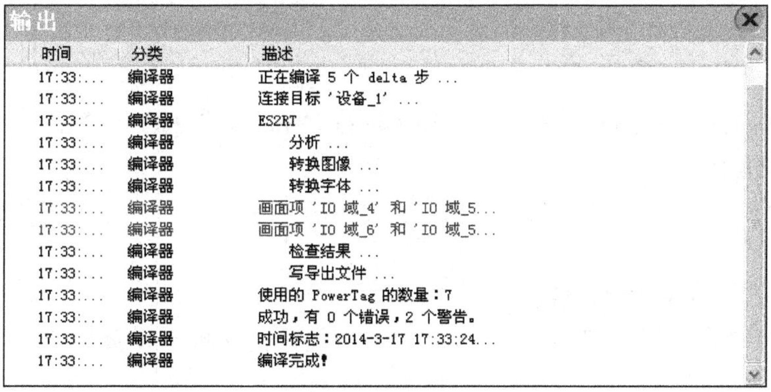

图 2-67　项目编译

三、TP177A 触摸屏与计算机通信组态

用 USB/PPI 或 PC/PPI 电缆将 TP177A 触摸屏与组态计算机连接起来。

1）触摸屏传输模式设置

给触摸屏上电，触摸屏迅速出现图 2-68 所示的 HMI 设备装载程序画面。

(1) 单击“Transfer”按钮，将切换到传送模式。

(2) 单击“Start”按钮，启动运行系统打开 HMI 设备上已装载的项目。

单击“Control Panel”按钮，访问 Windows CE 控制面板如图 2-69 所示。

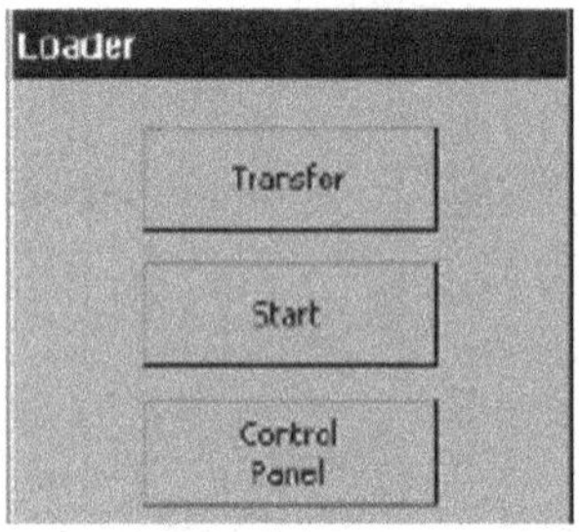

图 2-68 HMI 设备装载程序画面

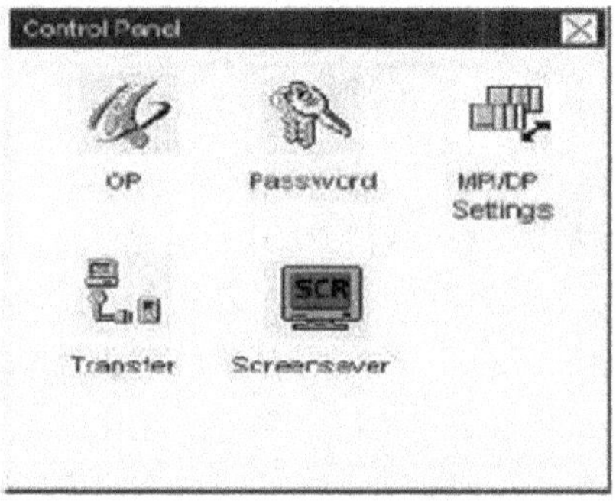

图 2-69 Windows CE 控制面板

双击“MPI/DP Setings”图标，设置 MPI/DP 参数，其中：①是站地址设置为 1 号；②是通信速率设置为 187.5kBoud，如图 2-70 所示。

双击“Transfer”图标，组态数据通道，如图 2-71 所示，启用①数据通道 1。

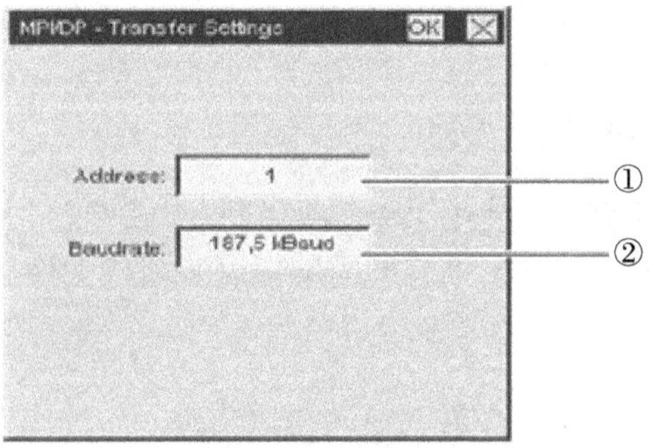

图 2-70 MPI/DP 参数设置

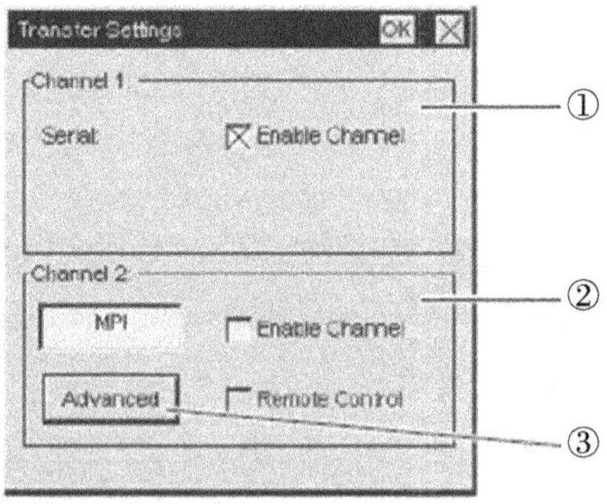

图 2-71 组态数据通道

关闭 Windows CE 控制面板，在图 2-68 中单击“Transfer”按钮，等待 PC 传送。

2）组态计算机 PC 设置

选择“控制面板”→“设置 PG/PC 端口”，对 PG/PC 端口进行设置，如图 2-72 ~ 图 2-74 所示。

3）WinCC flexible 项目传输设置

单击图 2-75 中的⇓图标，出现传送模式设置画面，传送模式设置如图 2-76 所示。

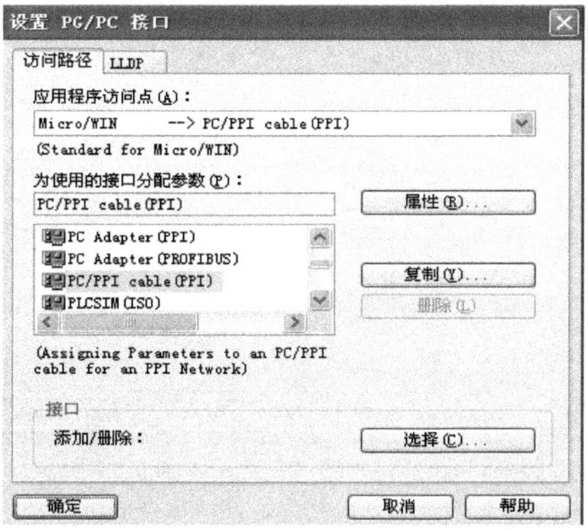

图 2-72　设置 PG/PC 端口（一）

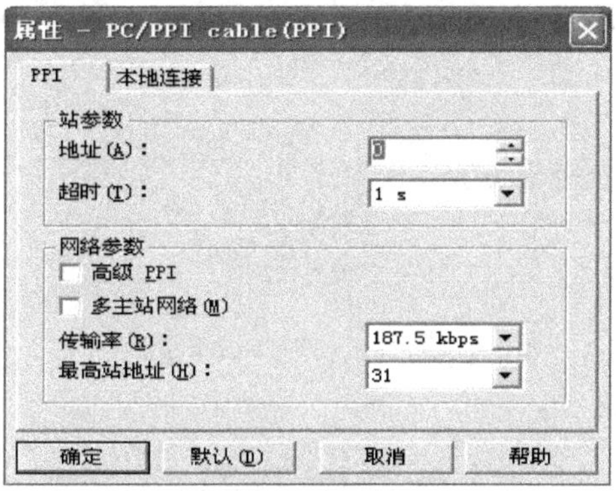

图 2-73　设置 PG/PC 端口（二）

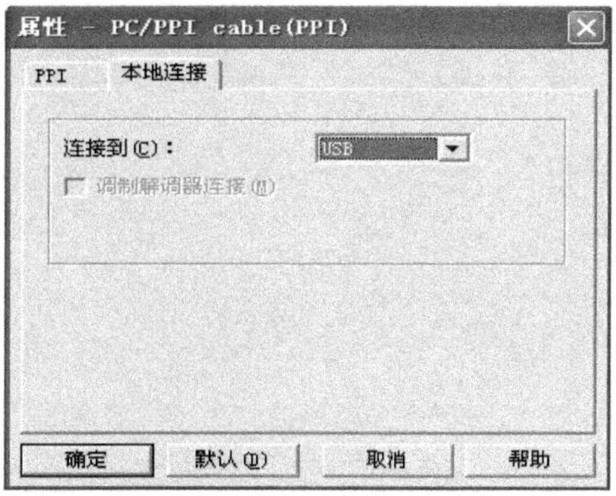

图 2-74　设置 PG/PC 端口（三）

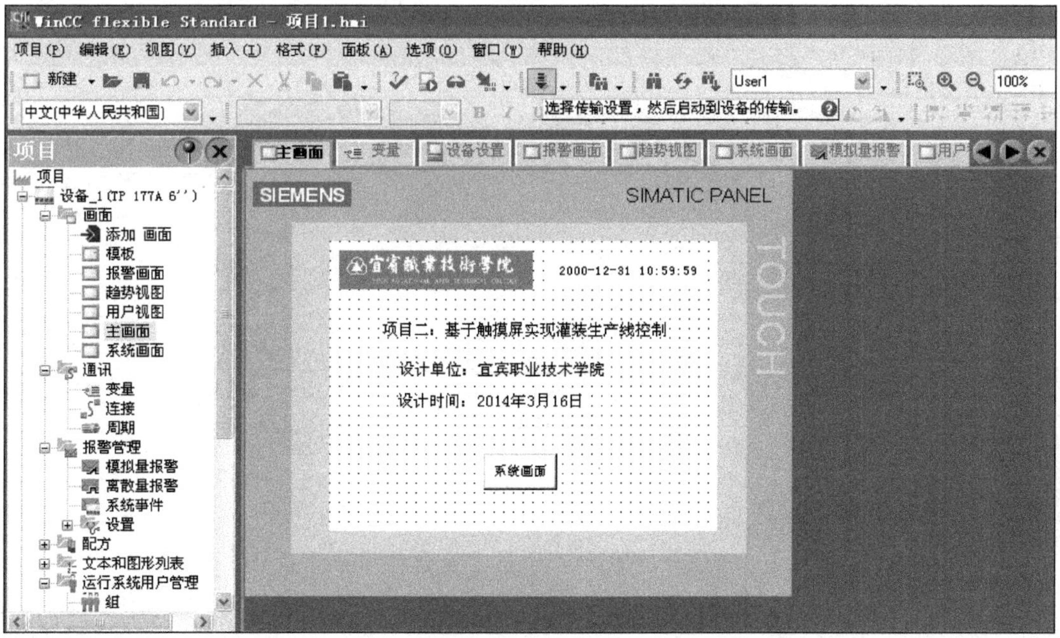

图 2-75　项目下载

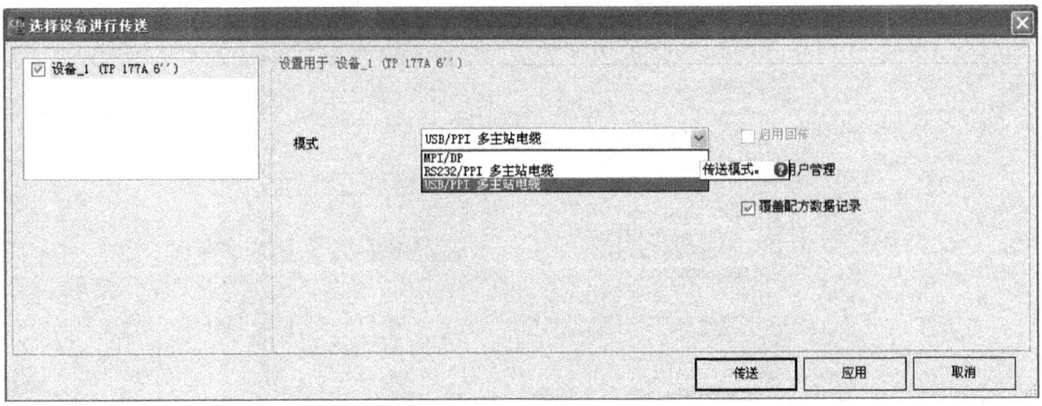

图 2-76　传送模式设置画面

项目设置的传送模式为“USB/PPI 多主站电缆”模式，如图 2-77 所示。

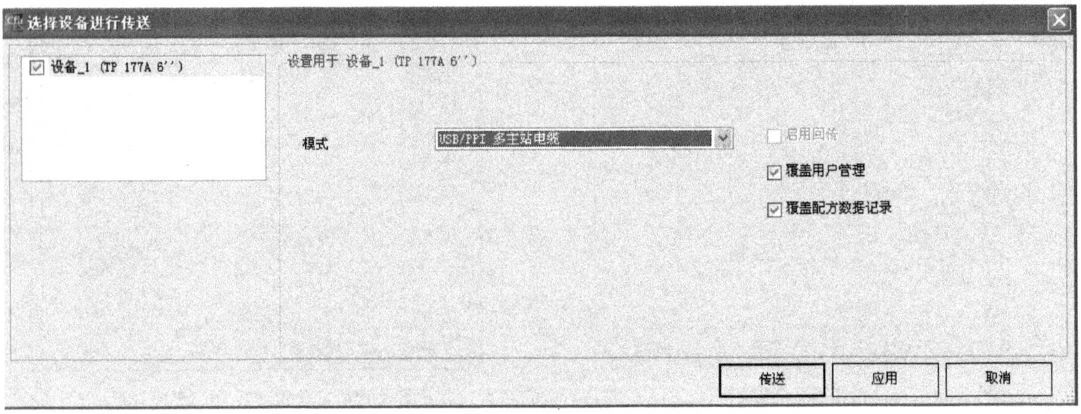

图 2-77　传送模式设置

单击图 2-77 中的“传送”按钮，就进入 WinCC flexible 项目传送，如图 2-78 所示。

图 2-78　WinCC flexible 项目传送

四、PLC 控制程序编写下载

1) PLC 控制程序编写

根据控制任务要求，编写以下控制程序，见图 2-79 ~ 图 2-82。图 2-79 中，当 I0.0 或 M0.0 接通时，电机启动；当 I0.1 或 M0.1 接通时，电机和灌装停止。网络 3 程序是为瓶子位移和液位赋初值。

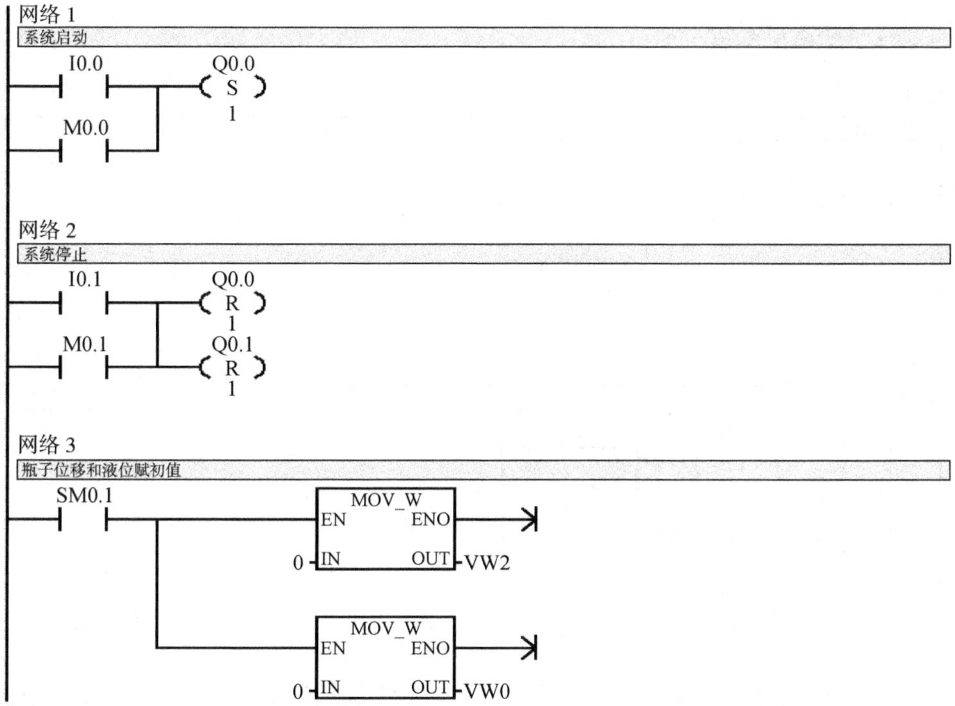

图 2-79　PLC 控制程序（一）

图 2-80 中，网络 4 程序为当传送带运行时，瓶子位移的坐标增量设置；网络 5 程序为当灌装传感器检测到瓶子且瓶子位移为 132（根据触摸屏画面位置设置）时，传送带停止，灌装开始；网络 6 程序为灌装液位的增量。

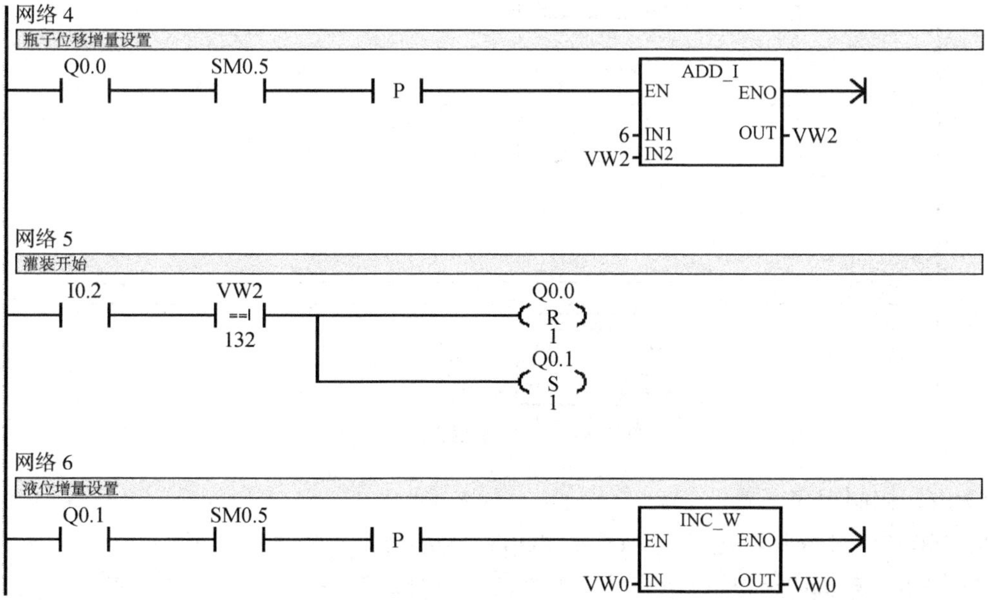

图 2-80　PLC 控制程序（二）

图 2-81 中，网络 7 程序为当瓶子液位达到设定值时，灌装停止；网络 8 程序为当计数传感器检测到瓶子且瓶子位移为 240（根据触摸屏画面位置设置）时，进行满瓶计数，并在 PLC 刚运行时对计数器复位。

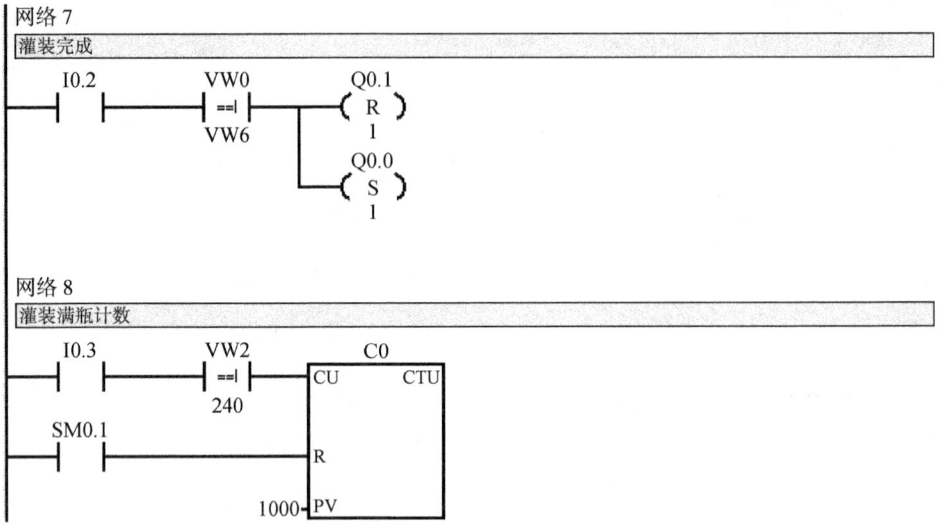

图 2-81　PLC 控制程序（三）

图 2-82 中，网络 9 程序为当瓶子位移为 246（根据触摸屏画面位置设置）时，灌装结束，同时对瓶子位移和液位赋初值；网络 10 程序为将计数器当前值在触摸屏显示出来。

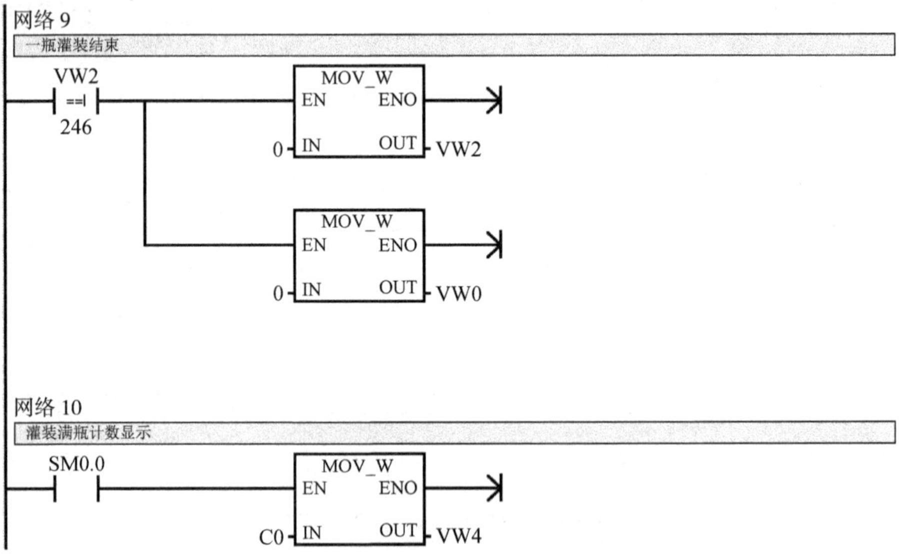

图 2-82　PLC 控制程序（四）

2）PLC 控制程序下载

用 USB/PPI 或 PC/PPI 电缆将 PLC 的 PORT1 与组态计算机连接起来。

(1) 组态计算机通信参数设置。PC 参数设置如图 2-72 ~ 图 2-74 所示一样。

(2) PLC 通信参数设置。在 V4.0 STEP 7 MicroWIN 中，选择“查看→系统块”，组态

PORT0 端口（与 TP177A 通信的端口），如图 2-83 所示。

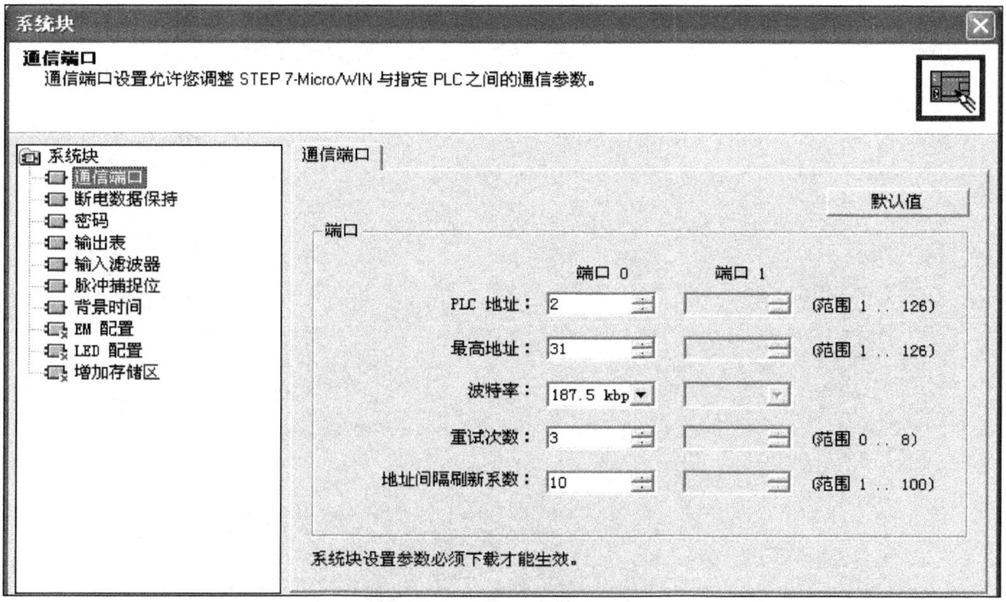

图 2-83　PLC 通信端口组态

(3) 程序下载。单击图 2-84 中的图标，将 PLC 控制程序下载到 PLC，下载过程如图 2-85 所示。

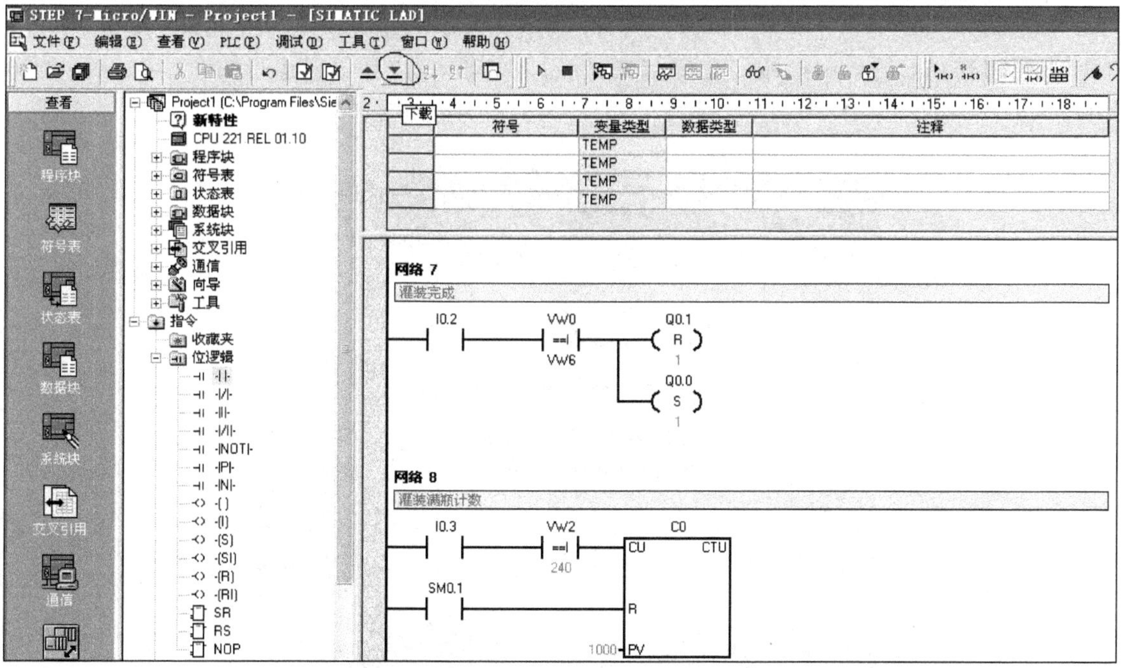

图 2-84　PLC 控制程序下载（一）

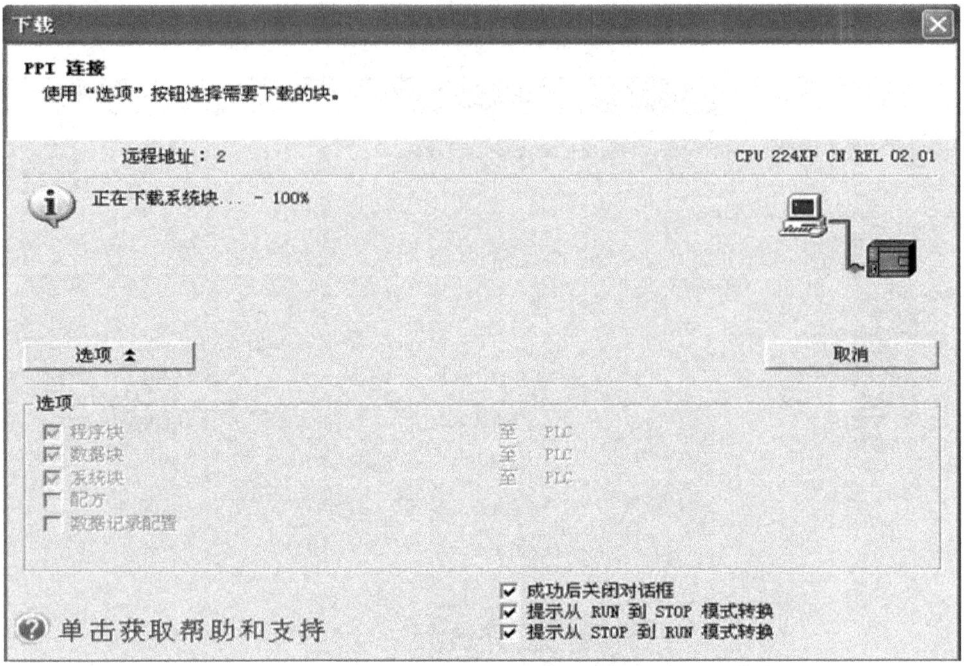

图 2-85　PLC 控制程序下载（二）

根据任务要求，在老师引导下，每个小组分别进行 PLC 控制程序编写、下载等操作。

五、项目运行

用 USB/PPI 或 PC/PPI 电缆将 PLC 的 PORT1 与组态计算机连接起来，用 MPI 电缆将 TP177A 的 IF 1B 端口与 PLC 的 PORT0 端口连接起来，然后设备通电运行。项目运行如图 2-86 ~ 图 2-90 所示。

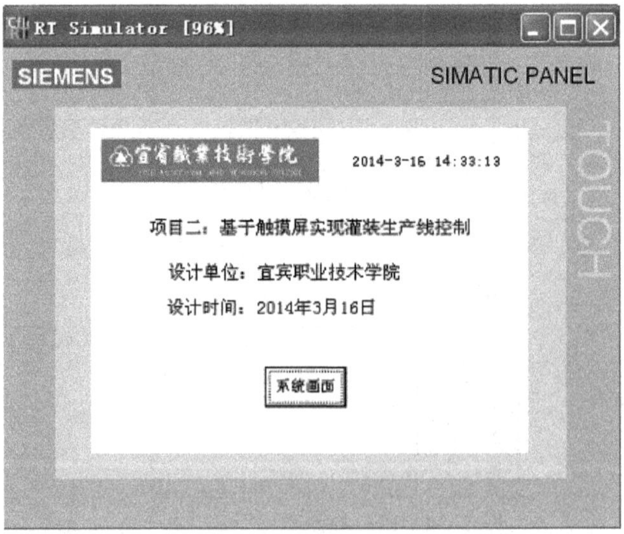

图 2-86　项目运行（一）

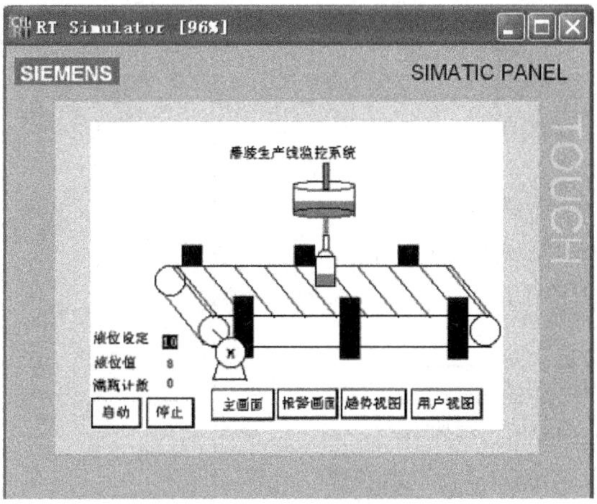

图 2-87　项目运行（二）

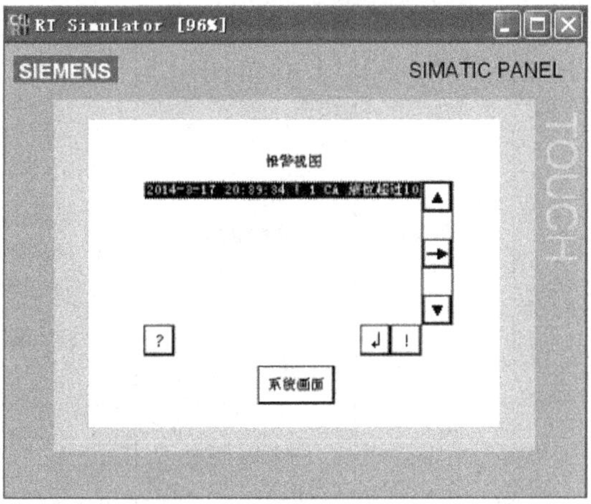

图 2-88　项目运行（三）

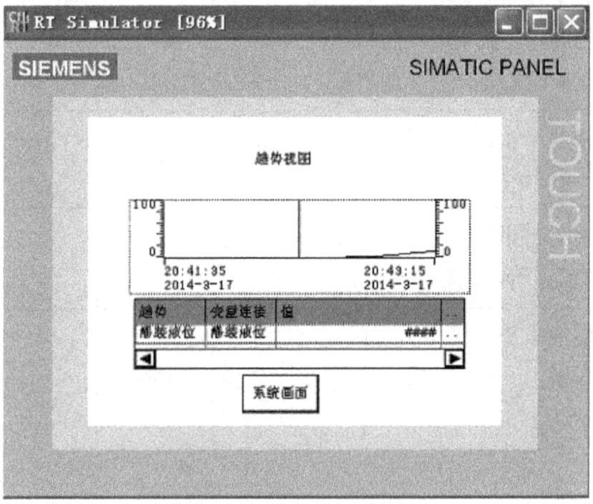

图 2-89　项目运行（四）

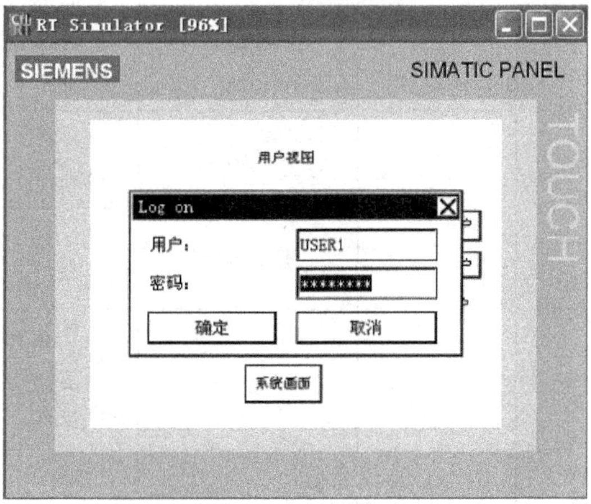

图 2-90　项目运行（五）

【项目检查与评估】

根据项目完成情况，按照表 2-2 进行评价。

表 2-2　项目评价表

序号	考核项目	评价内容	要求	权重	评价
1	系统设计	项目分析	1. 进一步能分析触摸屏控制系统的控制对象的工艺要求； 2. 进一步能确定人机接口技术要求； 3. 进一步掌握触摸屏的基本功能及特点	5%	
		控制方案设计	1. 进一步能设计触摸屏系统监控方案； 2. 进一步掌握触摸屏过程画面的组态规则	10%	
2	硬件配置	设备选型	1. 进一步能根据控制要求选取触摸屏型号； 2. 能根据控制要求选取 PLC 型号； 3. 能根据控制要求选取外部设备； 4. 进一步掌握触摸屏系统设备选取原则	10%	

续表

序号	考核项目	评价内容	要求	权重	评价
2	硬件配置	系统接线	1. 能绘制电气原理图； 2. 能绘制接线图； 3. 能绘制元器件布置图； 4. 能绘制元器件现场位置图； 5. 进一步能根据图纸要求对触摸屏控制系统进行现场安装	15%	
3	系统组态	触摸屏组态	1. 进一步能正确创建项目； 2. 进一步能正确组态过程画面； 3. 进一步能正确组态与 PLC 的通信； 4. 进一步掌握触摸屏项目的组态步骤	20%	
		PLC 组态	1. 能正确编制系统的地址分配表； 2. 能根据控制要求正确编制控制程序； 3. 进一步能正确组态与触摸屏的通信	15%	
4	系统调试	校验信号	进一步能校验现场触摸屏系统的输入／输出信号的动作是否正确	5%	
		联机调试	进一步能正确运行触摸屏系统，正确下载、运行程序，进一步能进行系统联机调试	10%	
5	职业素质	职业素质	具备良好的职业素养，具有良好的团结协作、语言表达及自学能力，具备安全操作意识、环保意识等	10%	
6	评价结果				

【项目总结】

进一步认识触摸屏，了解触摸屏的报警、用户管理及数据记录基本知识，掌握报警、用户管理及趋势视图组态的步骤，进一步具备触摸屏选型、WinCC flexible 软件使用、基本项目组态、通信组态的能力，进一步具备 HMI 控制系统的设计、安装、运行与调试能力，这会为以后的学习和工作打下坚实的基础。

【练习与训练】

1. 知识练习

(1) 报警有什么作用？什么是离散量报警？什么是模拟量报警？什么是系统报警？

(2) 用户管理有什么作用？

(3) 什么是数据记录？数据记录有什么作用？

(4) 趋势如何分类？各有什么特点？

2. 项目练习

利用 TP177A 触摸屏和 S7-200PLC 实现对多种液体混合控制，多种液体混合装置的作用是将 A 和 B 两种液体进行混合，当达到设定值，由出料阀放出，装置可实现手动和自动控制，系统可实现对液位偏高的报警，也可实现对混合液体液位总量以趋势曲线的方式显示。

项目三　基于 WinCC 实现彩灯循环控制

【项目描述】

现代生活中，循环灯能美化环境，渲染气氛，根据景观变化要求，变化控制模式，给人以丰富多彩、旋律优美的的感受。它的元件少、成本低、安装简易、耗电量低，也可以根据用户的喜好改变颜色。

项目中有红、绿、黄三只灯，通过人机界面（HMI）与 PLC 实现对彩灯循环控制。单击 HMI 上的启动键时，红灯亮 2s 后熄灭，然后绿灯亮 2s 后熄灭，再接着黄灯亮 2s 后熄灭；单击 HMI 上的停止键，所有等全部熄灭。

【项目能力目标】

(1) 了解组态软件在控制系统中的功能及作用；

(2) 熟悉 WinCC 的特点及产品信息；

(3) 会正确进行 WinCC 控制系统的接线；

(4) 能初步对 WinCC 项目进行正确创建和组态；

(5) 能初步设置 WinCC 与 PLC 通信参数，并实现相互通信；

(6) 能初步对整个监控系统进行运行及调试；

(7) 具备资料收集、整理和自我学习的能力；

(8) 具备顺利地与相关人员进行沟通、协调和交流的能力。

【完成项目的计划决策】

本项目选择 SIMATIC WinCC 作为人机界面，选择西门子的 S7-200 作为控制器，SIMATIC WinCC 与 S7-200 实现 OPC 通信，通过单击触摸屏上的“启动”和“停止”按钮，实现对彩灯的循环控制，同时系统指示灯指示系统工作状态，接在 PLC 的按钮也可以单独控制。

【实施过程】

一、系统电路设计

1. PLC 选型

控制系统有 2 个输入点、4 个输出点，选用西门子 S7-200 系列 PLC，具体型号为 CPU224 XP CN AC/DC/RLY。

2. HMI 选型

控制系统选择 SIMATIC WinCC V6.2 作为人机界面组态软件。

知识点学习：

1) 组态软件的认识

组态软件是数据采集监控系统（Supervisory Control and Data Acquisition，SCADA）的软件平台工具，是工业应用软件的一个重要组成部分，它具有丰富的设置项目，使用方式灵活，功能强大。随着组态软件自身以及控制系统的发展，监控组态软件部分地与硬件发生分离，为自动化软件发展提供了充分发挥作用的舞台。

组态软件的功能：

(1) 采用类似资源管理器的窗口结构，并对工业控制系统中的各种资源进行配置和编辑；

(2) 处理数据报警及系统报警；

(3) 提供多种数据驱动程序；

(4) 各类报表的生成和打印输出；

(5) 使用脚本语言提供二次开发的功能；

(6) 存储历史数据并支持历史数据的查询。

2) WinCC 的认识

SIMATIC WinCC（Windows Control Center），即西门子视窗控制中心，它是 HMI/SCADA 软件中的后起之秀，目前已成为全球最佳 HMI 软件。WinCC 是按世界范围内使用的系统进行设计，非常适用于世界上各主要制造商生产的控制系统。

WinCC V6.2 采用标准的 Microsoft SQL Server 2005 数据库进行生产数据的归档，同时具有 Web 浏览器功能，可以使经理、厂长在办公室看到生产流程的动态画面，从而更好地调度指挥生产，是工业企业中 MES 和 ERP 系统首选的生产实时数据平台软件。

作为 SIMATIC 全集成自动化系统的重要组成部分，WinCC 确保与 SIMATIC S5、S7 和 505 系列的 PLC 连接的方便和通信的高效；WinCC 与 STEP 7 编程软件的紧密结合缩短了项目开发的周期；WinCC 有对 SIMATIC PLC 进行系统诊断的功能，给硬件维护提供了方便。

WinCC 的变量分为内部变量和外部变量，具体定义如下：

(1) 内部变量，为与外部控制器没有过程连接的变量，内部变量可无限制使用。

(2) 外部变量（Power Tags），为与外部控制器具有过程连接的变量，外部变量的数目与购买的授权规格有关（WinCC 有五种授权规格：128 个、256 个、1024 个、8000 个和 65536 个 Power Tags）。

WinCC 产品分为基本系统、WinCC 选件和 WinCC 附加件。其中基本系统是应用程序的核心，分为完全版和运行版，它包括以下九个部件：

(1) 变量管理器

变量管理器管理 WinCC 中所使用的外部变量、内部变量和通信驱动程序。

(2) 图形编辑器

图形编辑器用于设计各种图形画面。

(3) 报警记录

报警记录负责采集和归档报警信息。

(4) 变量归档

变量归档负责处理测量值，并长期存储所记录的过程值。

(5) 报表编辑器

报表编辑器提供许多标准的报表，也可以设计各种格式的报表，并按照预定的时间进行打印。

(6) 全局脚本

全局脚本是系统设计人员用 ANSI-C 及 Visual Basic 编写的代码，以满足项目的需要。

(7) 文本库

文本库编辑不同语言版本下的文本消息。

(8) 用户管理器

用户管理器用来分配、管理和监控用户对组态和运行系统的访问权限。

(9) 交叉应用表

交叉应用表负责收集在画面、函数、归档和消息中所使用的变量、函数、OLE 对象及

ActiveX 控件。

WinCC 以开放式的组态接口为基础，已开发了大量的 WinCC 选件（来自 Siemens A&D）和 WinCC 附加件(来自 Siemens 内部和外部合作伙伴)，如服务器系统、冗余系统、Web 浏览器等，以满足用户的特殊要求。

3. 系统接线图

1) PLC 地址分配

PLC 地址分配如表 3-1 所示。

表 3-1　PLC 地址分配

序号	地址	含义	序号	地址	含义
1	I0.0	系统启动（PLC)	6	Q0.0	红灯
2	I0.1	系统停止（PLC)	7	Q0.1	绿灯
3	M0.0	系统启动（WinCC)	8	Q0.2	黄灯
4	M0.1	系统停止（WinCC)	9	Q0.3	系统指示灯
5	M0.2	系统状态			

2) 系统接线

触摸屏、PLC 与其他设备连接的系统图如图 3-1 所示。

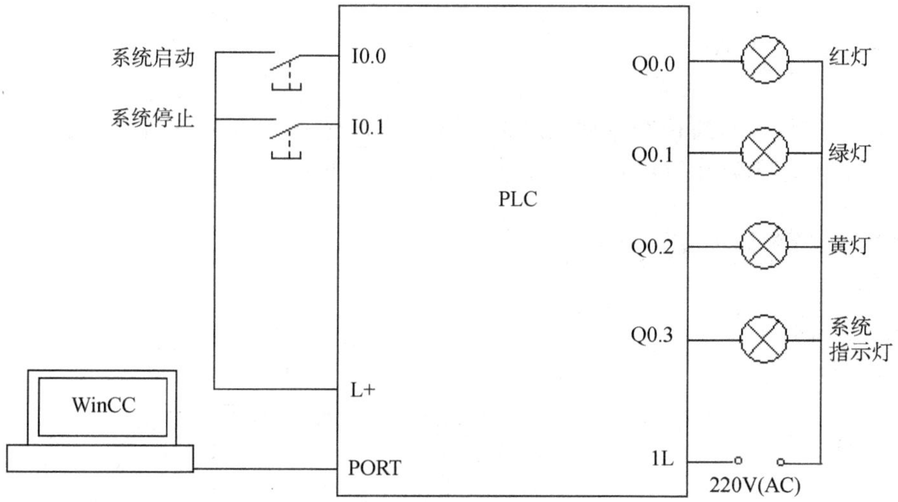

图 3-1　系统接线图

二、WinCC 项目组态

1. 启动 WinCC

单击“开始”→“SIMATIC WinCC Explorer”菜单项，如图 3-2 所示，或双击桌面“SIMATIC WinCC Explorer”图标。

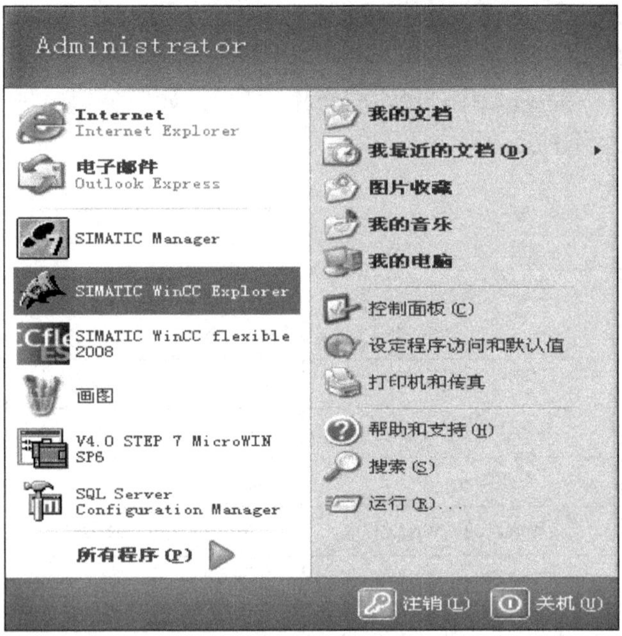

图 3-2　启动 WinCC

2. 创建项目

第一次运行 WinCC 时，出现一个对话框，如图 3-3 所示。

知识点学习：

WinCC 项目类型包括以下三种类型：

1）单用户项目

单用户项目的计算机所在的自动化网络中，一般只有一台 PC，这台 PC 既用于进行数据处理的服务器，又用于操作员输入站，其结构如图 3-4 所示。

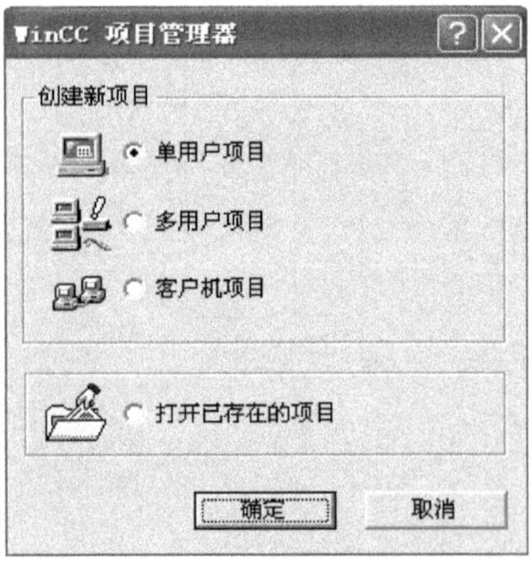

图 3-3　项目创建对话框

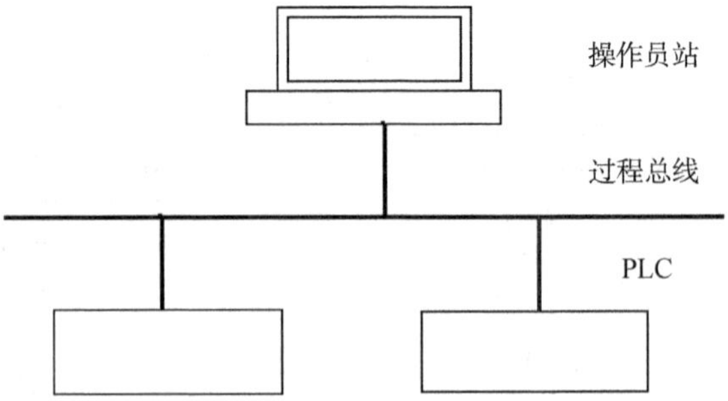

图 3-4　单用户项目

2）多用户项目

多用户项目可以组态一至多台的服务器和客户机，任意一台客户机可以访问多台服务器上的数据，任意一台服务器上的数据可以被多台客户机访问，其结构如图 3-5 所示。

3）客户机项目

如果创建了多用户项目，则必须创建对服务器进行访问的客户机，并在将要做客户机的计算机上创建一个客户机项目。

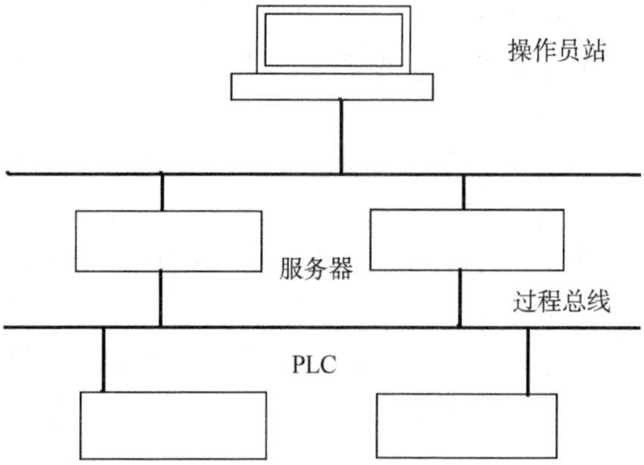

图 3–5　多用户项目

本项目选择单项目类型，单击“确定”按钮，打开“创建新项目”对话框，指定项目名称及项目存放文件夹，如图 3–6 所示。

单击“创建”按钮，打开 WinCC 资源管理器，如图 3–7 所示。

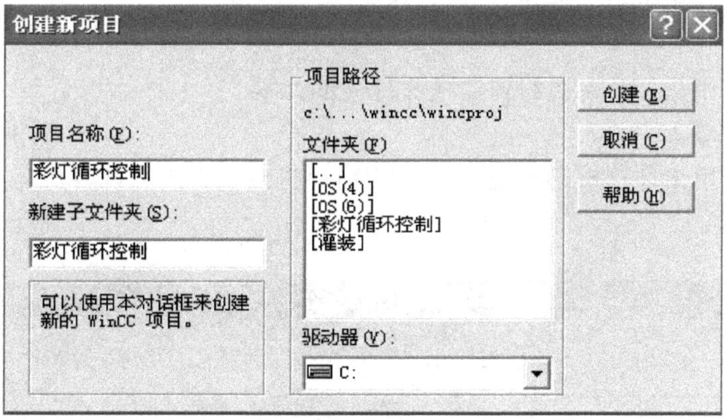

图 3–6　创建项目

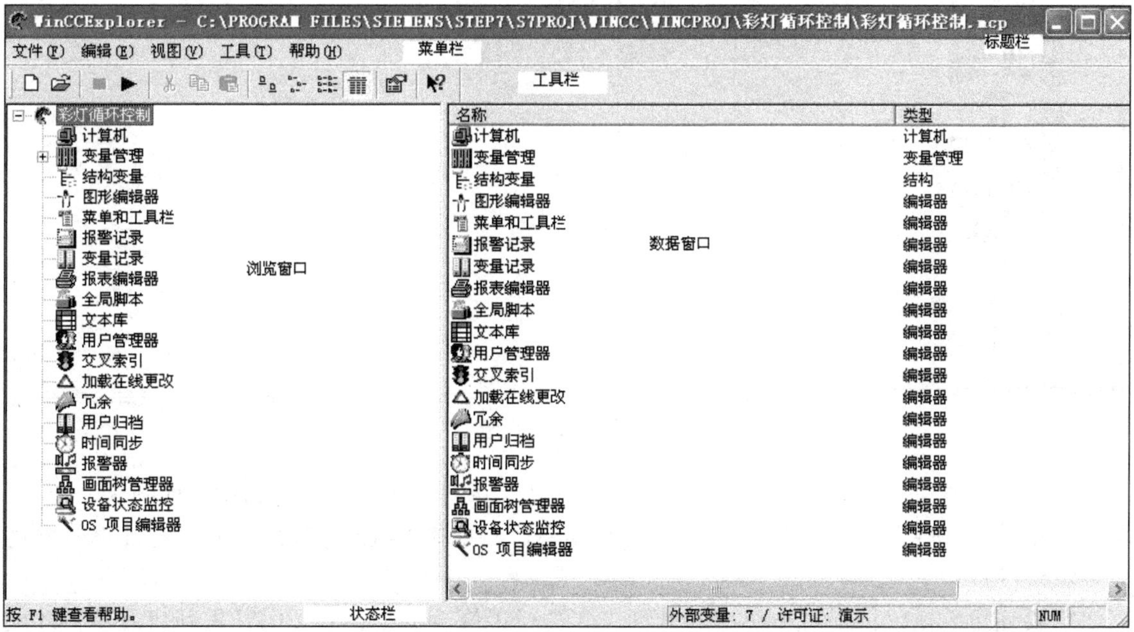

图 3–7　项目管理器

知识点学习：

WinCC 资源管理器由标题栏、菜单栏、工具栏、状态栏、浏览窗口和数据窗口组成。

1）标题栏

标题栏的作用是显示当前所打开项目的路径和项目是否激活。

2）菜单栏和工具栏

菜单栏和工具栏的作用与 Windows 基本相同，这里不再一一介绍。

3）状态栏

状态栏的作用是显示与编辑有关的一些提示，显示文件的当前路径、已组态外部变量数目和授权范围的变量数目。

4）浏览窗口

浏览窗口包含 WinCC 项目管理器中的编辑器和功能的列表，当双击列表或使用相应的快捷菜单时，可打开相应的编辑器。

5）数据窗口

数据窗口的作用是显示左边编辑器或文件夹的元素。

3. 设置计算机属性

在导航窗口中单击计算机图标，在右边窗口将显示与用户计算机名一样的计算机服务器，如图 3-8 所示。

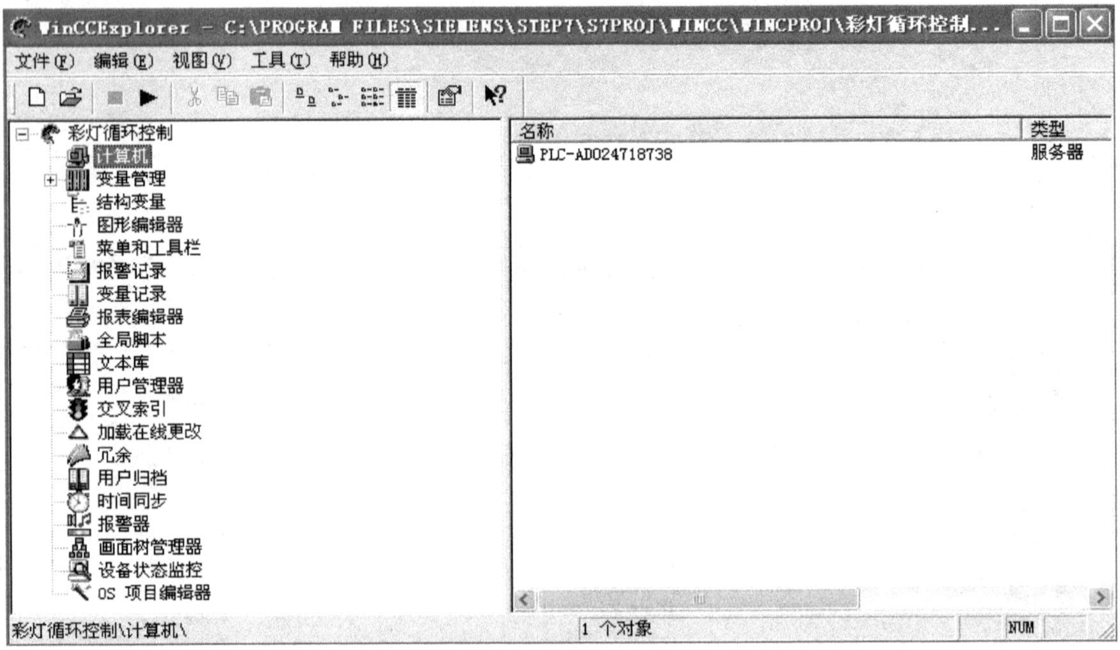

图 3-8　计算机属性设置（一）

右击该计算机，选择“属性”菜单项，打开“计算机列表属性”对话框，如图 3-9 所示，单击“属性” 按钮， 可设置 WinCC 运行时的属性，如图 3-10 所示，本项目的计算机属性设为默认设置。

需要注意的是，如果对项目中的计算机名进行了修改，则必须关闭并重新打开项目才能生效。

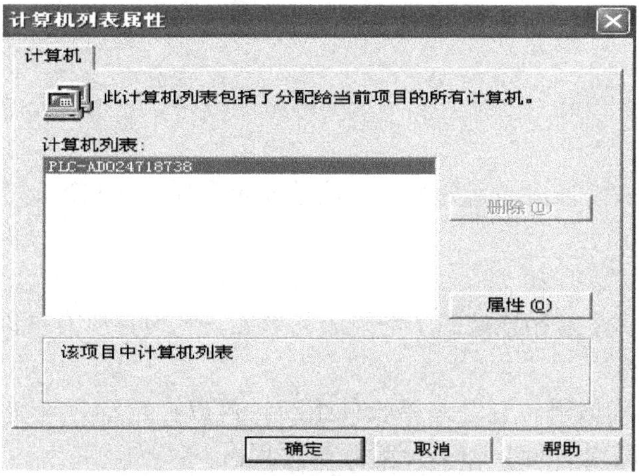

图 3-9　计算机属性设置（二）

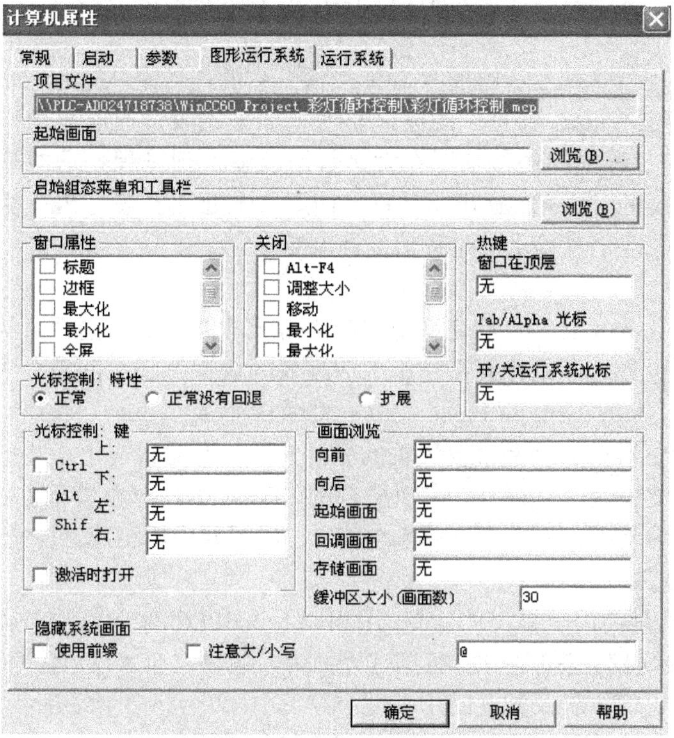

图 3-10　计算机属性设置（三）

4. 选择安装通讯驱动程序

项目选择 SIMATIC WinCC 与 S7-200 通过 OPC 实现通信。

知识点学习：

1）通信术语

(1) 通讯

通讯用于描述两个通讯伙伴之间的数据交换。

(2) 通讯伙伴

通讯伙伴是指可以互相进行通讯的模块。它可以是 PLC 中的中央处理器板和通讯处理器，也可以是 PC 中的通讯处理器。

(3) 站

站是可以作为一个单元与一个或多个子网连接的设备。它可以是 PLC，也可以是 PC。

(4) 子网

子网是用于描述一个通讯单元的术语。该单元包含建立链接所必需的所有物理组件以及相关的数据交换方式。

(5) 网络

网络是由一个或多个互相连接的子网组成的单元，它包括所有可以互相通讯的站。

(6) 通讯驱动程序

通讯驱动程序又称通道，它是一个软件组织，可以在自动化系统和 WinCC 中的变量管理器之间设置连接，以便能向 WinCC 变量提供过程值。

(7) 通道单元

通道单元是指一种网络或连接类型，每个使用的通道单元必须分配给相关的通讯处理器。

2) 通信原理

WinCC 变量管理器管理运行时的 WinCC 变量。它的任务是从过程中取出请求的变量值，这个过程通过集成在 WinCC 项目中的通讯驱动程序来完成。通讯驱动程序利用其通道单元构成 WinCC 与生产过程之间的接口。在大多数情况下，到过程处理的基于硬件的连接是利用通讯处理器来实现的。WinCC 通讯驱动程序使用通讯处理器来向 PLC 发送请求消息，然后，通讯处理器将回答相应消息请求的过程值发回 WinCC。

3) OPC 协议

随着过程自动化的发展，自动化系统生产商希望能够集成不同厂家的不同硬件设备和软件产品，实现各家设备之间的相互操作，工业现场的数据能从车间级汇入到整个企业信息系统中。在此背景下，OPC(OLE for Process Control) 就诞生了。

OPC 是指一个标准的，与制造商无关的软件接口。它是世界上领先的自动化公司和软硬件供应商共同开发的一套工业标准，它以微软的 COM（组件对象模型）和 DCOM（分布式组件对象模型）技术为基础，定义了一套标准接口，使不同应用程序、控制器能相互交换数据。

4) PC Access 软件

PC Access 软件是西门子推出的、专门用于 S7-200PLC 的 OPC 服务器的软件，它可以与任何的 OPC 客户端通信并提供数据信息。PC Access 软件自带 OPC 客户机测试端，用户可以方便检测其项目的通信质量及配置的正确性。

PC Access 软件可以用于连接西门子，或者第三方的支持 OPC 技术的上位软件。

PC Access 支持的通信：

-PPI（通过 PC/PPI 电缆（RS232/USB），PC Adapter 电缆（USB），CP 卡）；

-MPI （通过 CP 卡）；

-PROFIBUS DP（通过 CP 卡）；

-S7 协议（以太网，通过 CP243-1 或 CP243-1IT 模块）；

-Modem(内部或外部的，使用 TAPI 驱动器，调制解调器模块 EM241)。

选择安装通讯驱动程序具体步骤如下：

(1) 右击浏览窗口的“变量管理”的图标，选择“添加新的驱动程序”，如图 3-11 所示。

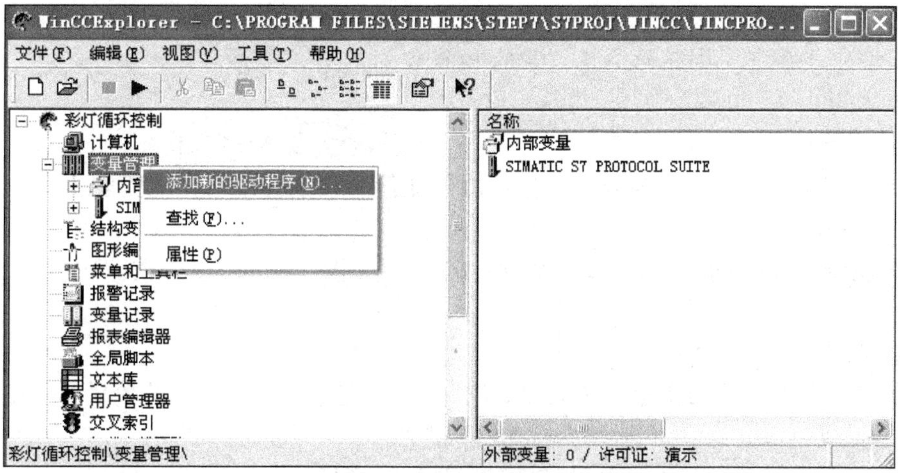

图 3-11　添加驱动程序（一）

(2) 在出现的“添加新的驱动程序”对话框中，选择 OPC.chn，如图 3-12 所示。

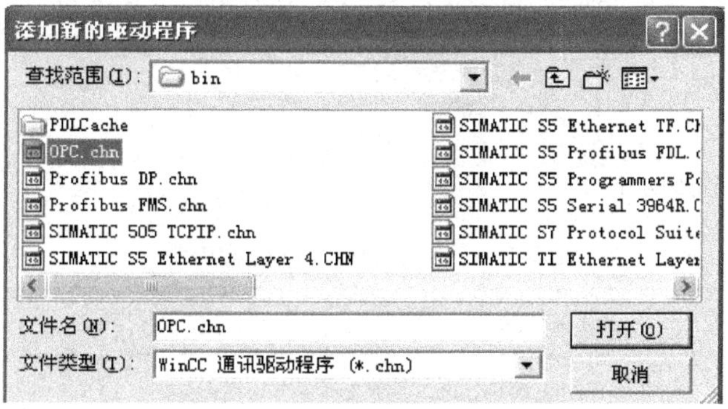

图 3-12　添加驱动程序（二）

(3) 在图 3-12 中，单击“打开”按钮，驱动程序添加成功，如图 3-13 所示。

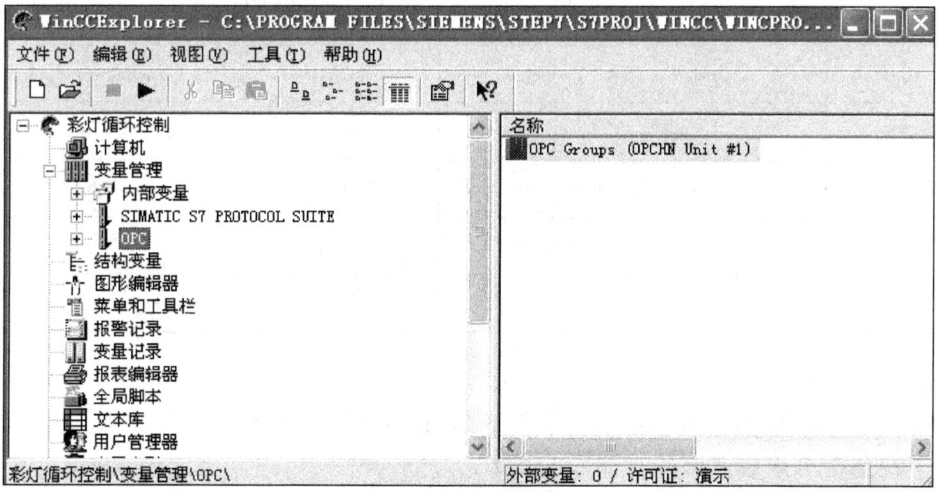

图 3-13　添加驱动程序（三）

5. 定义变量

项目需要定义表 3-1 中序号为 3 ~ 8 的七个 WinCC 外部变量。

知识点学习：

1）变量分类

WinCC 的变量按照功能分为外部变量、内部变量、系统变量和脚本变量。

（1）外部变量

与外部控制器连接的变量，称为 WinCC 的外部变量。外部变量的数量由 Power Tags 授权限制。

（2）内部变量

与外部控制器无连接的变量，称为 WinCC 的内部变量。内部变量的数量不受限制。

（3）系统变量

WinCC 提供了一些预定义的中间变量，称为系统变量。系统变量一般用于表示运行系统的状态，以“@”开头。

（4）脚本变量

在 WinCC 的全局脚本及画面脚本中定义并使用的变量，称为脚本变量。脚本变量只能在其定义时所规定的范围使用。

2）变量的数据类型

（1）数值型变量

数值型变量如表 3-2 所示。

表 3-2　各种数据类型的变量申明

变量名称	WinCC 变量	STEP 变量	C 动作变量
二进制	Binary Tag	BOOL	BOOL
有符号 8 位	Signed 8-bit Value	BYTE	char
无符号 8 位	Unsigned 8-bit Value	BYTE	Unsigned char
有符号 16 位	Signed 16-bit Value	INT	short
无符号 16 位	Unsigned 16-bit Value	WORD	Unsigned short，WORD
有符号 32 位	Signed 32-bit Value	DINT	int
无符号 32 位	Unsigned 32-bit Value	DWORD	Unsigned int，DWORD
32 位浮点数	Float-point 32-bit IEEE 754	REAL	float
64 位浮点数	Float-point 64-bit IEEE 754		double

（2）字符串类型变量

字符串类型变量分为 8 位字符集文本变量和 16 位字符集文本变量。

8 位字符集文本变量占用的存储空间为 0 ~ 255 字节，可以用来表示 ASCII 字符集中的字符串，每个 ASCII 字符占 1 字节的存储空间。

16 位字符集文本变量占用的存储空间为 0 ~ 255 字节，一般用来表示 Unicode 字符集的文本变量，每个 Unicode 字符占 2 字节的存储空间，如需表示中文的字符串，变量类型应为 16 位字符集文本变量。

(3) 原始数据类型

外部和内部原始数据类型变量都可以在 WinCC 变量管理器中创建，原始数据类型变量的格式和长度均不固定，其存储范围为 1 ~ 65535 字节，其内容是不固定的，只有发送者和接收者能解释其内容，WinCC 不能对其解释。

项目需要的 WinCC 外部变量组态步骤如下：

(1) 双击桌面 V1.0 PC Access 的图标，打开 PC Access 组态界面，如图 3-14 所示。

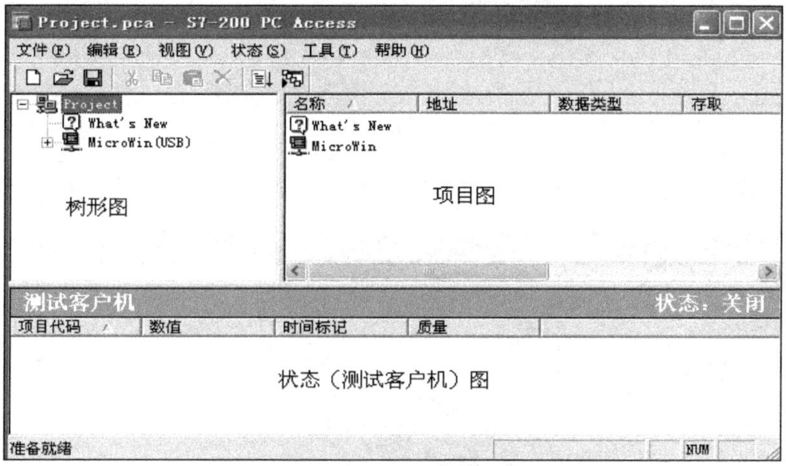

图 3-14　PC Access 组态界面

(2) 在图 3-14 中，右击树形图中的“MicroWin(USB)”，添加 PLC，如图 3-15 ~ 图 3-17 所示。

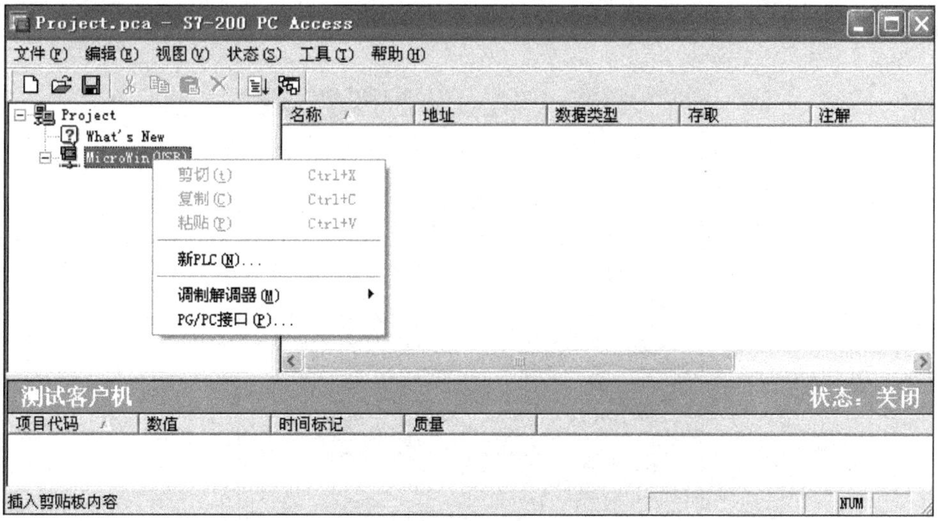

图 3-15　添加 PLC（一）

图 3-16　添加 PLC（二）

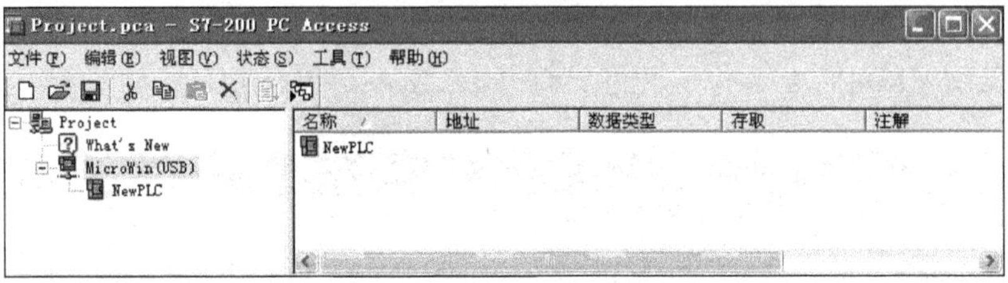

图 3-17　添加 PLC（三）

(3) 在图 3-16 中，右击新建的“NewPLC”，选择“新”→“项目”菜单，如图 3-18 所示。

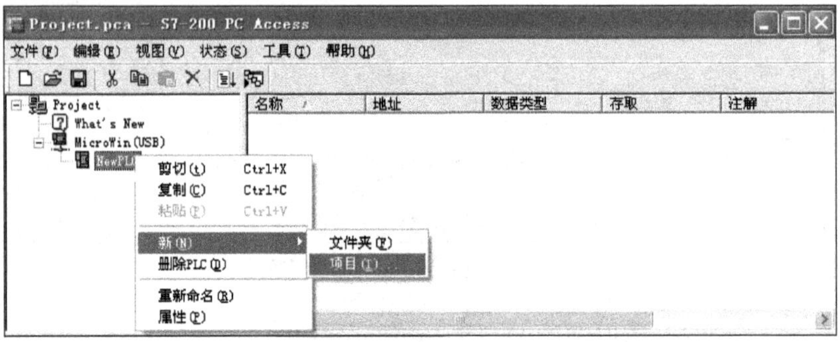

图 3-18　创建项目（一）

在项目属性设置窗口，设置名称为“红灯”、地址为“Q0.0”的项目，如图 3-19 所示。同理创建其他项目，创建好的如图 3-20 所示。

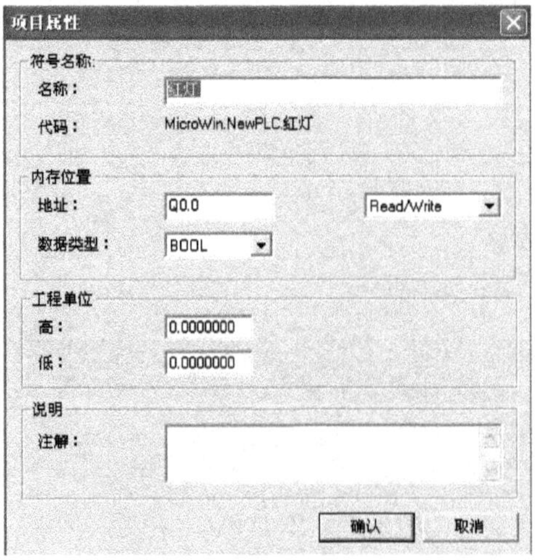

图 3-19　创建项目（二）

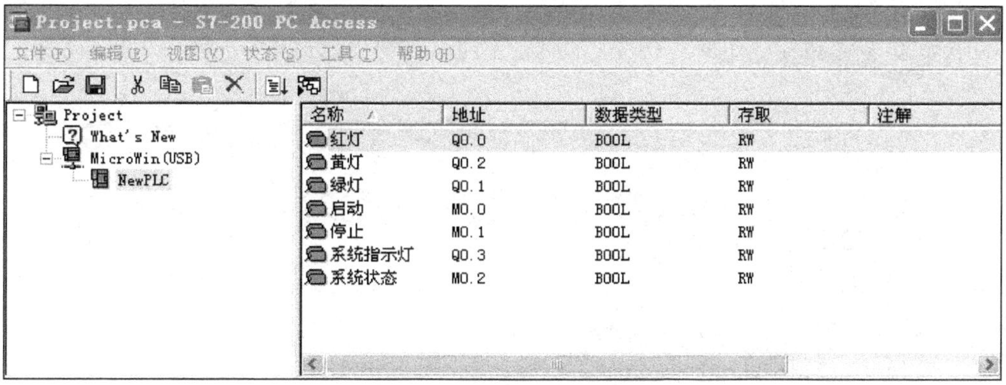

图 3-20　创建项目（三）

(4) 单击 PC Access 组态界面工具栏的图标，对项目进行保存。

(5) 在 WinCC 资源管理器中，单击浏览窗口的“变量管理”→“OPC”，右击“OPC Groups”，选择“系统参数”，如图 3-21 所示。

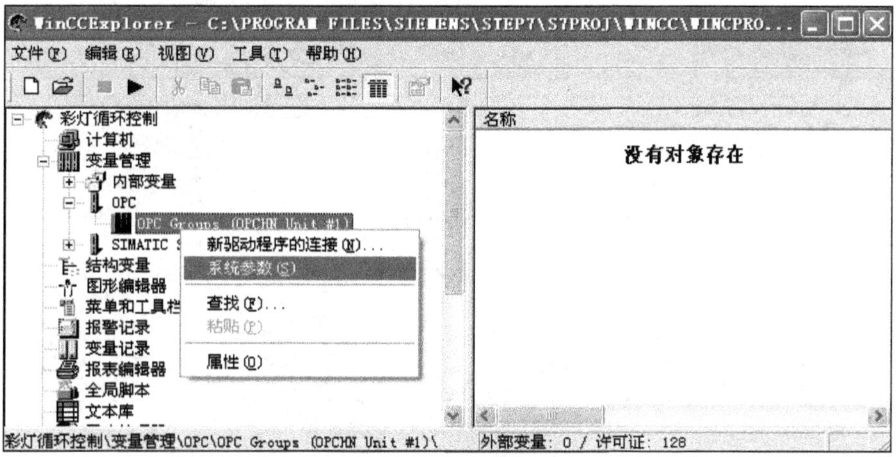

图 3-21　系统参数选择

打开的“OPC 条目管理器”，如图 3-22 所示。

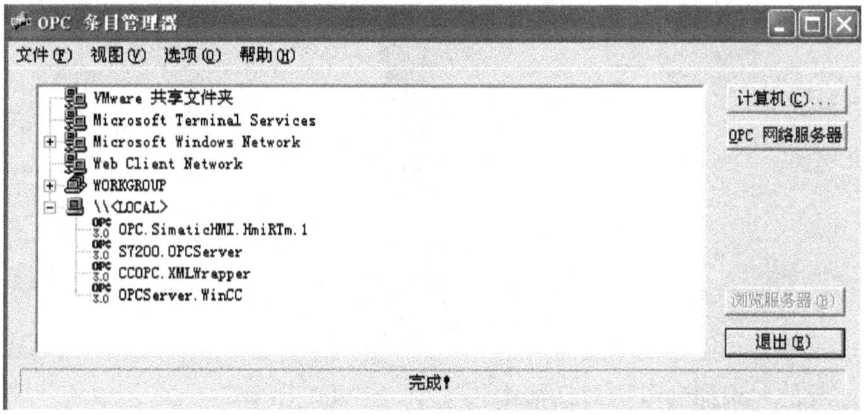

图 3-22　OPC 条目管理器

(6) 在 OPC 条目管理器中，选择“S7200.OPCServer”，单击“浏览服务器”按钮，然后在图 3-23 中，单击“下一步”。

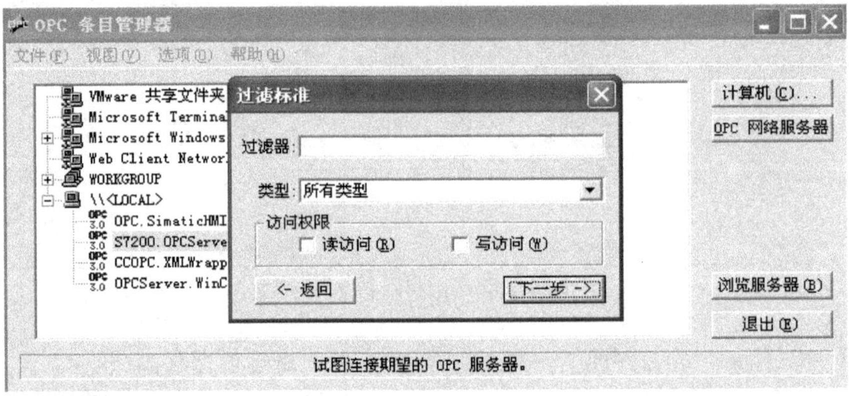

图 3-23　浏览服务器

(7) 在打开的服务器窗口中，单击“NewPLC”，如图 3-24 所示。

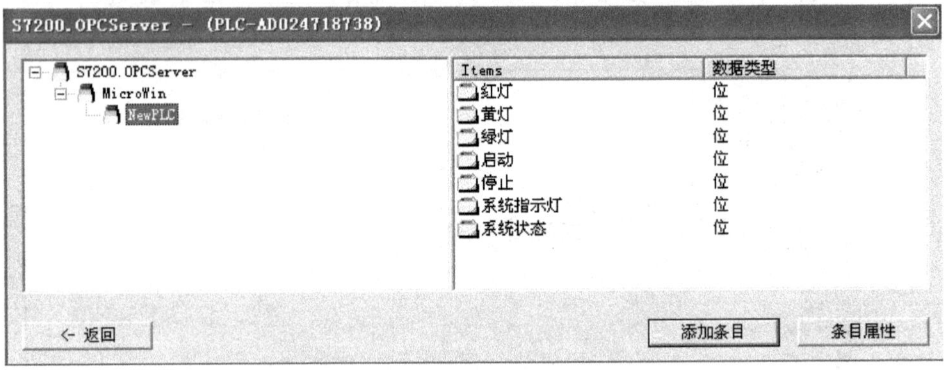

图 3-24　S7200 OPC 服务器窗口

(8) 在图 3-24 的窗口中，选中需要的变量，单击“添加条目”按钮，如图 3-25 所示。

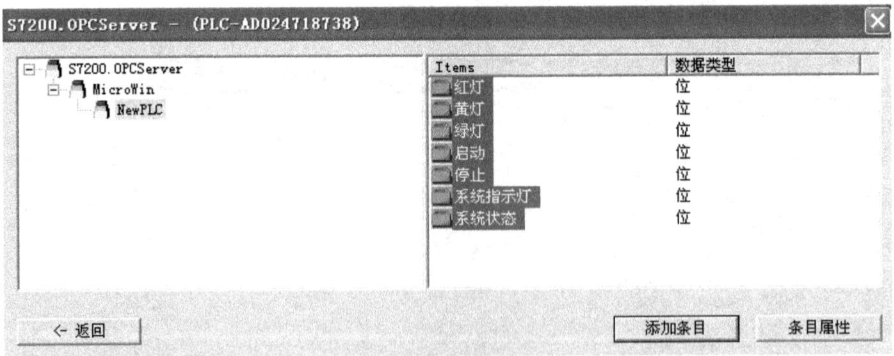

图 3-25　添加条目

(9) 在出现的“添加变量”对话框中，选中“S7200_OPCServer”，单击“完成”按钮，如图 3-26 所示。

图 3–26　添加变量

(10) 添加的变量就出现在 WinCC 资源管理器中，如图 3–27 所示。

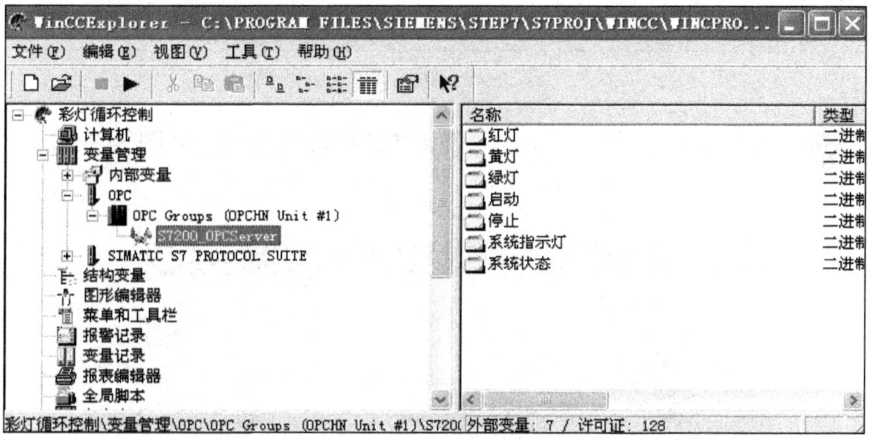

图 3–27　添加完成的变量

知识扩展：

1) 内部变量创建

内部变量创建步骤如下：

(1) 在 WinCC 资源管理器中，双击“变量管理”展开该节点，如图 3–28 所示。

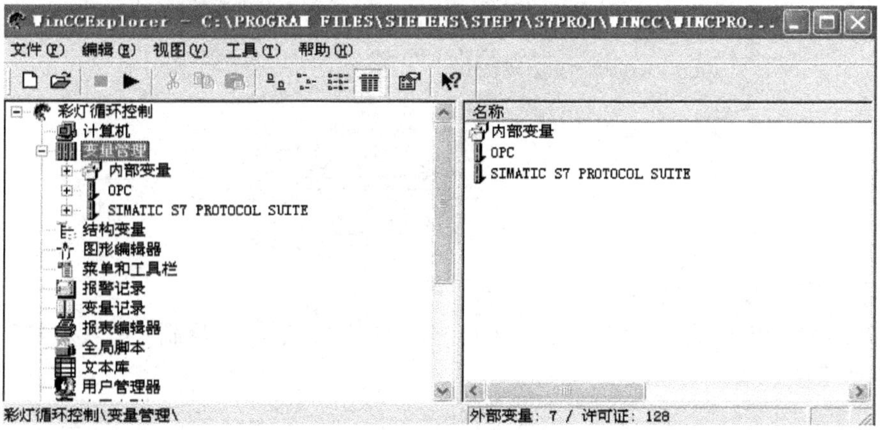

图 3–28　展开“变量管理”节点

(2) 右击“内部变量”图标，选择“新建变量”菜单项，如图 3-29 所示。

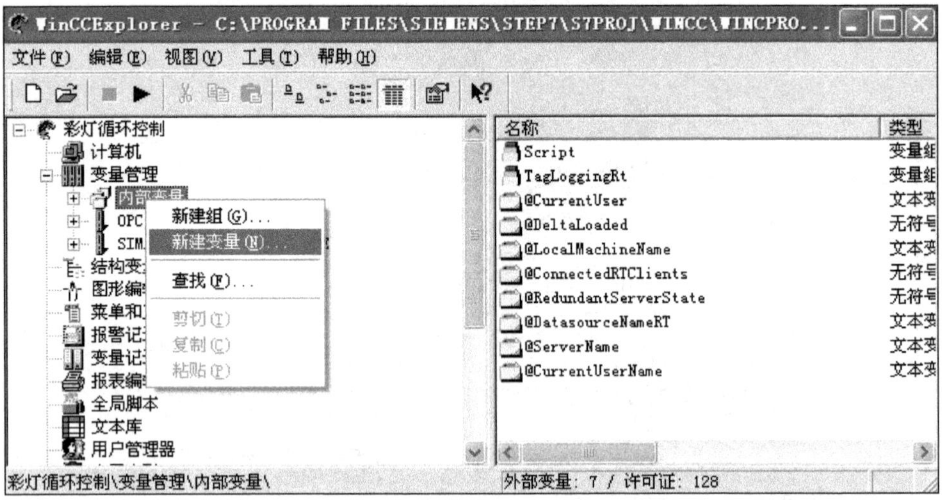

图 3-29 新建变量

(3) 在“变量属性”对话框中，对变量命名，并选择数据类型，如图 3-30 所示，单击“确定”按钮。

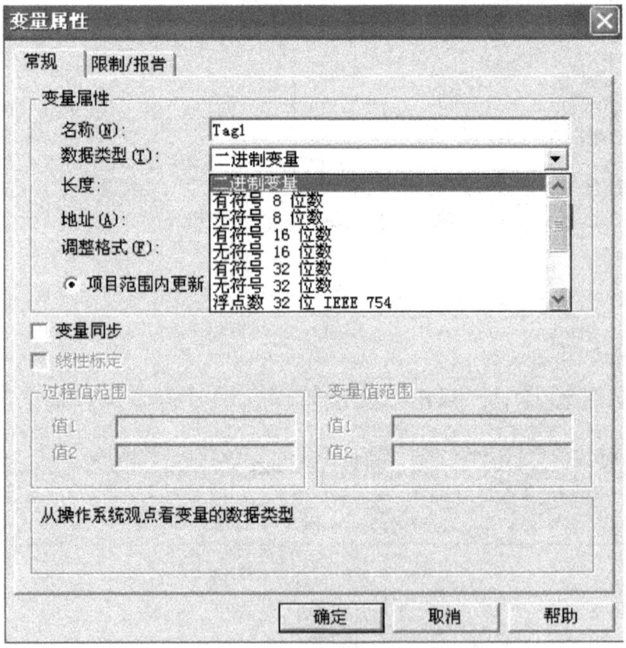

图 3-30 变量属性设置

(4) 创建完成的内部变量如图 3-31 所示。

(5) 若需其他内部变量，可重复上述操作，还可以对变量进行复制、剪切、粘贴等操作，快速建立多个变量。

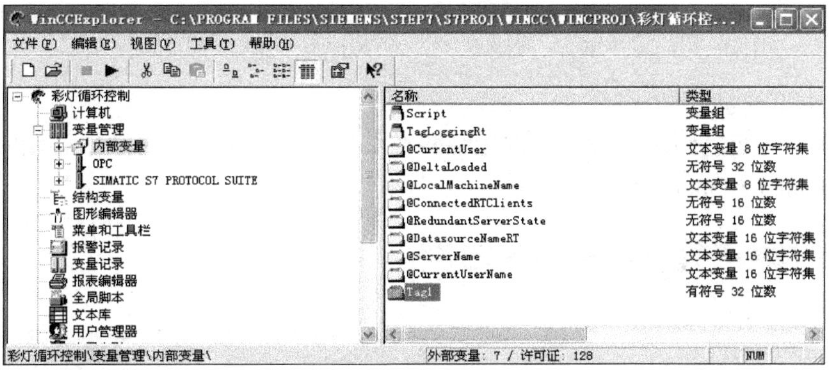

图 3-31　创建完成的内部变量

2) 结构类型变量创建

结构类型变量是一个复合型的变量，它包含多个结构元素，要创建结构类型变量必须先创建相应的结构类型。

(1) 结构类型创建

右击 WinCC 资源管理器中的“结构变量”，选择“新建结构类型”菜单，如图 3-32 所示。

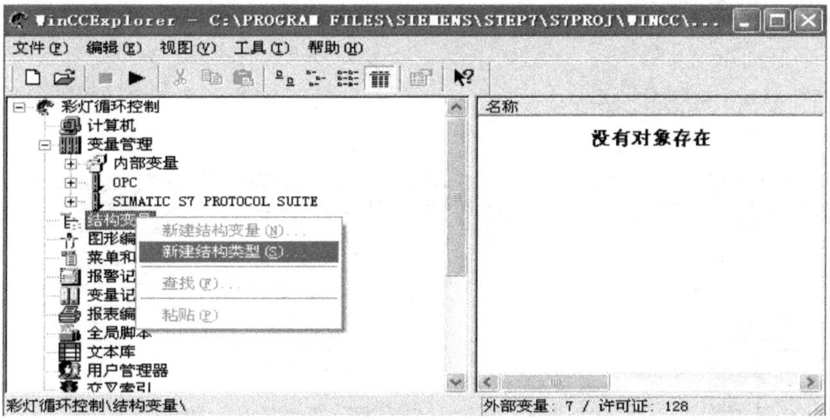

图 3-32　创建结构变量（一）

在出现的“结构属性”对话框中，右击“结构类型”，可以重命名，如图 3-33 所示。

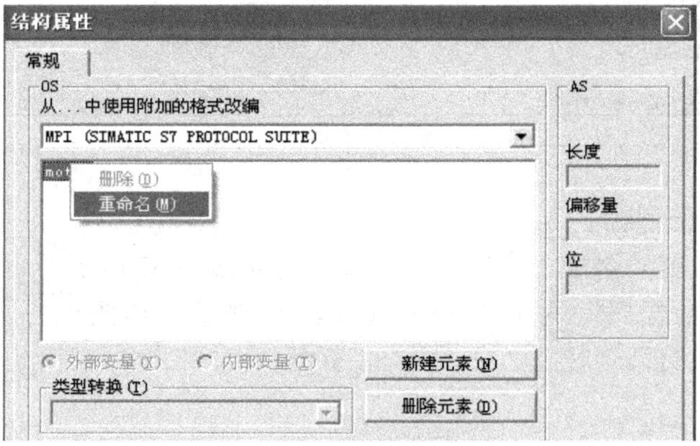

图 3-33　创建结构变量（二）

单击“新建元素”，可以创建结构类型元素，并可以更改元素名和数据类型，如图 3–34 所示。

(2) 结构类型变量创建

可以根据一般变量创建方法一样创建结构类型变量，只不过在选数据类型时需选择相应的结构类型，如图 3–35 和图 3–36 所示。

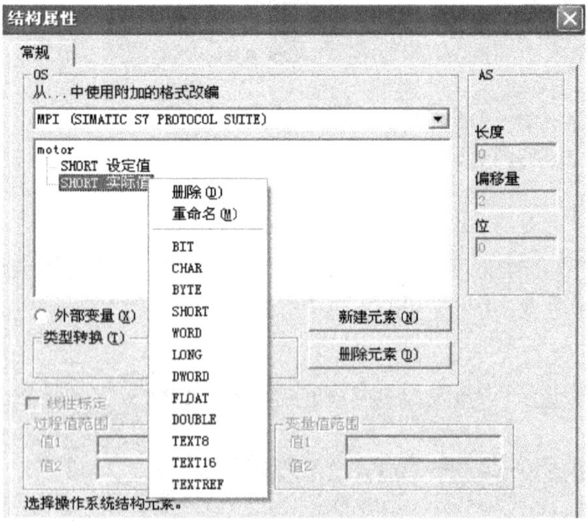

图 3–34　创建结构变量（三）

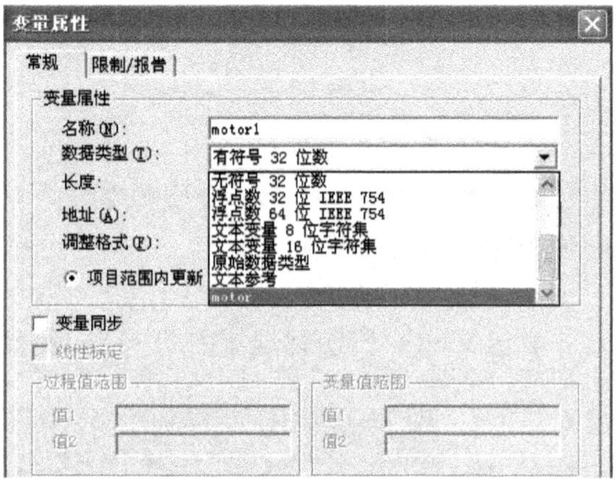

图 3–35　创建结构变量（四）

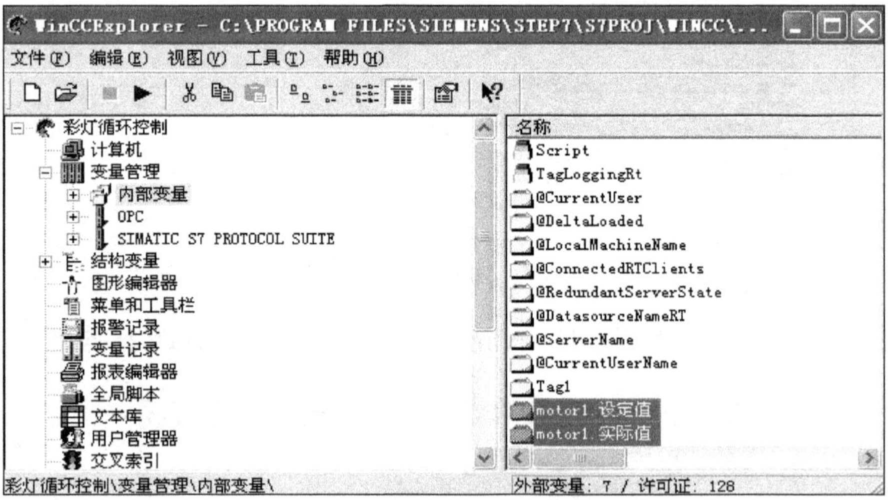

图 3–36　创建结构变量（五）

3) 其他外部变量的创建

(1) 像前面一样，首先添加一个通讯驱动程序，如图 3–37 所示。

(2) 在“添加驱动程序”对话框中，选择驱动程序，本例选择“SIMATIC S7 Protocol Suite.chn”，并单击“打开”按钮，如图 3–38 所示。

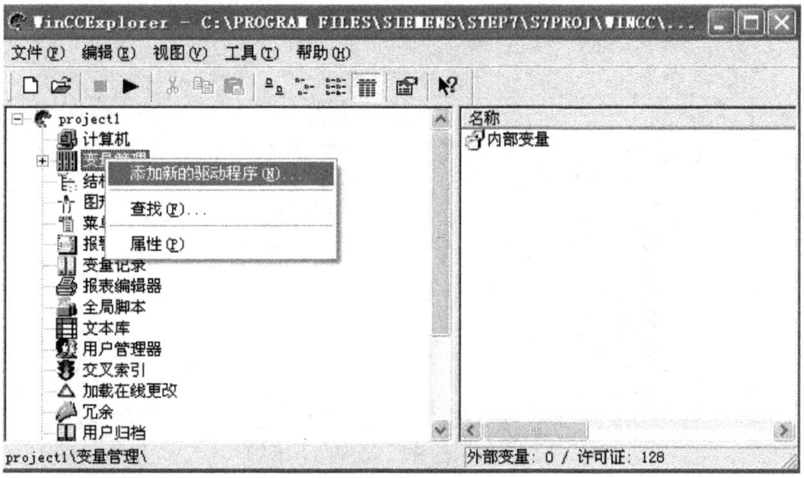

图 3-37　创建外部变量（一）

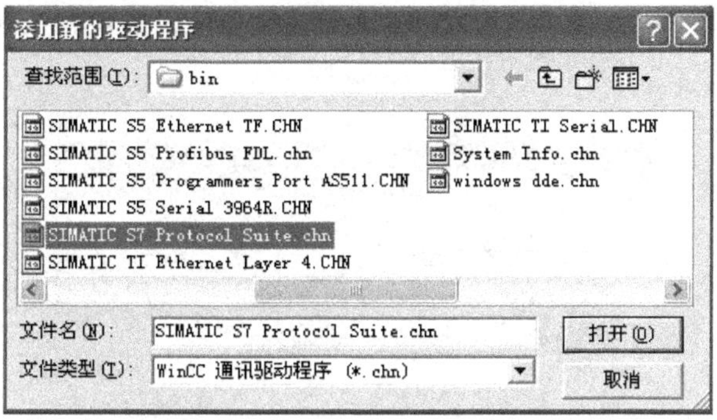

图 3-38　创建外部变量（二）

(3) 展开“变量管理”，显示出刚才新建的驱动程序，如图 3-39 所示。

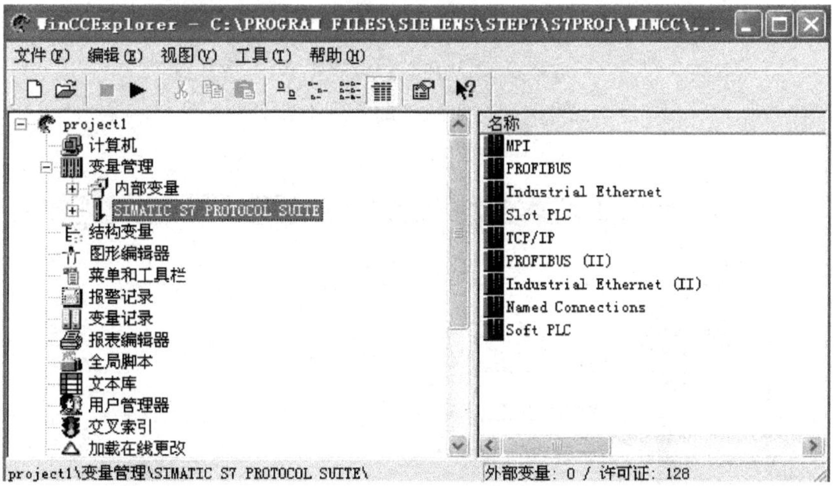

图 3-39　创建外部变量（三）

(4) 单击驱动程序前面的“+”号，将显示该驱动程序的通道单元，如图 3-40 所示。

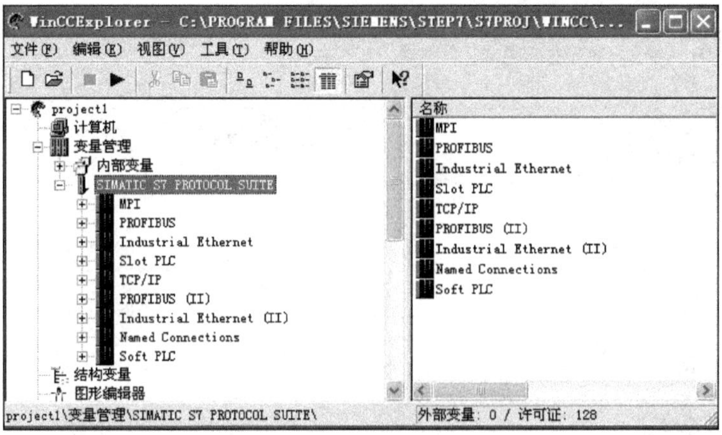

图 3-40　创建外部变量（四）

(5) 右击选择的通道单元（本例为 MPI），选择“新驱动程序”菜单，打开“连接属性”对话框，可命逻辑连接名和设置属性如图 3-41 所示，单击“确定”按钮，就建立好逻辑连接，如图 3-42 所示。

图 3-41　创建外部变量（五）

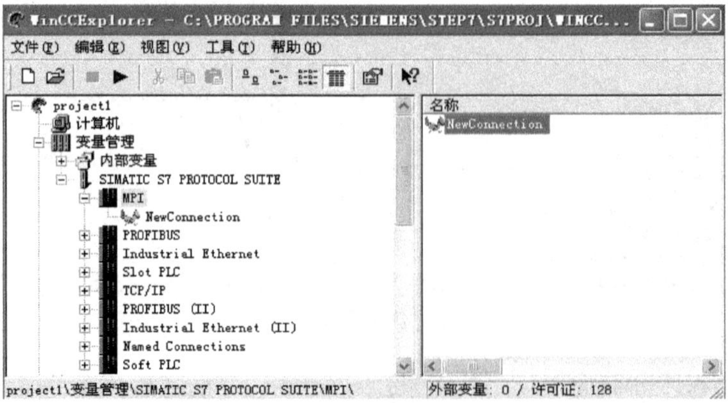

图 3-42　创建外部变量（六）

(6) 右击新建的逻辑连接，选择“新建变量”，如图 3-43 所示。

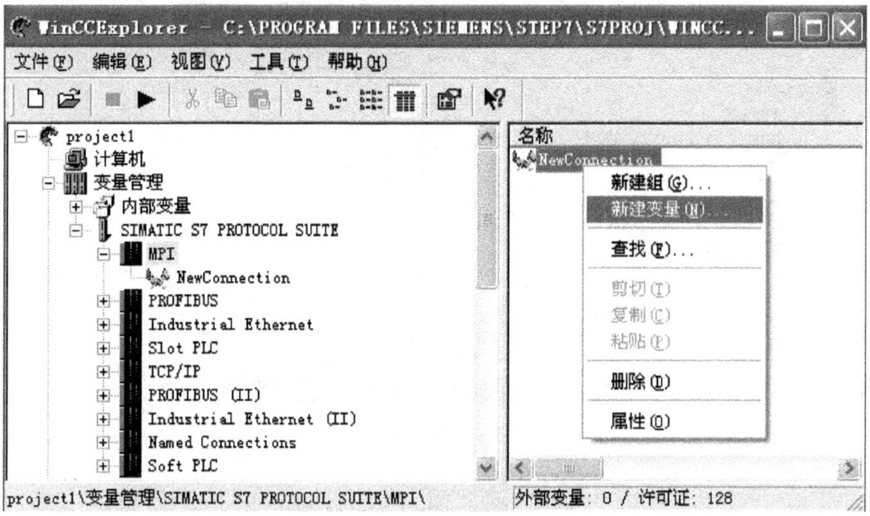

图 3-43 创建外部变量（七）

(7) 在打开的“变量属性”对话框中，输入变量名字，选择数据类型，如图 3-44 所示。

(8) 单击“选择”按钮，打开“地址属性”对话框，设置相应的地址，单击“确定”按钮，如图 3-45 所示。

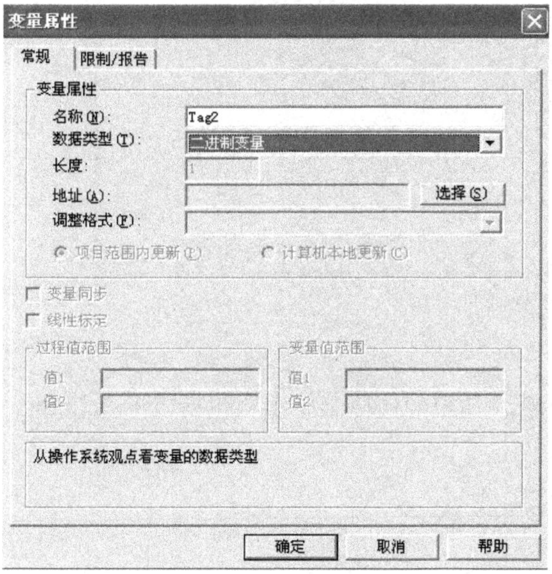

图 3-44 创建外部变量（八）

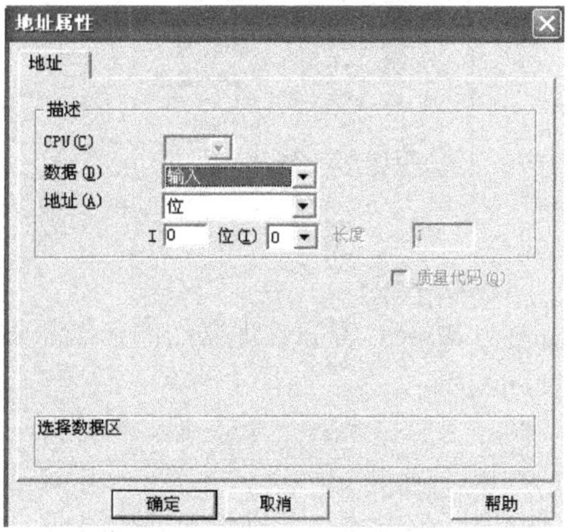

图 3-45 创建外部变量（九）

(9) 创建的外部变量，如图 3-46 所示。

图 3-46 创建外部变量（十）

6. 组态过程画面

【step1】右击 WinCC 资源管理器的图形编辑器图标，如图 3-47 所示。

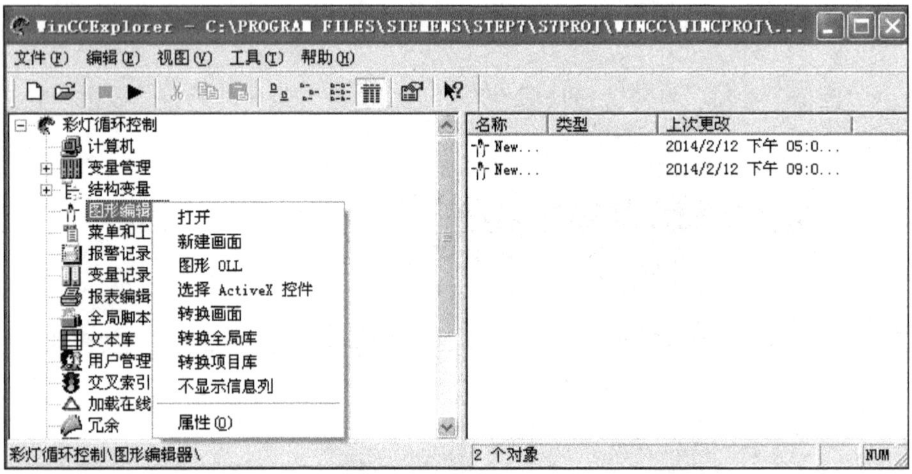

图 3-47 新建过程画面（一）

知识点学习：

右击 WinCC 资源管理器的图形编辑器图标，弹出的快捷菜单主要包括以下几部分：

1）打开

打开图形编辑器，并新建一个画面。

2）新建画面

新建一个画面，不打开图形编辑器。

3）图形 OLL

当打开“对象 OLL”对话框后，出现在“选定的图形 OLL”列表框中的文件所包含的对象，将显示在图形编辑器的“对象选项板”上。

4）选择 ActiveX 控件

图形系统中可以使用 WinCC 或第三方的 ActiveX 控件。

5）转换画面

用旧版本的 WinCC 图形编辑器所创建的画面必须转换成当前版本的格式。

6）转换全局库

转换全局库中所有画面对象。

7）转换项目库

转换项目库中所有画面对象。

【step2】在图 3-47 的图形编辑器中选择“新建画面”，新建一个画面，并重命名为“彩灯循环控制 .Pdl”，如图 3-48 所示。

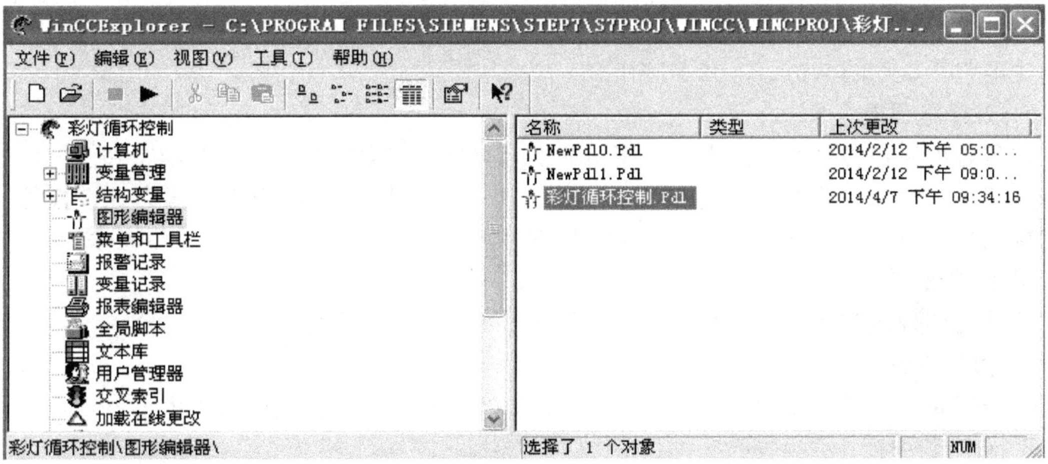

图 3-48　新建过程画面（二）

【step3】双击“彩灯循环控制 .Pdl”画面，打开图形编辑器，如图 3-49 所示。

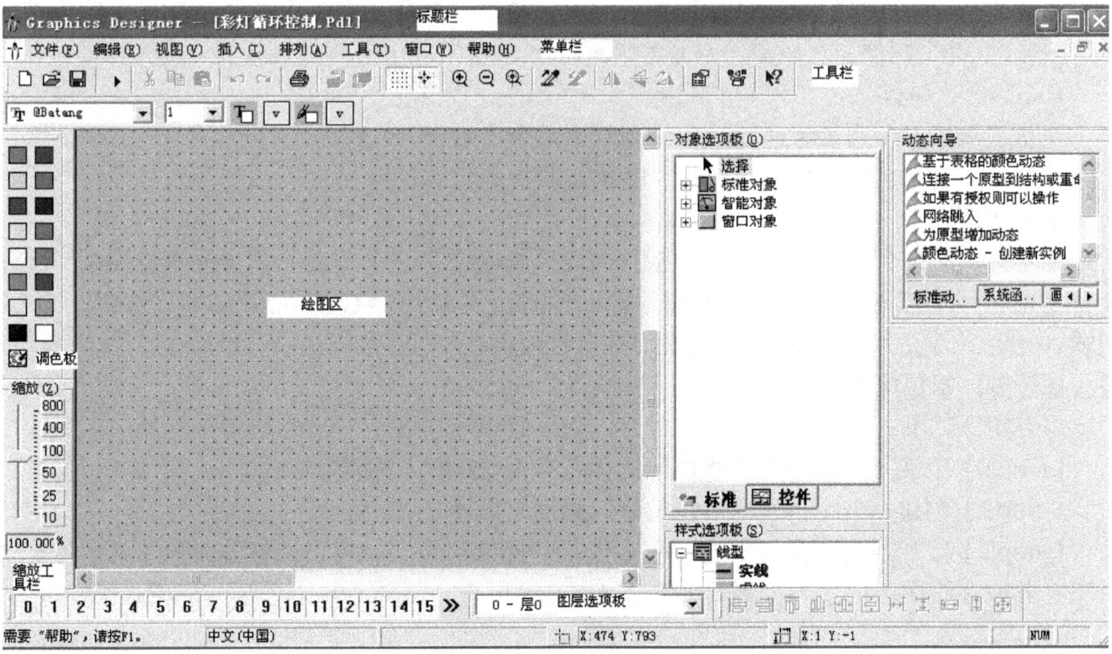

图 3-49　图形编辑器

知识点学习：

图形编辑器主要包括以下元素：

1）绘图区

绘图区位于图形编辑器的中央，水平方向为 x 轴，垂直为 y 轴，画面左上角为画面的坐标原点，坐标以像素为单位。

2）标题栏

标题栏用于显示当前编辑的画面名称。

3）菜单栏

操作方法与标准的 Windows 操作相似。

4）工具栏

主要包括常用的 Windows 命令按钮。

5）对象选项板

对象选项板包含过程画面中频繁使用的不同类型的对象，它包括“标准”和“控件”两个选项卡。“标准”选项卡包括“标准对象”、“智能对象”和“窗口对象”，“控件”选项卡默认是 WinCC 提供的最常用的 ActiveX 控件。

6）样式选项板

样式选项板包括允许更改的线型、线粗细、线端样式和填充图案。

7）动态向导

动态向导提供了大量的预定义的 C 动作，以支持频繁重复出现的过程组态。

8）对齐选项板

对齐选项板包括“对齐”、“居中”、“间距等同”、“匹配宽度”和“高度”按钮。

9）图层选项板

为简化在复杂的过程画面中处理单个对象，图形编辑器允许使用图层。WinCC 图形编辑器最多分配 32 个图层，可以单个显示和隐藏，在缺省情况下，当前图层是 0。

10）变量选项板

变量选项板的作用是快速链接变量到对象某个属性上。

此外，还有调色板、缩放选项板、字体选项板和状态栏等。

学习案例：

创建并组态一个“蓄水池水位控制”画面，画面中有一个标题“蓄水池水位控制”，一个蓄水池，一个进水阀，一个出水阀，若干管道，一个 I/O 域，一个“清零”按钮。当 I/O 域输入一定值时，蓄水池水位相应变化，并且水位值在不同范围显示不同的颜色，当单击“清零”按钮时，水位值为 0。

组态步骤如下：

【step1】定义一个名称为“水位”的无符号 8 位的内部变量。

【step2】创建一个“蓄水池水位控制”画面，如图 3-50 所示。

【step3】打开画面，在对象选项板上选择“标准对象”，单击“标准对象”的“静态文本”，并放在绘图区的适当位置，如图 3-51 所示。

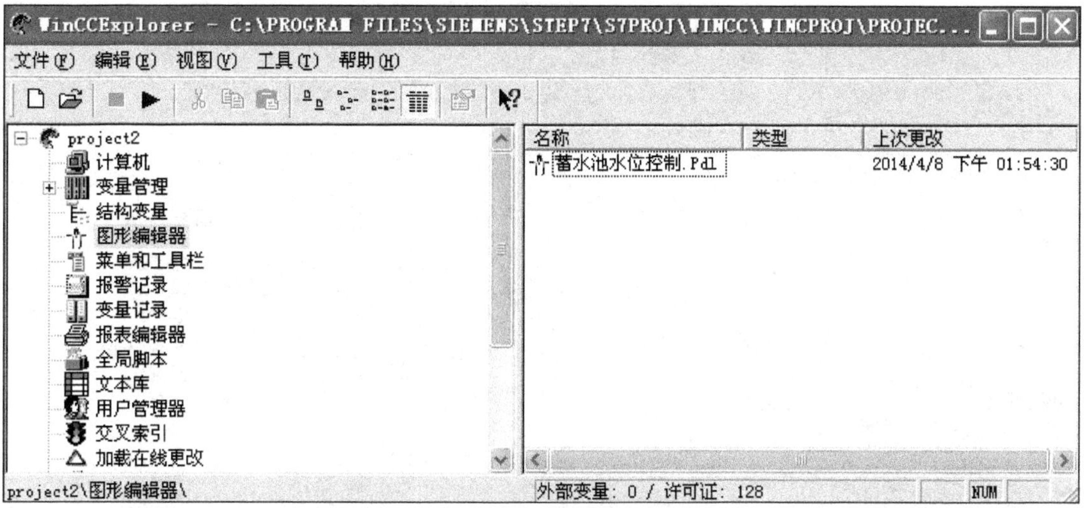

图 3-50　创建案例一画面

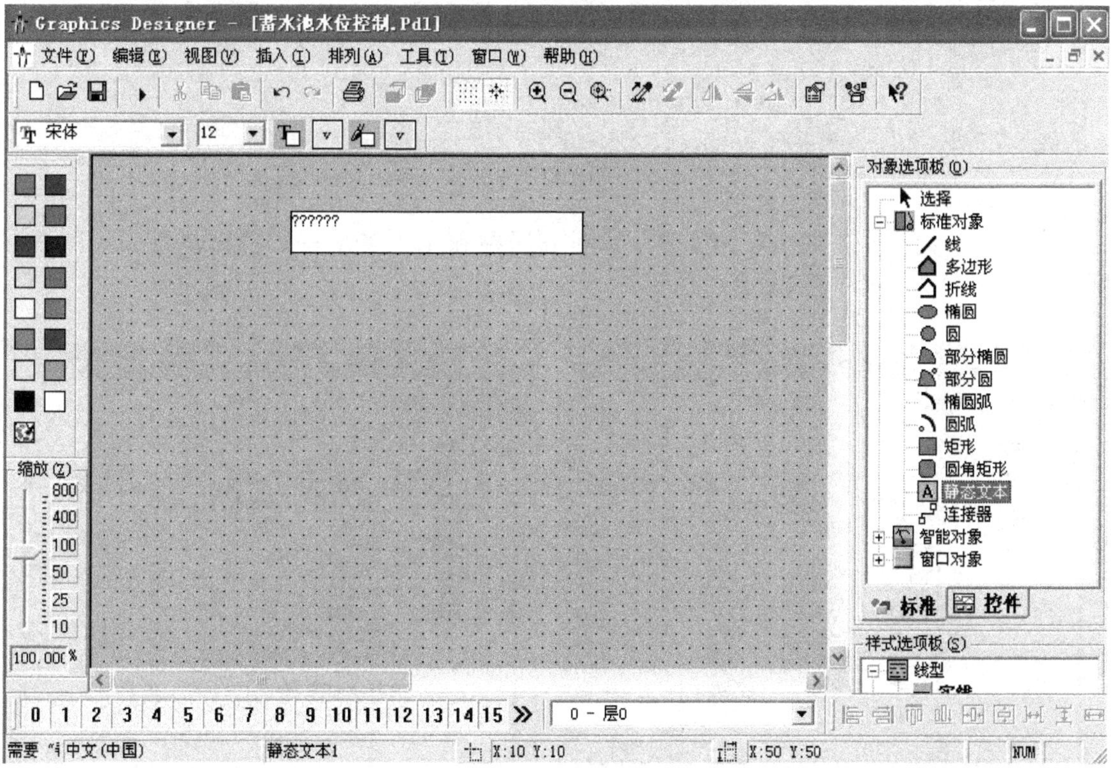

图 3-51　添加静态文本

右击“静态文本”，选择“属性”菜单，如图 3-52 所示。

在“属性对话框”中，可组态“静态文本”。单击“文本”，在右边设置“蓄水池水位控制”的静态文本属性，如图 3-53 所示。

图 3-52　组态静态文本（一）

同理，设置“静态文本”的字体、X 对齐居中和 Y 对齐居中的静态属性，如图 3-54 所示。

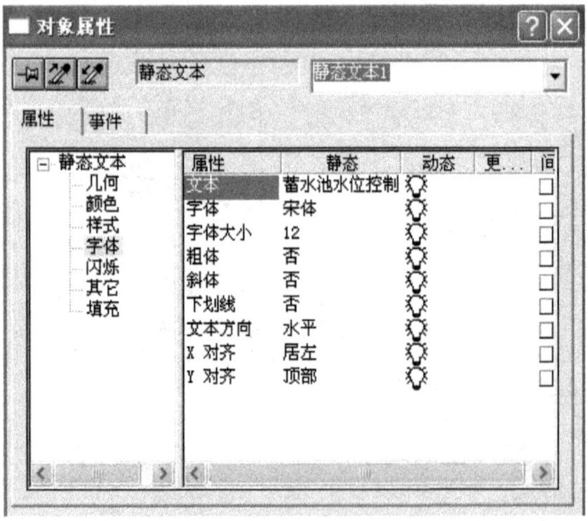

图 3-53　组态静态文本（二）

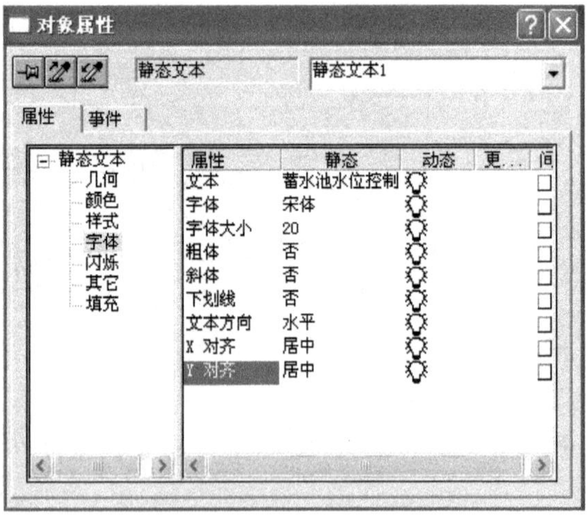

图 3-54　组态静态文本（三）

组态好的标题如图 3-55 所示。

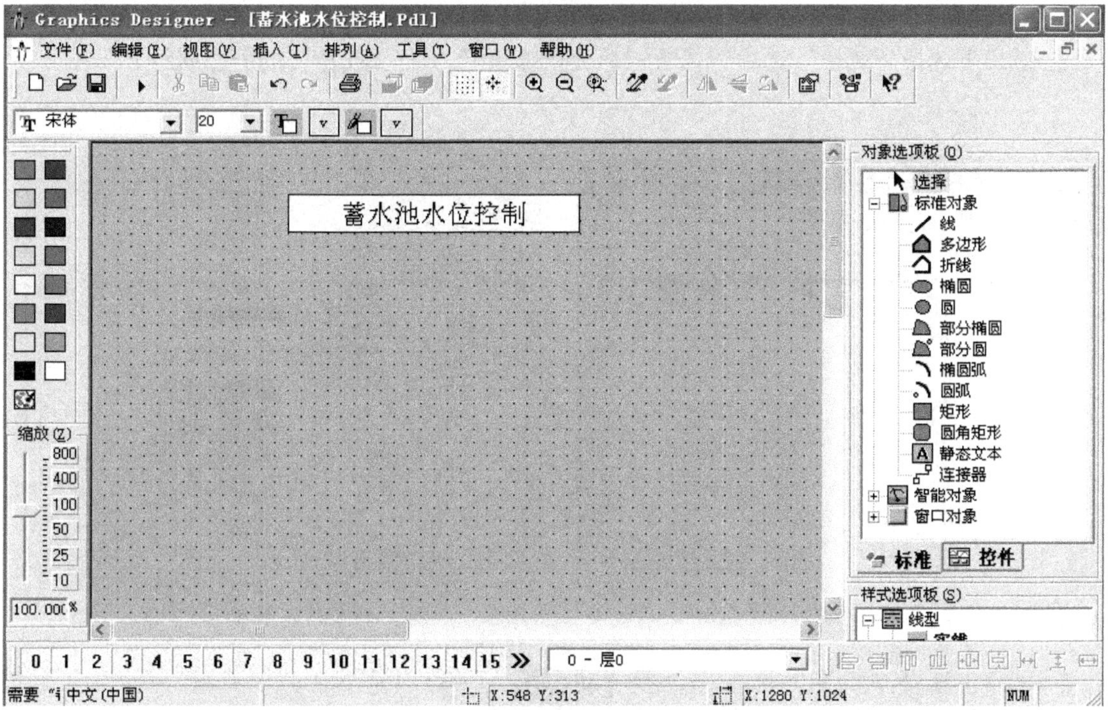

图 3–55　组态静态文本（四）

【step4】在对象选项板上选择“标准对象”，单击“标准对象”的“矩形”，并放在绘图区的适当位置，调整高度、宽度，如图 3–56 所示。

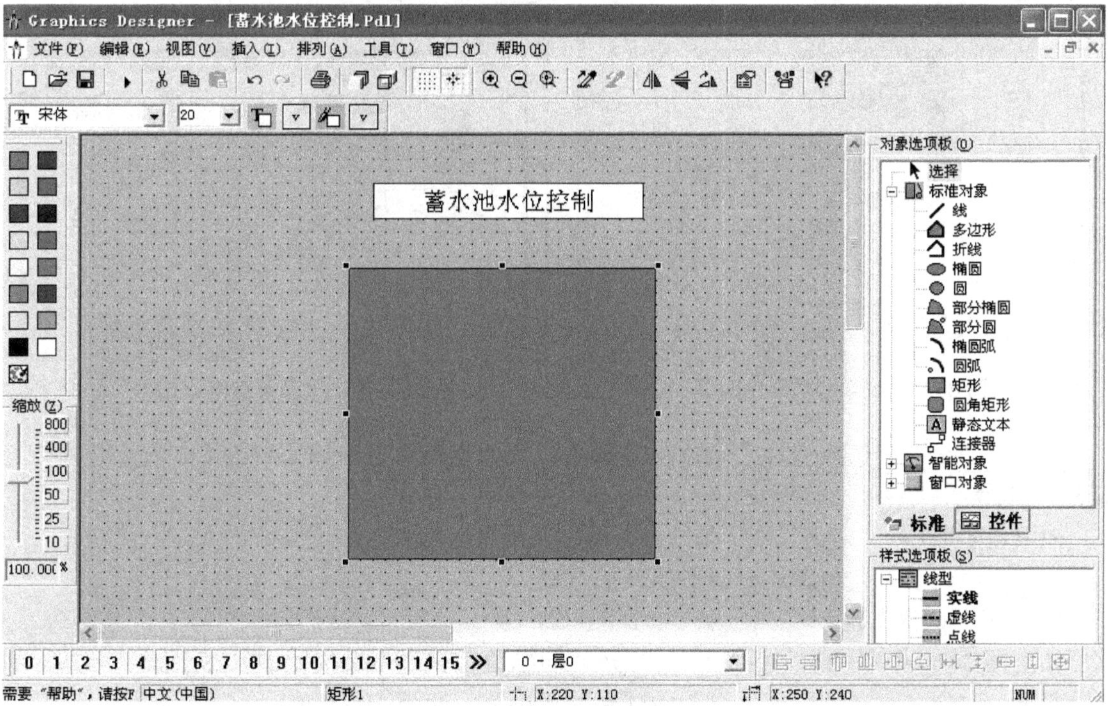

图 3–56　组态蓄水池（一）

【step5】右击“矩形”，选择“属性”菜单，打开“对象属性”对话框，如图 3-57 所示。

【step6】选择“颜色”选项，设置“填充图案颜色”为“红色”的静态属性，如图 3-58 所示。

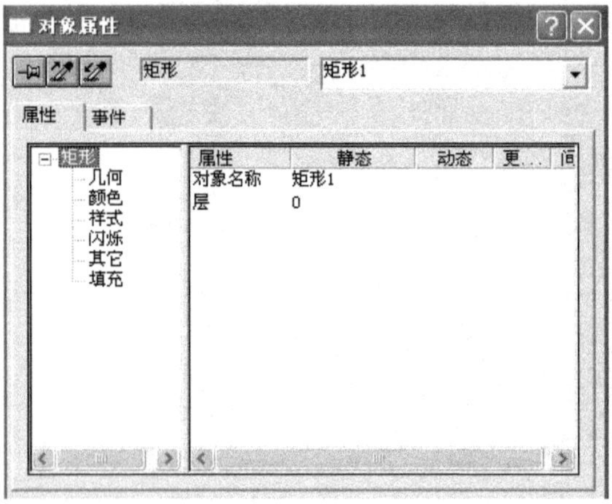

图 3-57 组态蓄水池（二）

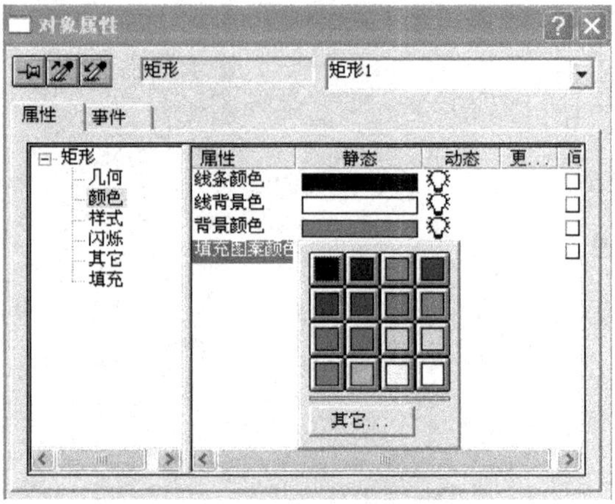

图 3-58 组态蓄水池（三）

【step7】选择“填充”选项，设置“动态填充”为“是”、“填充量”为“0”的静态属性，如图 3-59 所示。

右击“动态填充”的图标，对“动态填充”组态动态属性，如图 3-60 所示。

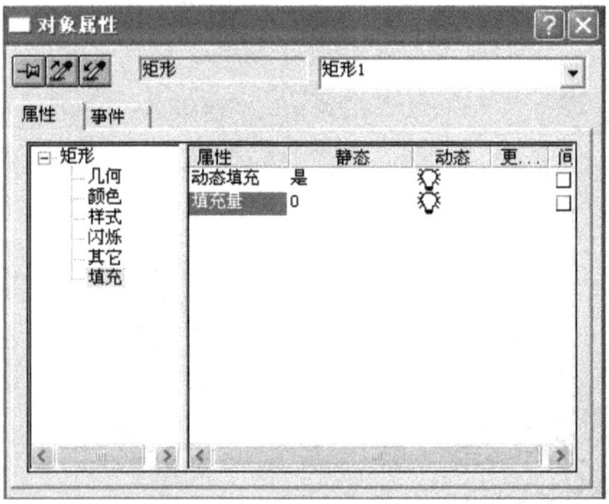

图 3-59 组态蓄水池（四）

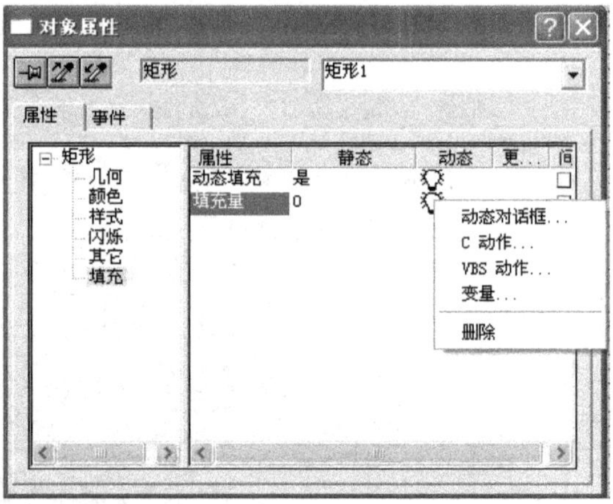

图 3-60 组态蓄水池（五）

单击“变量”，选择变量“水位”，图标变为，将更新周期更改为“有变化时”，如图 3-61 所示。

知识点学习：

对象属性的动态化组态还有以下的其他方法：

1）动态对话框实现

单击图 3-60 中“动态对话框”，打开“动态值范围”对话框，在“表达式 / 公式”中选择变量“水位”，在“数据类型”中选择“直接”，如图 3-62 所示。

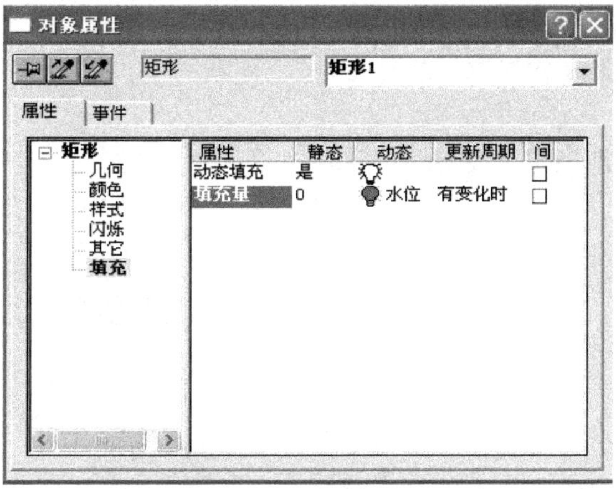

图 3-61　变量链接组态

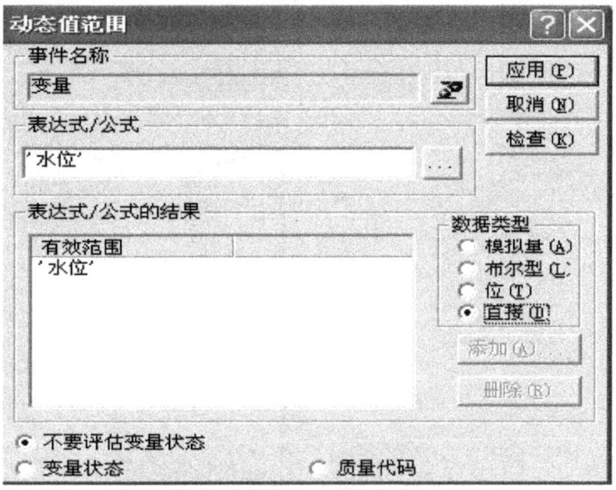

图 3-62　动态对话框组态（一）

单击“应用”按钮，关闭“动态值范围”对话框，图标变为，如图 3-63 所示。

2) C 动作实现

单击图 3-60 中的“C 动作”，打开“编辑动作”对话框，在“}”前输入“return GetTagByte（“水位”）;”，如图 3-64 所示。

单击“确定”按钮，关闭“编辑动作”对话框，图标变为，如图 3-65 所示。

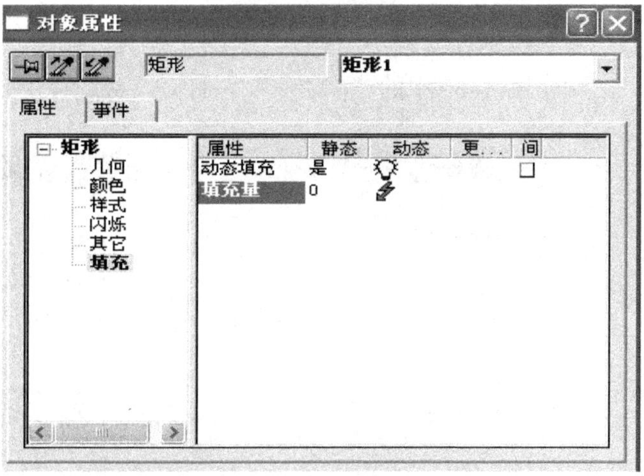

图 3-63　动态对话框组态（二）

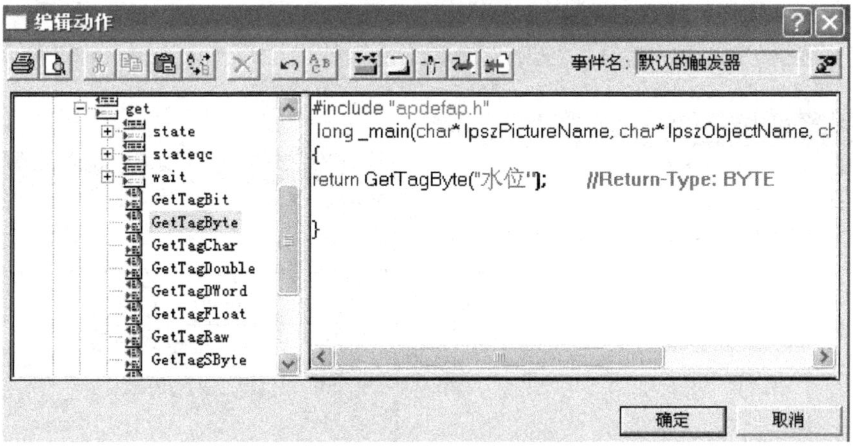

图 3-64　C 动作组态（一）

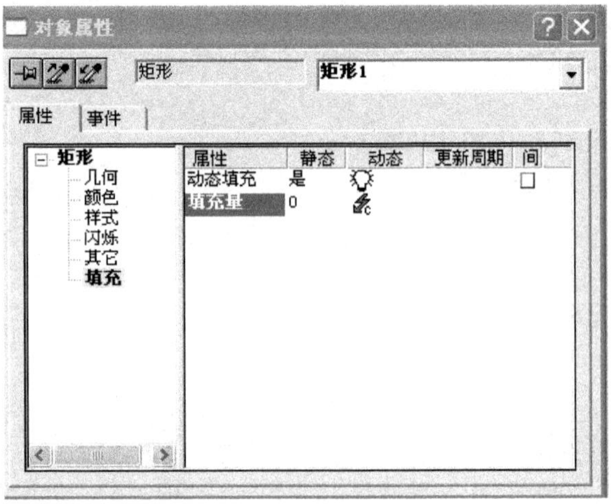

图 3-65　C 动作组态（二）

3) VBS 动作实现

单击图 3-60 中的“C 动作”，打开“编辑 VB 动作”对话框，输入图 3-66 所示的语句。

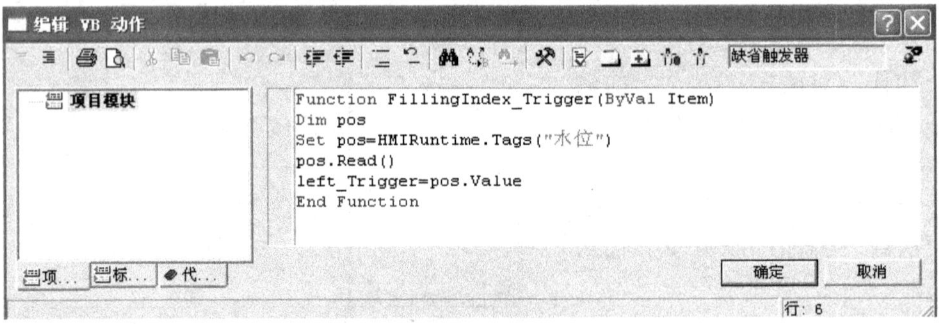

图 3-66　VBS 动作组态（一）

单击“确定”按钮，关闭“编辑 VB 动作”对话框，图标变为，如图 3-67 所示。

【step8】选择“颜色”选项，右击“背景颜色”的白色灯泡，如图 3-68 所示。

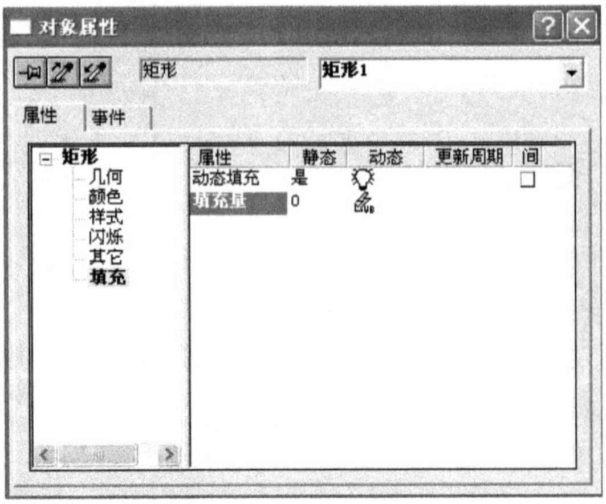

图 3-67　VBS 动作组态（二）

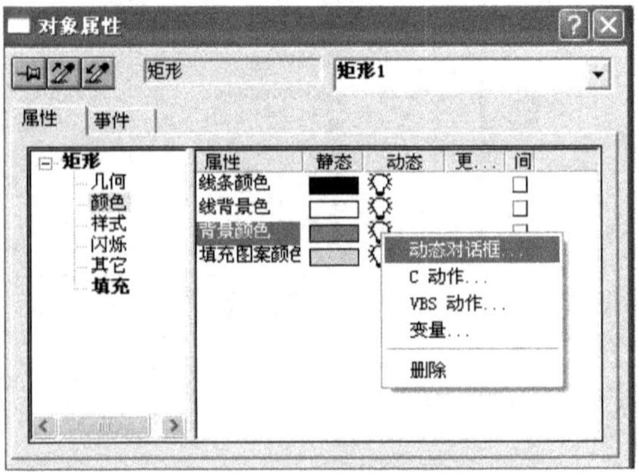

图 3-68　组态蓄水池（五）

在“动态值范围”范围对话框中，设置水位在不同值时显示不同的颜色，如图 3-69 所示，再单击“应用”。

【step9】单击图形编辑器工具栏的图标，打开“库”对话框，如图 3-70 所示。

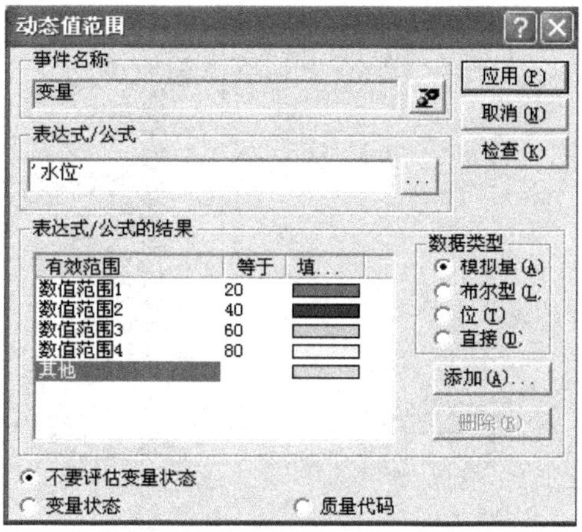

图 3-69　组态蓄水池（六）

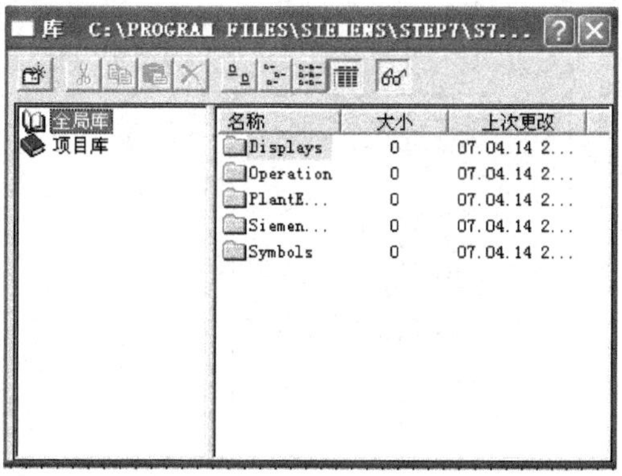

图 3-70　显示库

单击“全局库”→“PlantElements”→“Pipes”→“Smart Objects”，选择管道放在画面上，单击“全局库”→“PlantElements”→“Valves”，选择阀门放在画面上，如图 3-71 所示。

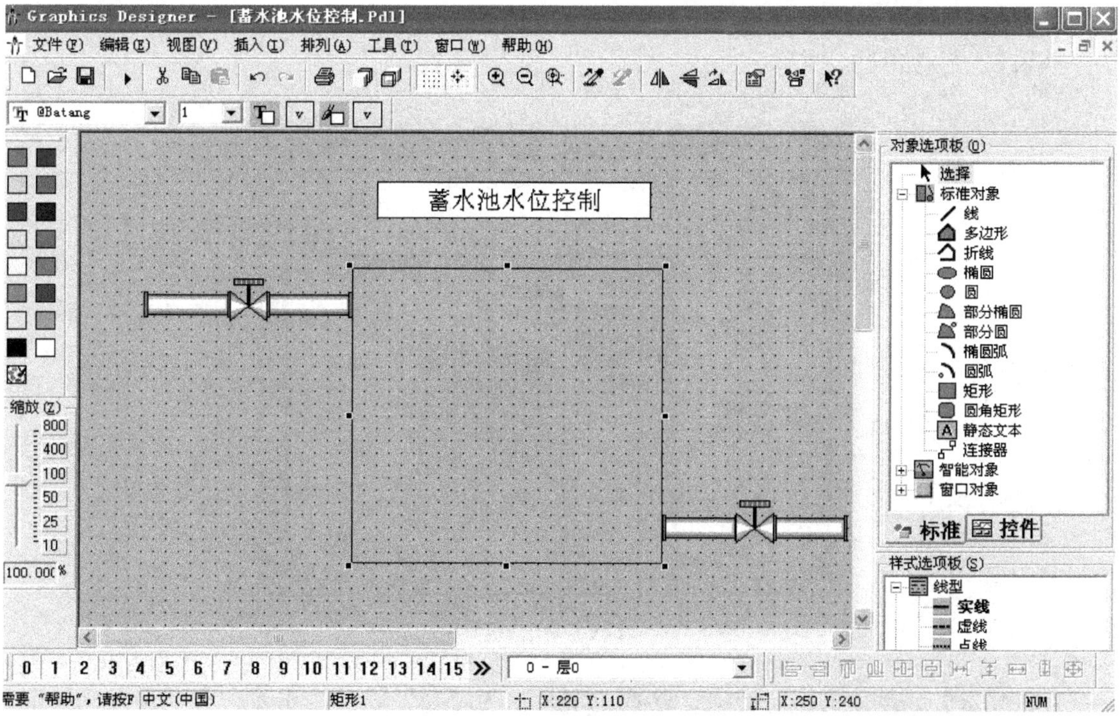

图 3-71　组态管道和阀门

【step10】单击“对象选项板”上的“智能对象”→“输入 / 输出域”，并放在画面的适当位置，如图 3-72 所示。

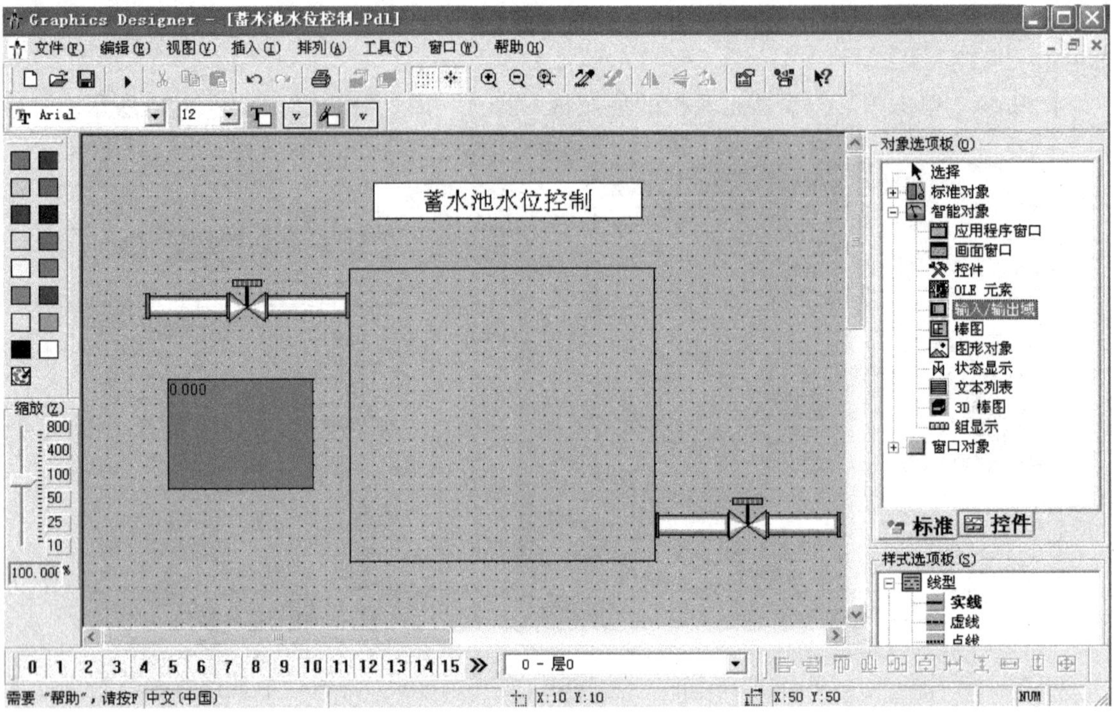

图 3–72 输入 / 输出域组态（一）

【step11】右击“输入 / 输出域”，打开属性对话框，选择“颜色”选项，设置“背景颜色”为“浅蓝色”，如图 3–73 所示。

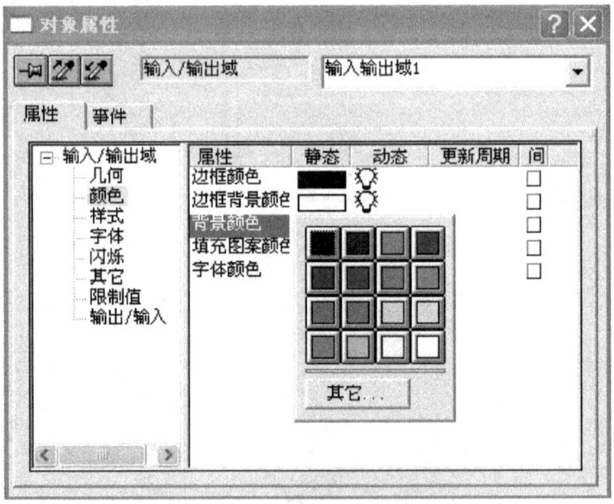

图 3–73 输入 / 输出域组态（二）

【step12】选择“字体”选项，设置“字号”为“18”，“是粗体”，“X 对齐居中”和“Y 对齐居中”，如图 3–74 所示。

【step13】选择“输入 / 输出”选项，设置“域类型”为“输入 / 输出”，“数据格式”为“十进制”，“输出格式”为“999”，单击“输出值”右边的白色灯泡，组态一个连接变量“水位”的变量链接属性动态，如图 3–75 所示。

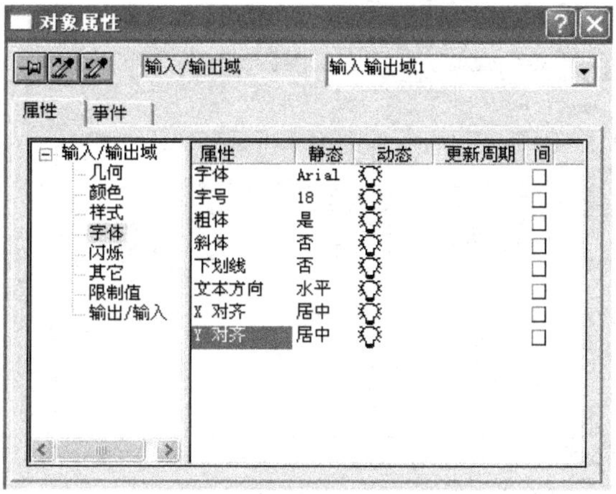

图 3-74　输入 / 输出域组态（三）

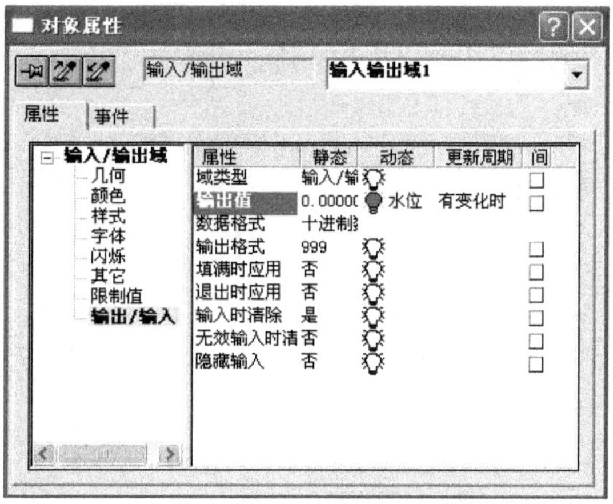

图 3-75　输入 / 输出域组态（四）

【step14】单击“对象选项板”上的“窗口对象”→“按钮”，并放在画面的适当位置，如图 3-76 所示。

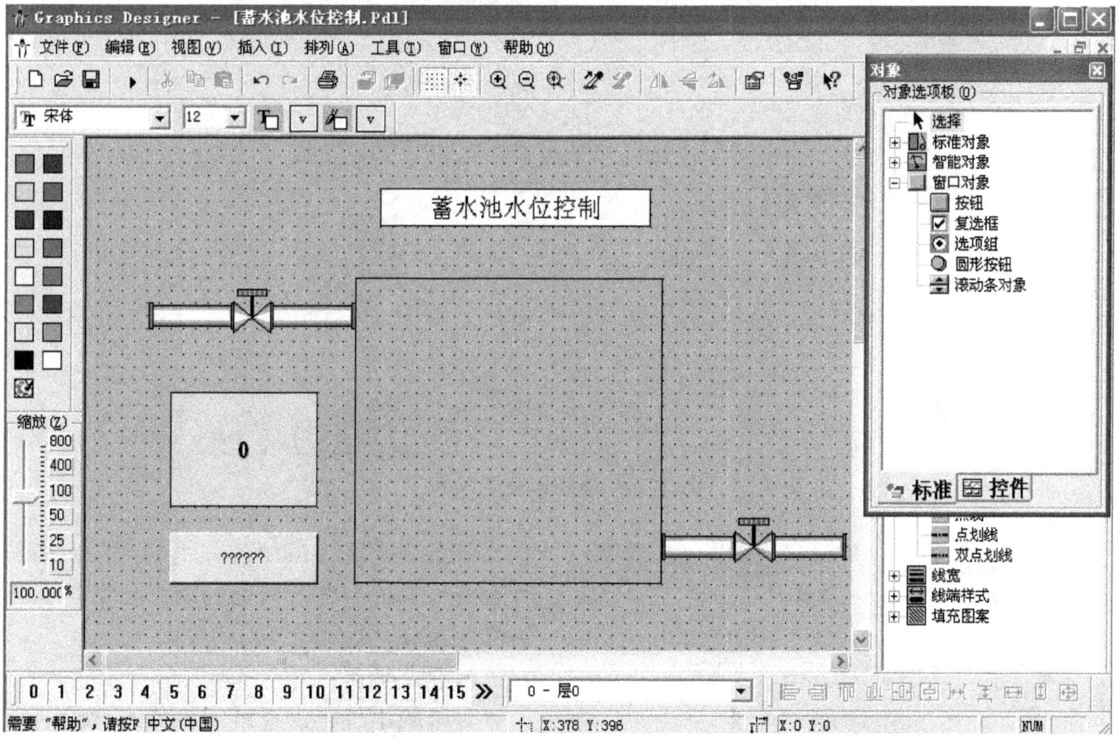

图 3-76　按钮组态（一）

【step15】右击“按钮”，选择“属性”菜单，打开“对象属性”对话框，选择“字体”选项，设置“文本”为“清零”，如图 3-77 所示。

【step16】选择“事件”选项卡，单击“鼠标”→“按左键”，右击右边的 图标，如图 3-78 所示。

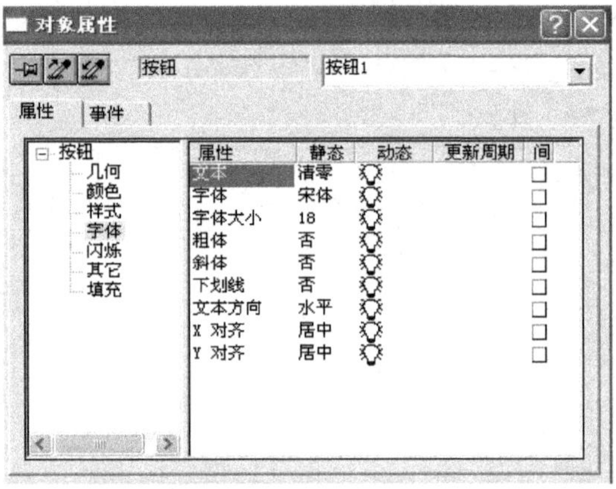

图 3-77 按钮组态（二）

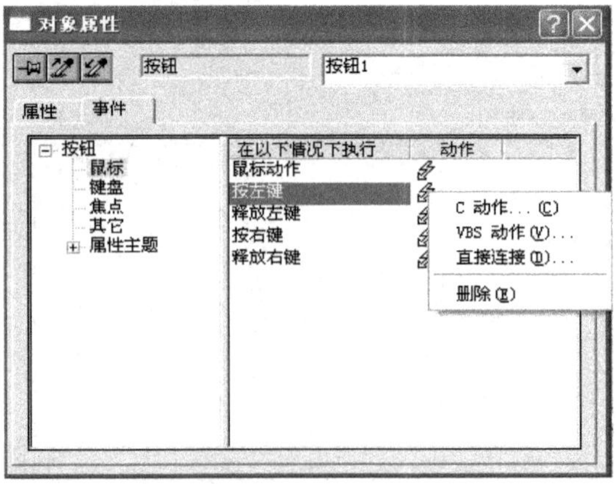

图 3-78 按钮组态（三）

选择“直接连接”，打开“直接连接”对话框，在“来源”侧的“常数”输入“0”，将“目标”侧的“变量”连接“水位”变量，如图 3-79 所示。

图 3-79 按钮组态（四）

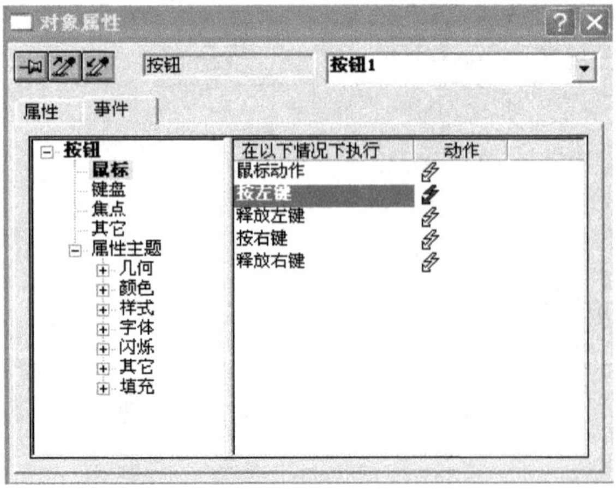

图 3-80 按钮组态（五）

单击“确定”按钮，关闭“直接连接”对话框，“按左键”右边的图标变为，如图 3-80 所示。

知识点学习：

对象的事件是由系统或操作人员给对象发送的，如果在对象的事件中组态了一个动作，那么当事件发生时，相应的动作被执行。

对象的事件组态还有以下其他方法：

1) C 动作

选择图 3-78 中的“C 动作”菜单，打开“编辑动作”对话框，在编辑窗口输入“SetTagByte(“水位”，0);”，单击“确定”

按钮，“按左键”右边的图标变为，如图 3-81 所示。

2) VBS 动作

选择图 3-78 中的“VBS 动作”菜单，打开“编辑 VB 动作”对话框，在编辑窗口输入以下语句：

Dis pos

Set pos=HMIRuntime.Tags(“水位”)

pos.Write(0)”

单击“确定”按钮，“按左键”右边的图标变为，如图 3-82 所示。

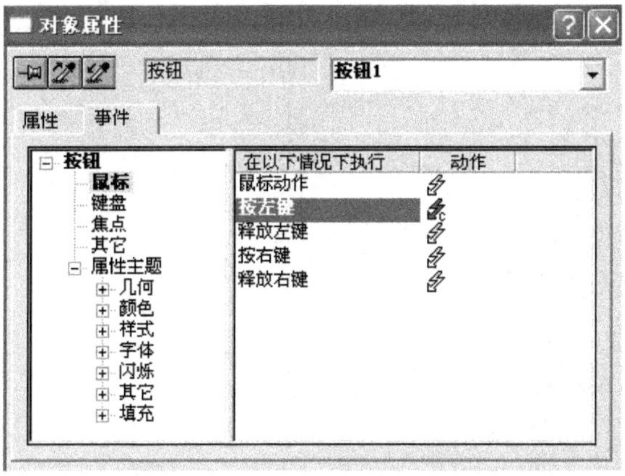

图 3-81　按钮组态（六）

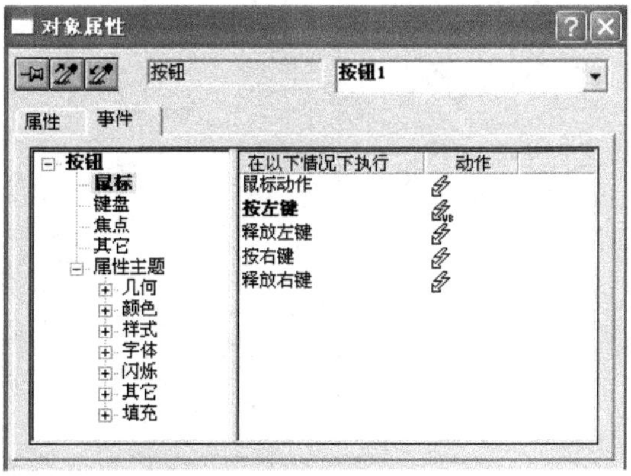

图 3-82　按钮组态（七）

【step17】单击图形编辑器工具栏的图标保存，案例过程画面组态完毕。

【step18】单击图形编辑器工具栏的图标，运行 WinCC 过程画面。

【step19】单击 Windows 任务栏“开始”，选择“SIMATIC”→“WinCC”→“Tools”，单击“WinCC Tag Simulator”图标，运行变量模拟器（如果 WinCC 没有连接 PLC，又想测试项目的运行状况，则可用变量模拟器来模拟变量的变化），如图 3-83 所示。

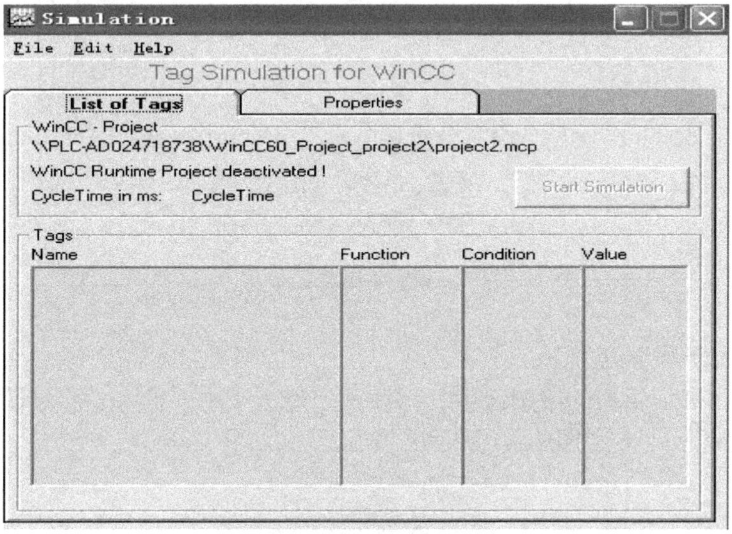

图 3-83　变量模拟器

在“Simulation”对话框中，选择“Edit”→“New Tag”菜单，选择“水位”变量。

在“属性”选项卡上，单击“Inc”（选择变量仿真方式为增 1），输入起始值为 0，终止值为 100，选中“激活”复选框，如图 3-84 所示。

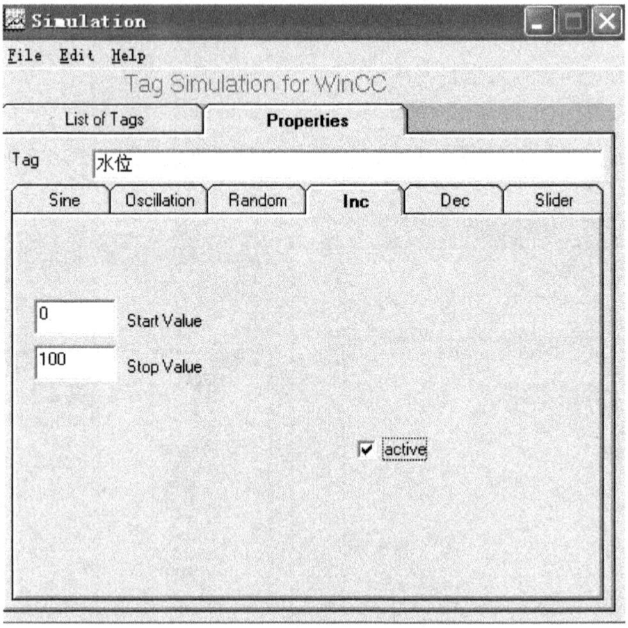

图 3-84　变量模拟器设置

在“List of Tags”选项卡上，单击“Start Simulation”按钮，开始变量模拟，如图 3-85 所示。

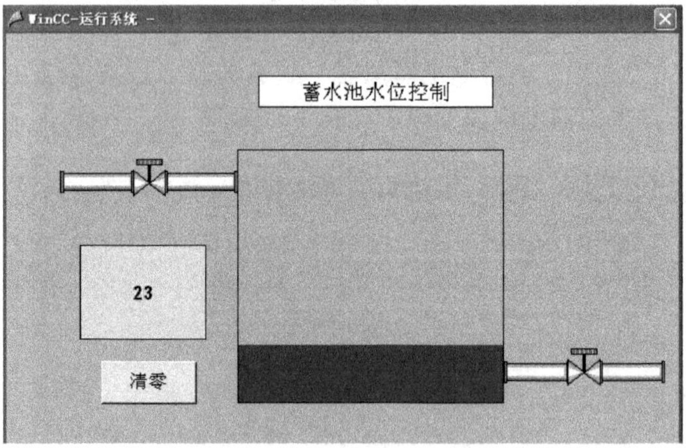

图 3-85　项目运行测试

本项目的组态步骤继续如下：

【step4】在图形编辑器的绘图区中，添加一个静态文本，输入“彩灯循环控制”为画面标题，并组态，如图 3-86 和图 3-87 所示。

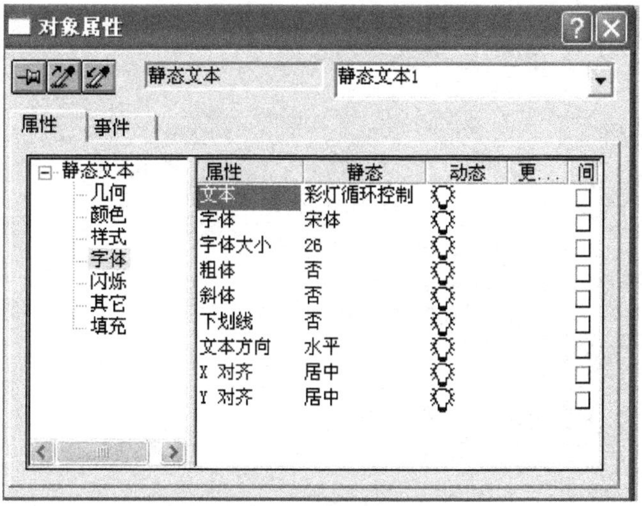

图 3–86　组态画面标题（一）

图 3–87　组态画面标题（二）

【step5】在“对象选项板”上，单击“标准对象”→“圆”，在绘图区中添加三个圆，如图 3–88 所示。

设置圆 1 的“背景颜色”属性为白色，并组态一个“动态对话框”的属性动作，如图 3–89 所示。

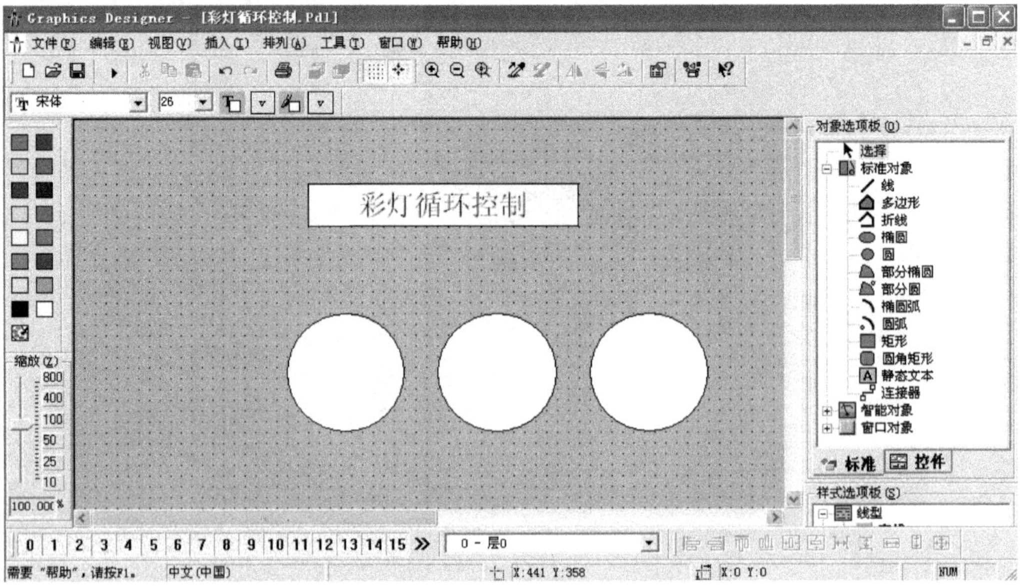

图 3-88 彩灯组态（一）

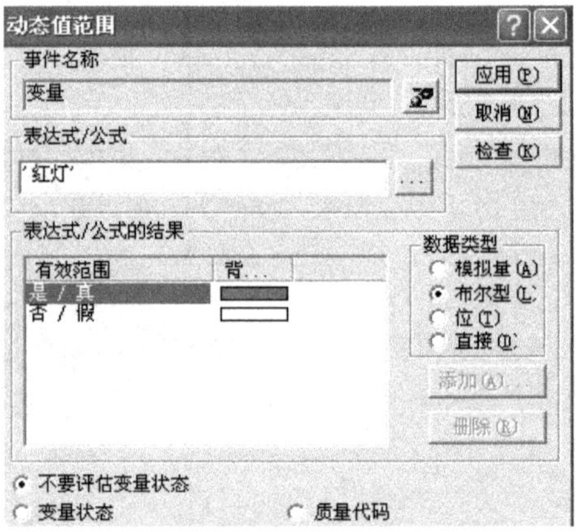

图 3-89 彩灯组态（二）

同理，组态圆 2 和圆 3 的“背景颜色”属性分别如图 3-90 和图 3-91 的属性动作。

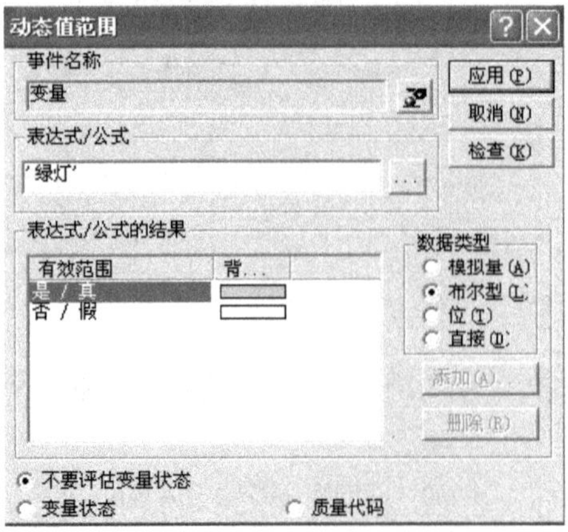

图 3-90 彩灯组态（三）

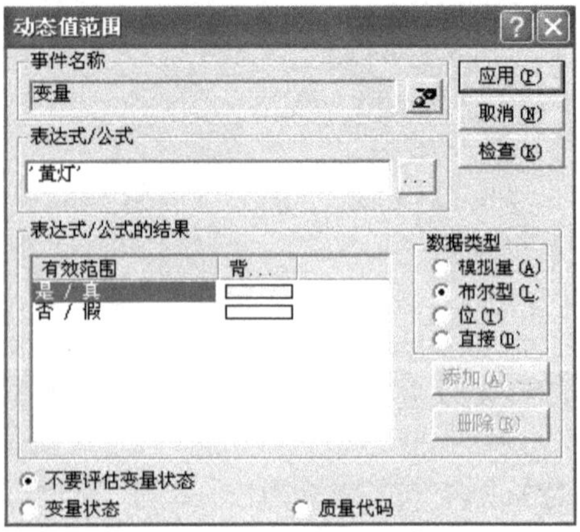

图 3-91 彩灯组态（四）

【step6】在画面中绘制两个圆组成指示灯，如图 3–92 所示。

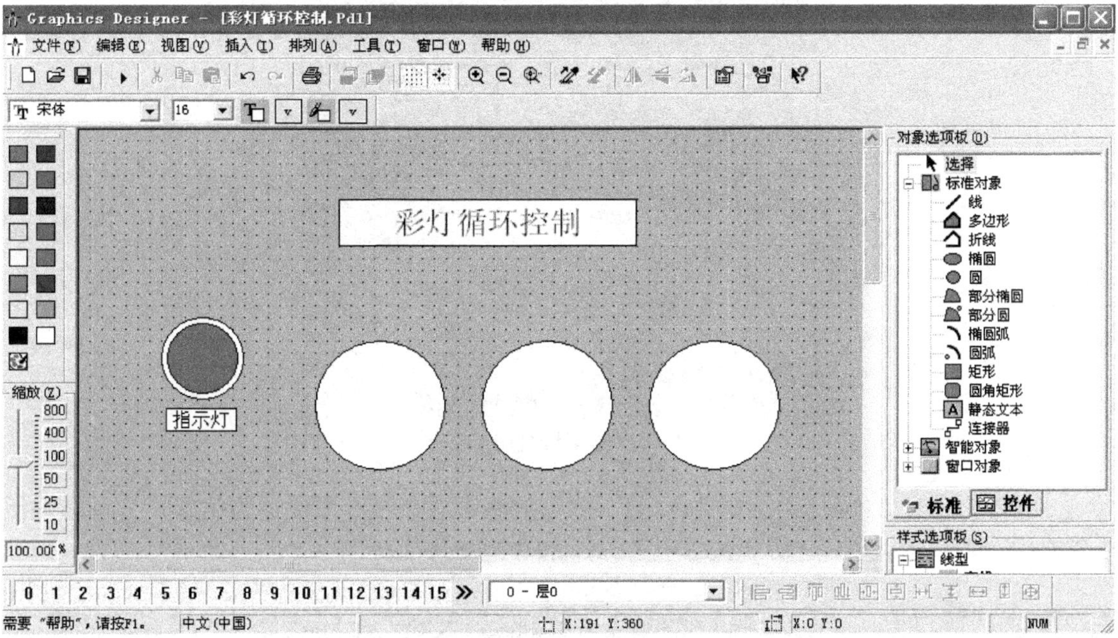

图 3–92　指示灯组态（一）

选中指示灯并右击，选中“组对象”→“编组”，如图 3–93 所示。

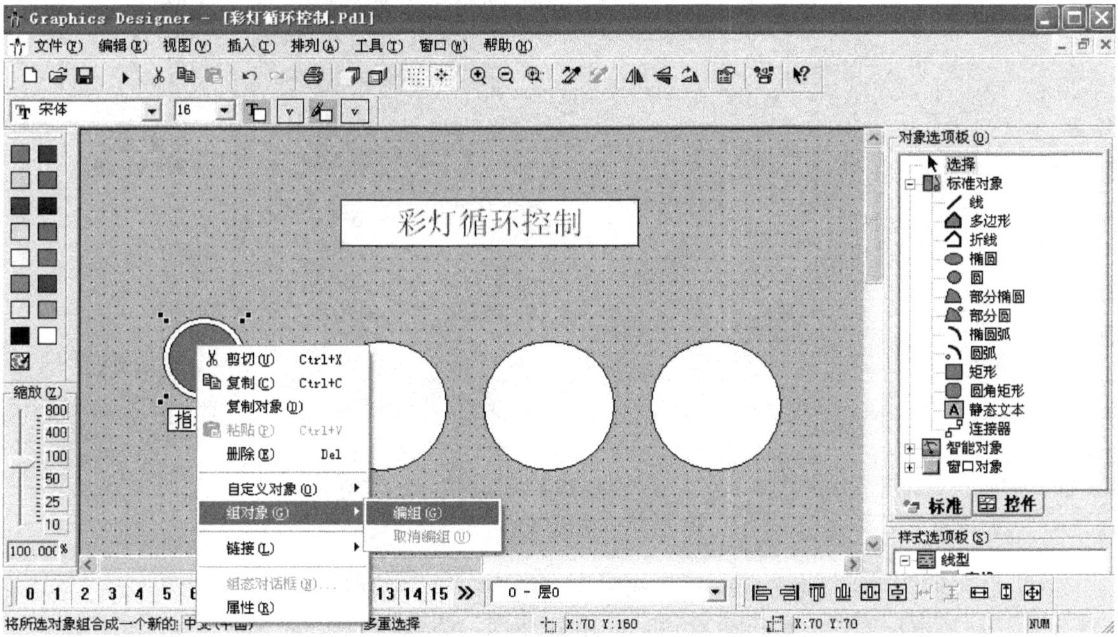

图 3–93　指示灯组态（二）

右击指示灯，设置圆 4（内圆）的“背景颜色”属性为“红色”，并组态一个“动态对话框”的属性动作，如图 3–94 所示。

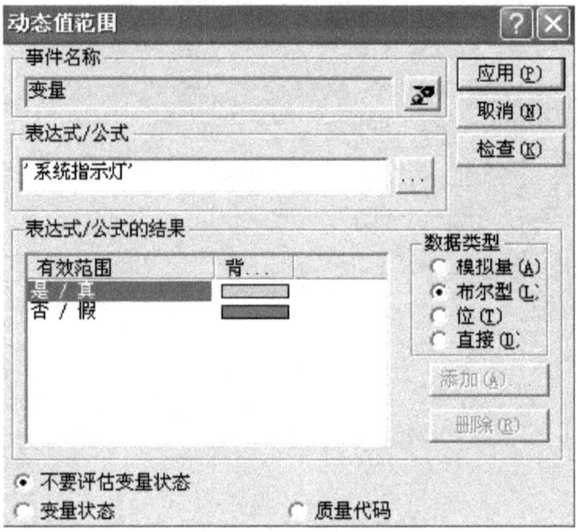

图 3–94　指示灯组态（三）

【step7】从对象选项板的“窗口对象”中拖放两个按钮至绘图区适当位置，分别将按钮的“文本”属性设置为“启动”和“停止”，如图 3–95 所示。

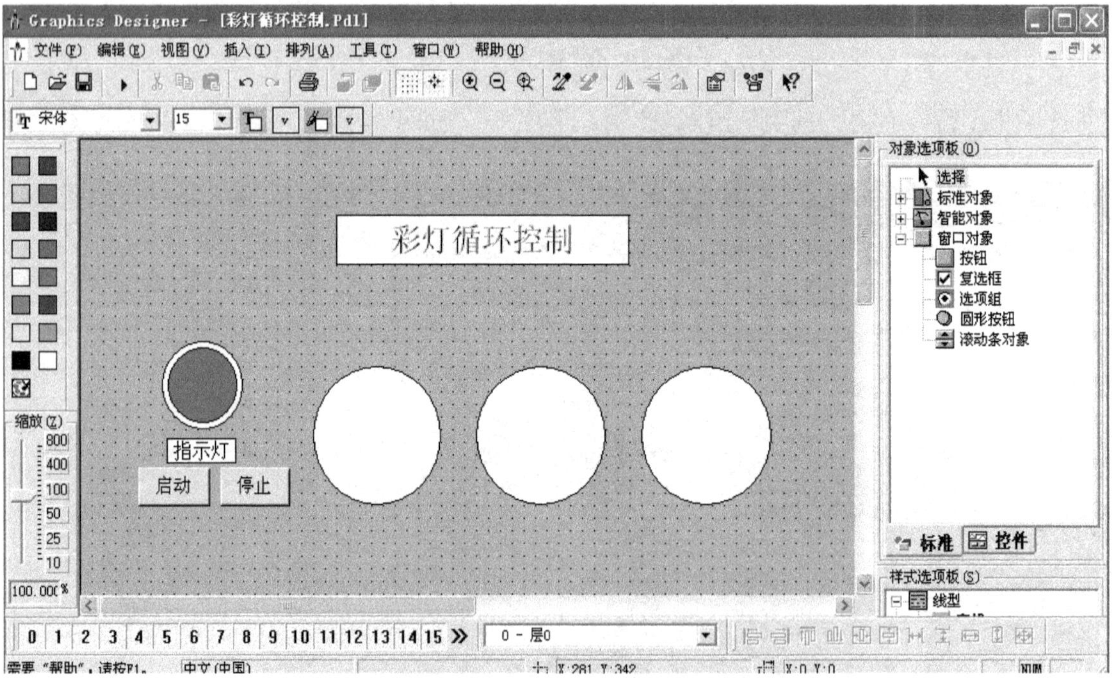

图 3–95　按钮组态（一）

右击“启动”按钮，选择“事件”选项卡，组态一个“按鼠标左键”的“直接连接”事件动作和“释放鼠标左键”的“直接连接”事件动作，分别如图 3–96 和图 3–97 所示。

同理，组态“停止”按钮一个“按鼠标左键”的“直接连接”事件动作和“释放鼠标左键”的“直接连接”事件动作，分别如图 3–98 和图 3–99 所示。

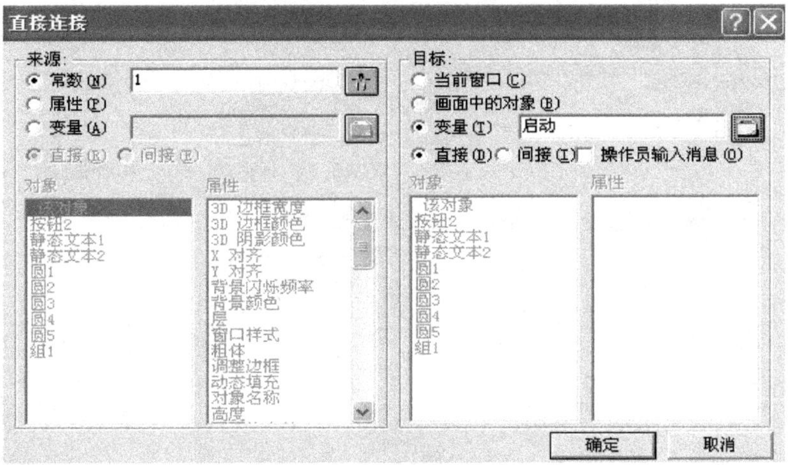

图 3–96　按钮组态（二）

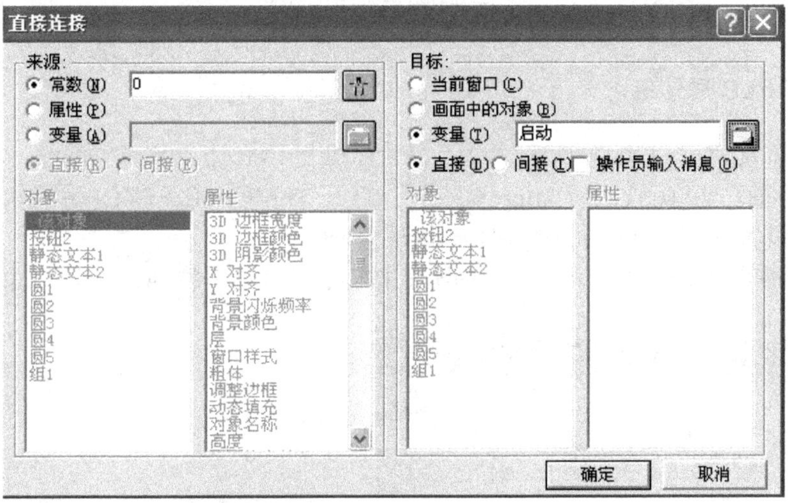

图 3–97　按钮组态（三）

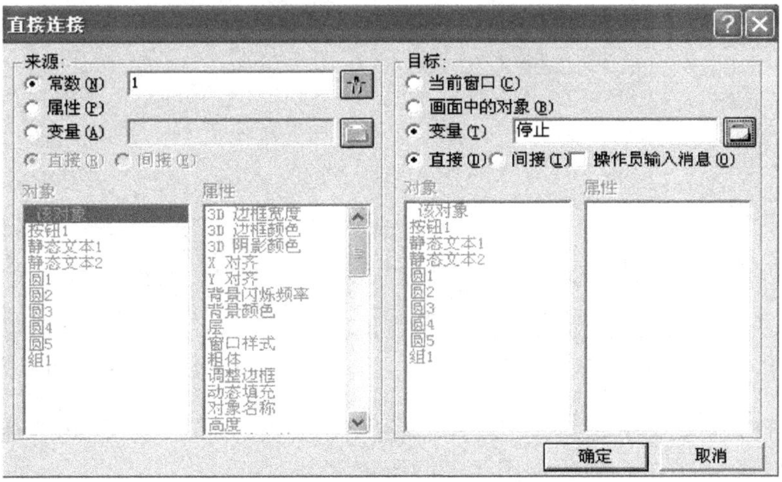

图 3–98　按钮组态（四）

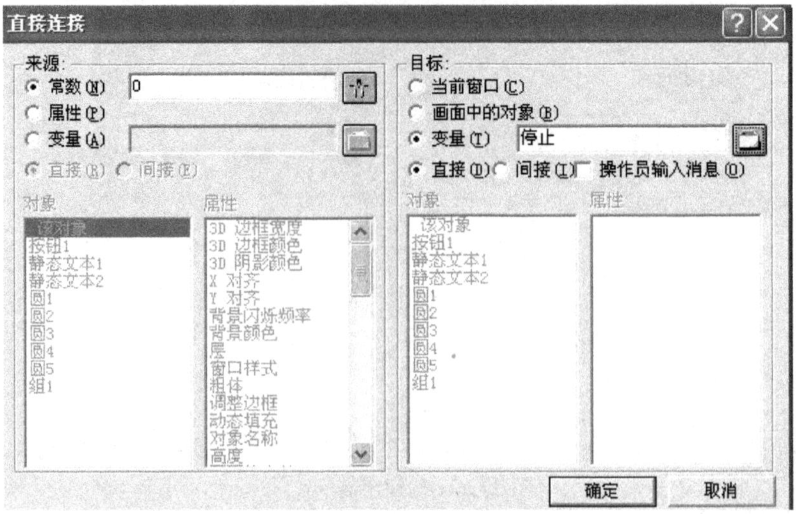

图 3-99 按钮组态（五）

三、WinCC 与 PLC 通信组态

用 USB/PPI 或 PC/PPI 电缆将 WinCC 组态计算机与 PLC 连接起来。

(1) 双击桌面“V4.0 STEP 7 MicroWIN”，打开 STEP 7 MicroWIN 编程软件，在组态窗口中，打开“设置 PG/PC 端口”对话框，如图 3-100 所示。

选择“PC/PPI cable(PPI)”，单击“属性”按钮，设置计算机通信参数，如图 3-101 所示。

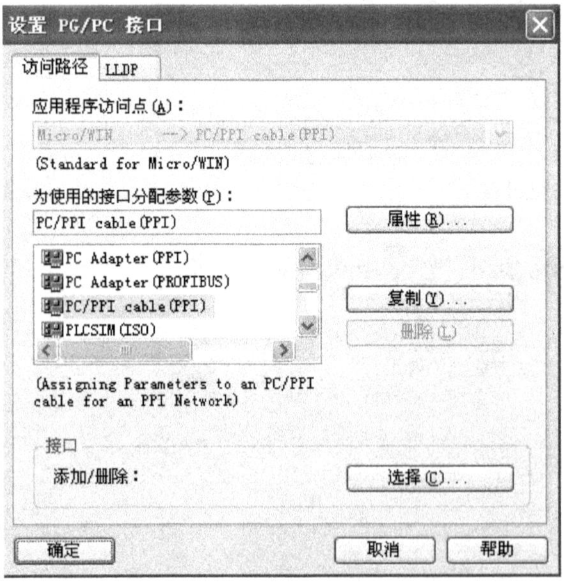

图 3-100 设置 PG/PC 接口（一）

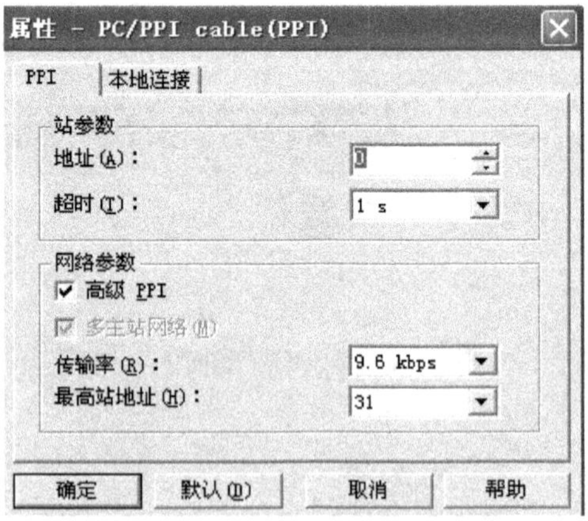

图 3-101 设置 PG/PC 接口（二）

(2) 打开 STEP 7 MicroWIN 项目组态窗口的“系统块”选项，设置 PLC 通信参数，其中 PLC 的地址要与图 3-16 的一致，如图 3-102 所示。

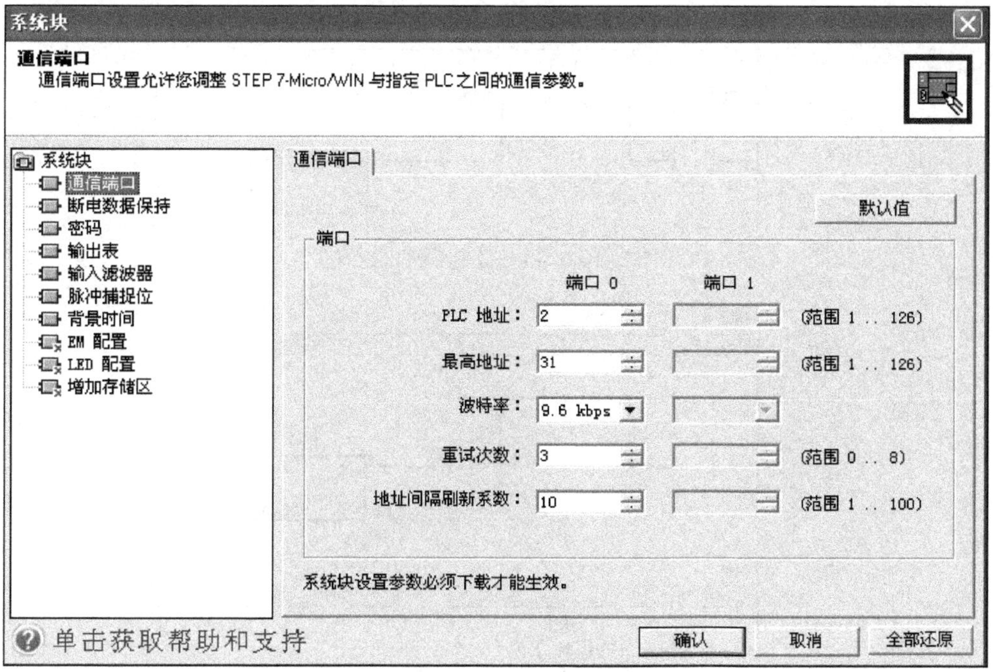

图 3-102　PLC 通信参数设置

四、PLC 控制程序编写下载

1) PLC 控制程序编写

根据项目要求，PLC 控制程序编写如图 3-103 ~ 图 3-105 所示。

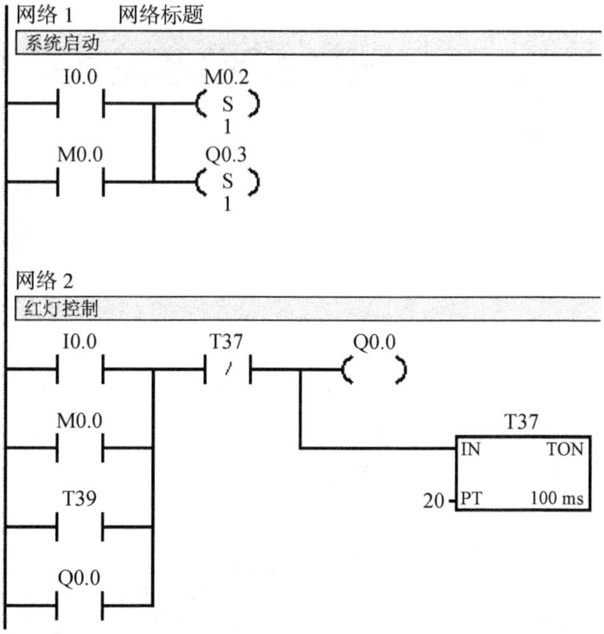

图 3-103　PLC 控制程序（一）

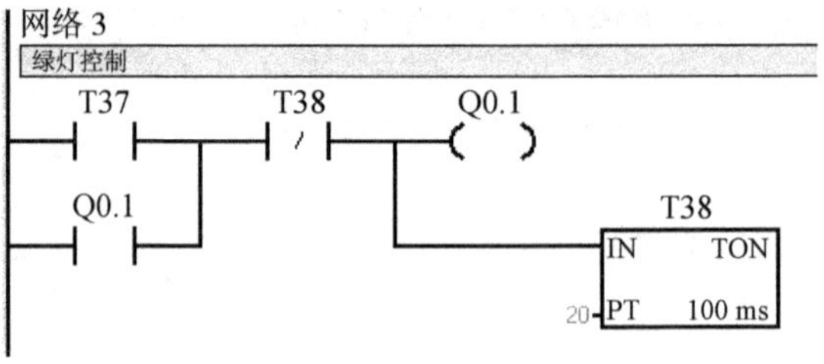

图 3-104　PLC 控制程序（二）

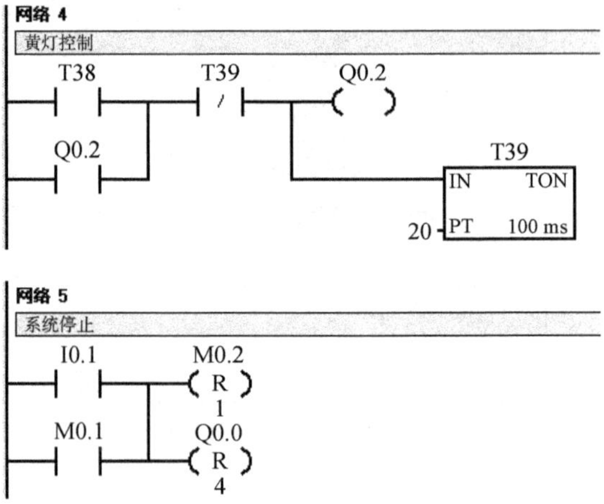

图 3-105　PLC 控制程序（三）

2) PLC 控制程序下载

单击 STEP 7 MicroWIN 项目组态窗口的 图标，将 PLC 控制程序下载到 PLC，下载过程如图 3-106 所示。

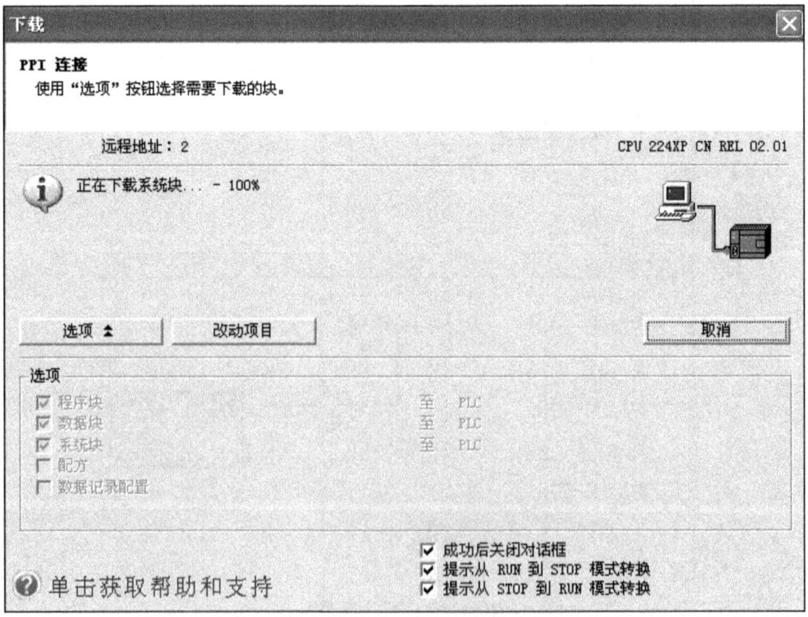

图 3-106　PLC 控制程序下载

五、项目运行

1) PLC 运行

单击 STEP 7 MicroWIN 项目组态窗口的 ▶ 和 图标，对 PLC 控制程序进行运行和监控，如图 3-107 所示。

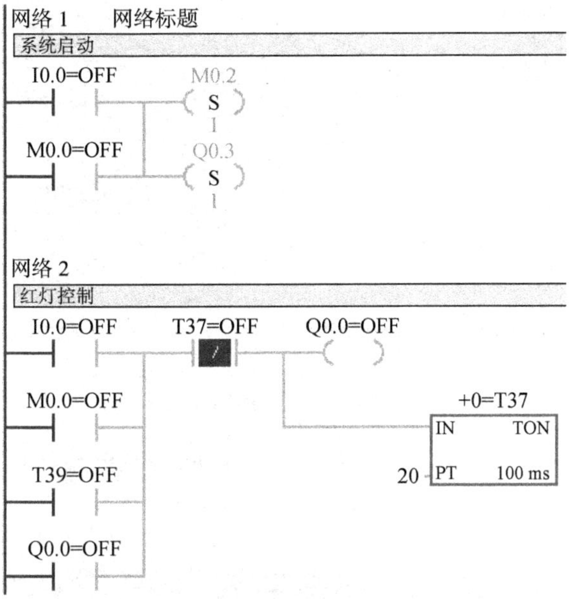

图 3-107　PLC 运行及监控

2) WinCC 运行

右击 WinCC 资源管理器浏览窗口的 图标，打开"计算机属性"对话框，如图 3-108 所示。

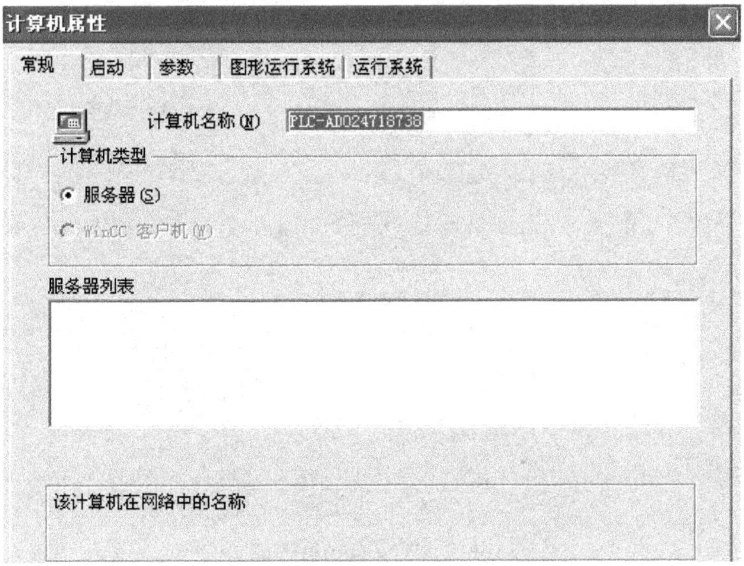

图 3-108　WinCC 运行（一）

选择“启动”项，选中“图形运行系统”复选框，如图 3-109 所示。

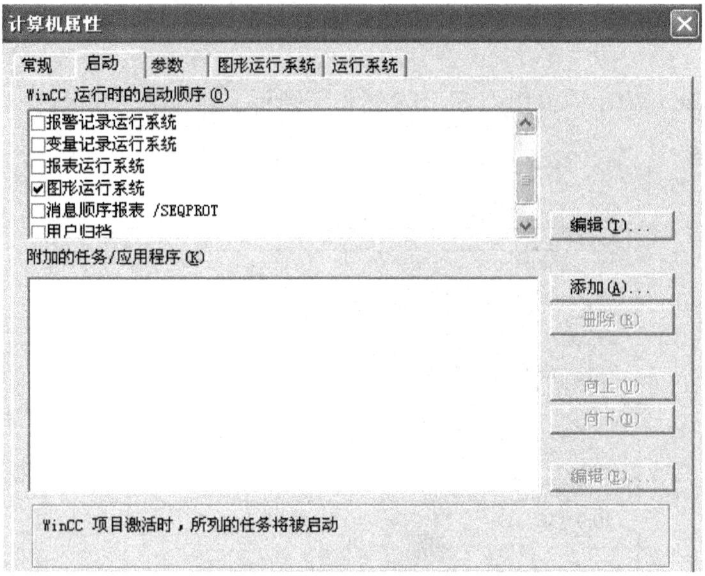

图 3-109　WinCC 运行（二）

选择“图形运行系统”项，在“起始画面”选择“彩灯循环控制 .Pdl”，设置如图 3-110 所示。

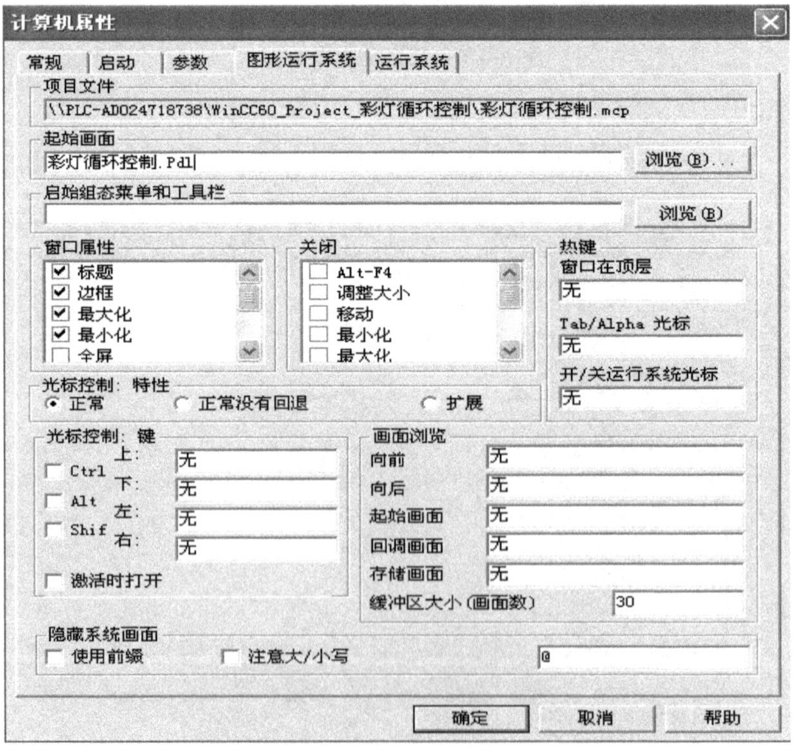

图 3-110　WinCC 运行（三）

单击 WinCC 资源管理器工具栏的 ▶ 图标，打开 WinCC 运行系统，如图 3-111 所示。

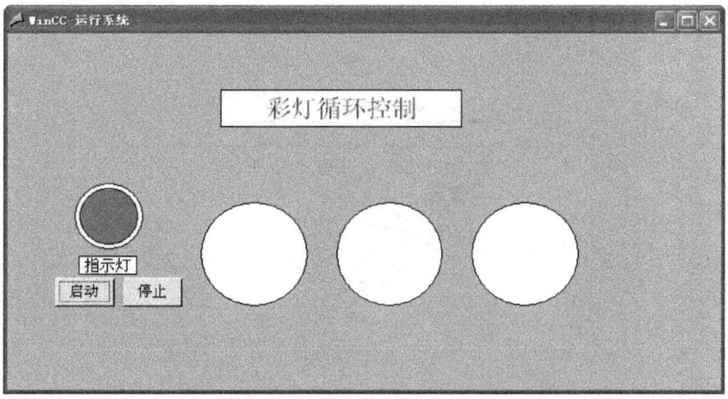

图 3-111　WinCC 运行（四）

3) WinCC 项目的运行及监控

单击图 3-112 中的“启动”按钮，过程画面中彩灯按照要求进行工作。

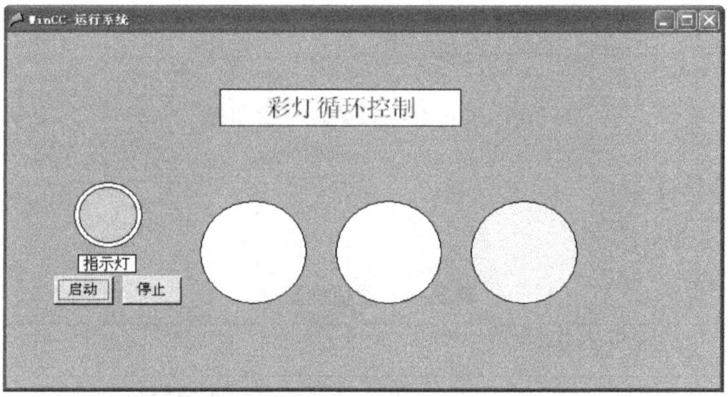

图 3-112　WinCC 项目的运行及监控（一）

同时，PLC 运行及监控状态如图 3-113 所示。

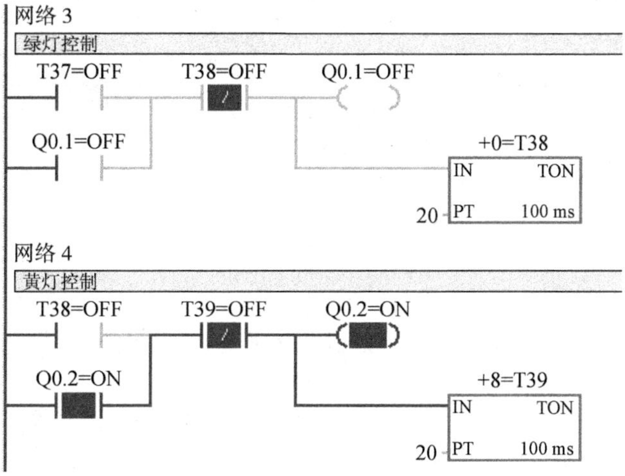

图 3-113　WinCC 项目的运行及监控（二）

单击图 3-112 中的“停止”按钮，过程画面中彩灯控制停止工作，又回到图 3-111 所示的初始状态。

此时 PLC 运行及监控状态如图 3-114 所示。

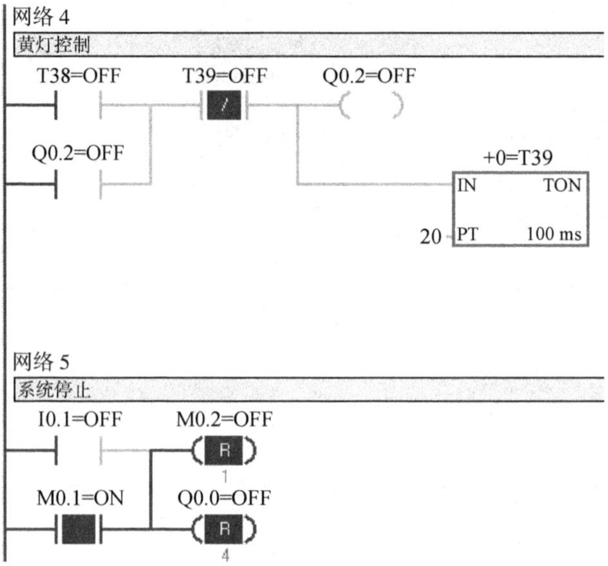

图 3-114　WinCC 项目的运行及监控（三）

【项目检查与评估】

根据项目完成情况，按照表 3-3 进行评价。

表 3-3　项目评价表

序号	考核项目	评价内容	要求	权重	评价
1	系统设计	项目分析	1. 初步能分析 WinCC 控制系统的控制对象的工艺要求； 2. 初步能确定人机接口技术要求； 3. 初步掌握 WinCC 的基本功能及特点	5%	
		控制方案设计	1. 初步能设计 WinCC 系统监控方案； 2. 初步掌握 WinCC 过程画面的组态规则	10%	
2	硬件配置	设备选型	1. 初步能根据控制要求选取 HMI 组态软件； 2. 能根据控制要求选取 PLC 型号； 3. 能根据控制要求选取外部设备； 4. 初步掌握 WinCC 系统设备选取原则	10%	
		系统接线	1. 能绘制电气原理图； 2. 能绘制接线图； 3. 能绘制元器件布置图； 4. 能绘制元器件现场位置图； 5. 初步能根据图纸要求对 WinCC 控制系统进行现场安装	15%	

续表

序号	考核项目	评价内容	要求	权重	评价
3	系统组态	WinCC 组态	1. 初步能正确创建项目； 2. 初步能正确组态过程画面； 3. 初步能正确组态与 PLC 的通信； 4. 初步掌握 WinCC 项目的组态步骤	20%	
		PLC 组态	1. 能正确编制系统的地址分配表； 2. 能根据控制要求正确编制控制程序； 3. 初步能正确组态与 WinCC 的通信	15%	
4	系统调试	校验信号	初步能校验现场 WinCC 系统的输入 / 输出信号的动作是否正确	5%	
		联机调试	初步能正确运行 WinCC 系统，正确下载、运行程序，初步能进行系统联机调试	10%	
5	职业素质	职业素质	具备良好的职业素养，具有良好的团结协作、语言表达及自学能力，具备安全操作意识、环保意识等	10%	
6	评价结果				

【项目总结】

随着计算机硬件和软件技术的发展，自动化产品呈现了小型化、网络化、PC 化、开放式和低成本的发展趋势，并逐渐形成了各种标准的硬件、软件和网络结构系统，监控组态软件已成为其中的桥梁和纽带，是自动化系统不可缺少的关键组成部分，而 WinCC 正是目前全球工业控制领域最佳 HMI 软件的代表。认识 WinCC，了解 WinCC 基本知识，初步具备 WinCC 软件使用、基本项目组态、通信组态的能力，初步具备 WinCC 控制系统的设计、安装、运行与调试能力，这会为以后的学习和工作打下坚实的基础。

【练习与训练】

1. 知识练习

(1) 什么是 WinCC？它有什么功能？

(2) WinCC 的变量有哪些？各有什么功能？

(3) WinCC 的系统如何构成？

(4) 简述 WinCC 项目的组态步骤？

2. 项目练习

利用 WinCC 和 S7-200PLC 实现对十字路口交通灯监控，控制系统示意图及工作时序图如图 3-115 和图 3-116 所示，要求在 WinCC 可实现系统启动、停止及路口通行时间的设置。

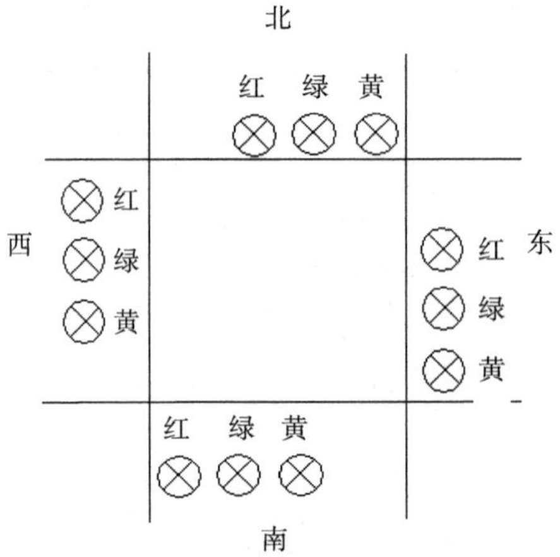

图 3-115 交通灯示意图

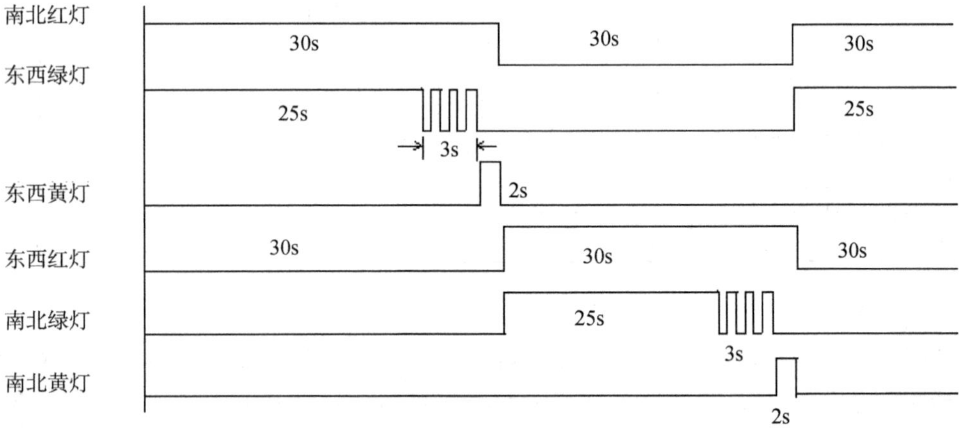

图 3-116 交通信号灯时序图

项目四　基于 WinCC 实现烤箱温度控制

【项目描述】

恒温箱在工业生产过程中的应用相当广泛和重要，所以对于恒温箱的要求也相对更加严格。本项目要求通过 PLC 和 HMI 实现对一个恒温箱的温度控制，在恒温箱中装有一个电加热元件和一个制冷风扇，电加热元件和制冷风扇只有 ON 和 OFF 两种状态，不能自行调节，该恒温箱要保持温度恒定，温度控制范围在 25 ~ 100℃，并能够通过人机界面设定温度和其他系统运行的参数。

【项目能力目标】

(1) 熟悉 WinCC 过程值归档的作用及方法；

(2) 熟悉 WinCC 消息系统的作用及方法；

(3) 进一步会对 WinCC 控制系统进行设计；

(4) 进一步会正确进行 WinCC 控制系统的接线；

(5) 能进一步对 WinCC 项目进行正确创建和组态；

(6) 能进一步设置 WinCC 与 PLC 通信参数，并实现相互通信；

(7) 能进一步对整个监控系统进行运行及调试；

(8) 具备资料收集、整理和自我学习的能力；

(9) 具备顺利地与相关人员进行沟通、协调和交流的能力。

【完成项目的计划决策】

本项目选择 SIMATIC WinCC 作为人机界面，选择西门子的 S7-200 作为控制器，通过 SIMATIC WinCC 与 S7-200 的 OPC 通信，实现对恒温箱温度的 PID 调节，同时通过 WinCC 实现对温度和系统其他运行参数的设定，通过 WinCC 过程画面实现温度控制系统的有效监控。

【实施过程】

一、系统电路设计

1. PLC 选型

控制系统有 2 个数字量输入点、1 个模拟量输入点，2 个数字量输出点，选用西门子 S7-200 系列 PLC，具体型号为 CPU224。

系统选用模拟量扩展模块 EM235 检测温度信号。

2. HMI 选型

控制系统选择 SIMATIC WinCC V6.2 作为人机界面组态软件。

3. 系统接线图

1) PLC 地址分配

PLC 地址分配如表 4-1 所示。

表 4–1 PLC 地址分配

序号	地址	含义	序号	地址	含义
1	I0.0	系统启动	7	VD212	回路增益
2	I0.1	系统停止	8	VD216	采样时间
3	Q0.0	控制接通加热器	9	VD220	积分时间
4	Q0.1	控制接通制冷风扇	10	VD224	微分时间
5	AIW0	温度检测	11	VD208	控制量输出
6	VD204	温度设定值	12	VD200	温度检测值

2）系统接线

触摸屏、PLC 与其他设备连接的系统图如图 4–1 所示。

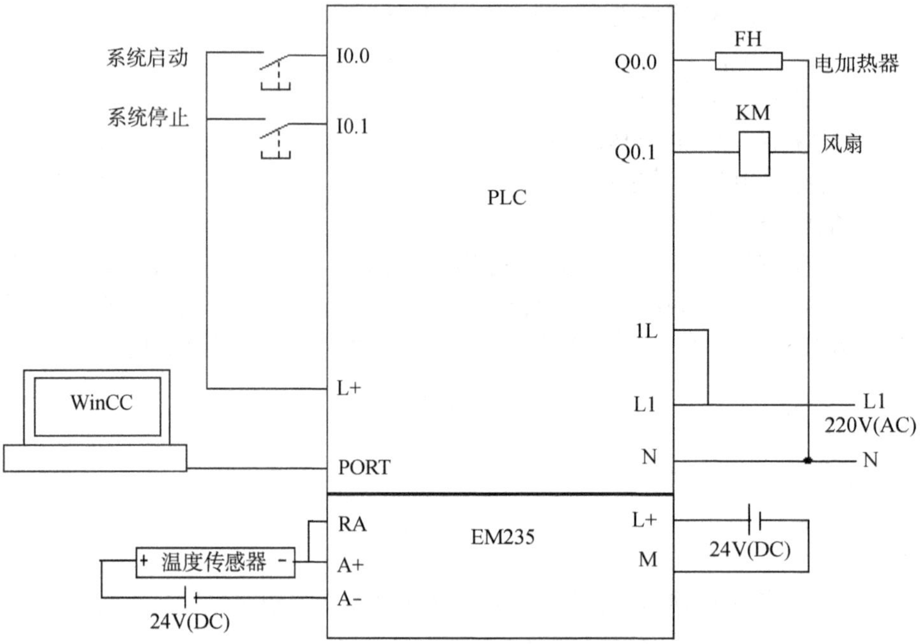

图 4–1 系统接线图

二、WinCC 项目组态

1. *启动 WinCC*

双击桌面“SIMATIC WinCC Explorer”图标，创建一个“恒温箱温度控制”的 WinCC 的单用户项目，如图 4–2 所示。

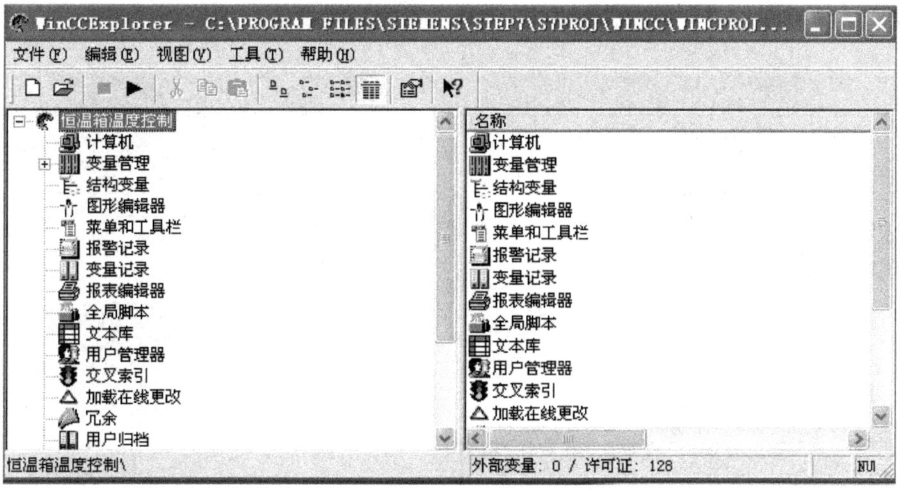

图 4-2　项目创建

2. 选择安装通讯驱动程序

(1) 右击浏览窗口的“变量管理”的图标，选择“添加新的驱动程序”，如图 4-3 所示。

图 4-3　添加驱动程序（一）

(2) 在出现的“添加新的驱动程序”对话框中，选择“OPC.chn”，如图 4-4 所示。

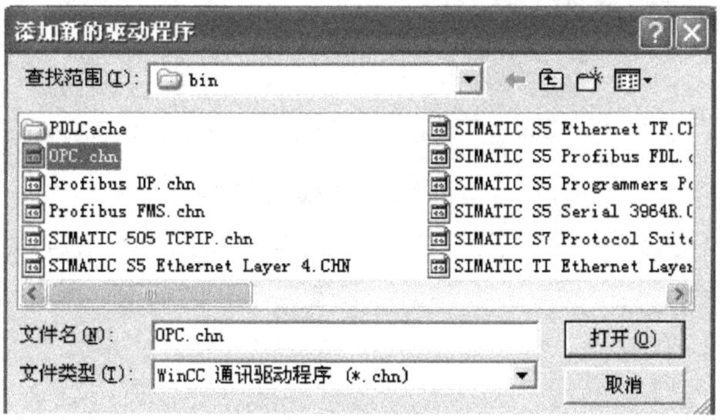

图 4-4　添加驱动程序（二）

(3) 在图 4–4 中，单击“打开”按钮，驱动程序添加成功，如图 4–5 所示。

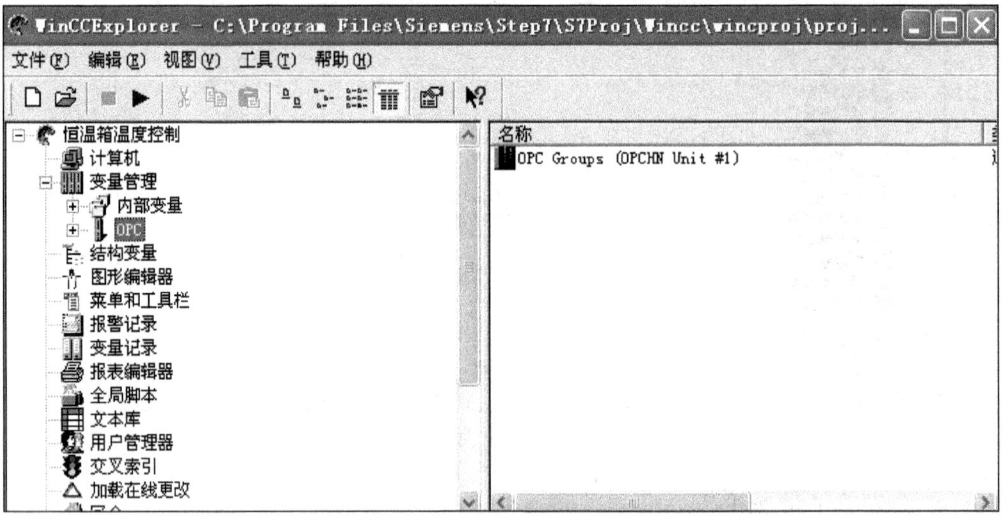

图 4–5　添加驱动程序（三）

3. 定义变量

(1) 双击桌面 V1.0 PC Access 的图标，打开 PC Access 组态界面，如图 4–6 所示。

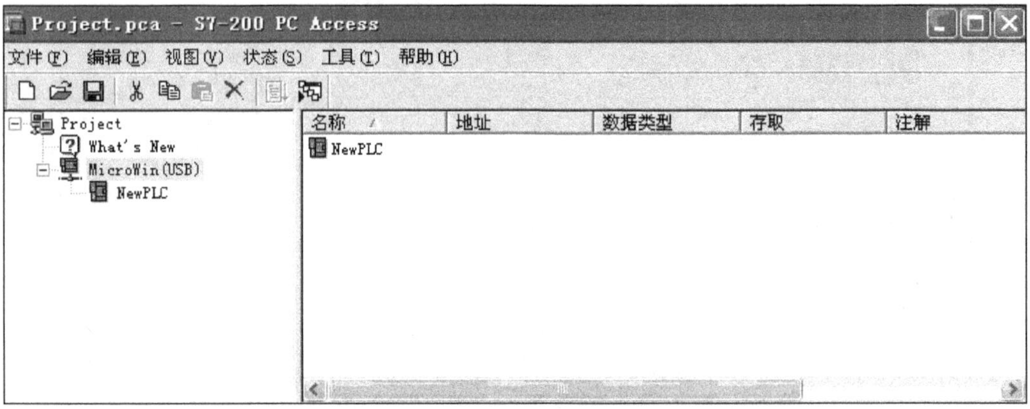

图 4–6　打开 PC Access 组态界面

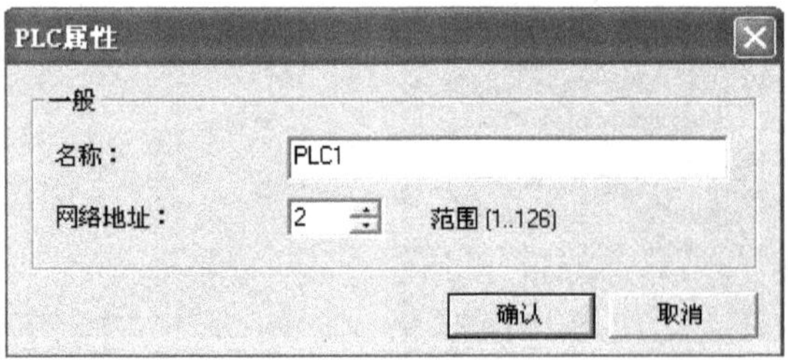

图 4–7　添加 PLC

(2) 右击树形图中的“MicroWin(USB)”，添加 PLC，设置地址，如图 4–7 所示。

(3) 在图 4–7 中，右击新建的“PLC1”，选择“新”→“项目”菜单，建立图 4–8 所示的系统项目。

(4) 单击 PC Access 组态界面工具栏的图标，对项目进行保存。

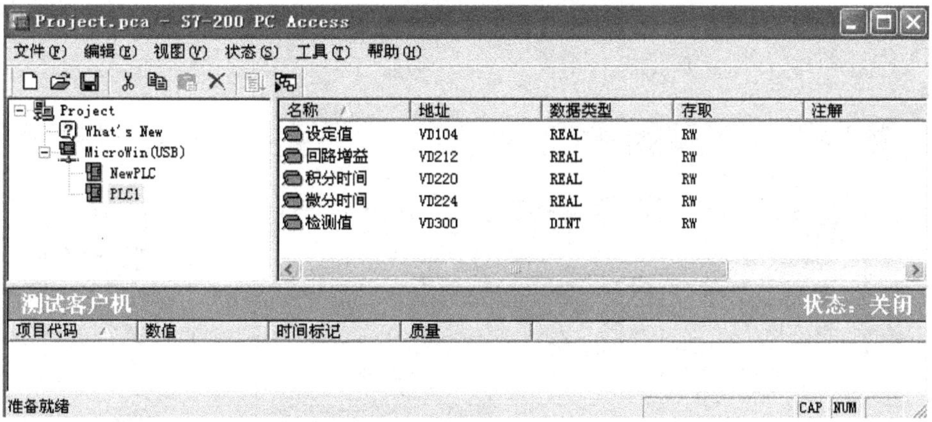

图 4-8　创建项目

(5) 在 WinCC 资源管理器中，单击浏览窗口的“变量管理”→“OPC”，右击“OPC Groups”，选择“系统参数”，如图 4-9 所示。

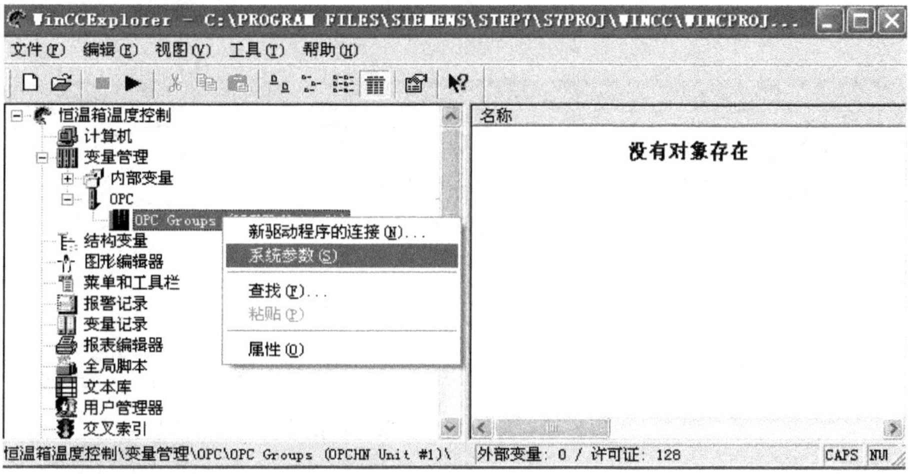

图 4-9　系统参数选择

打开的“OPC 条目管理器”如图 4-10 所示。

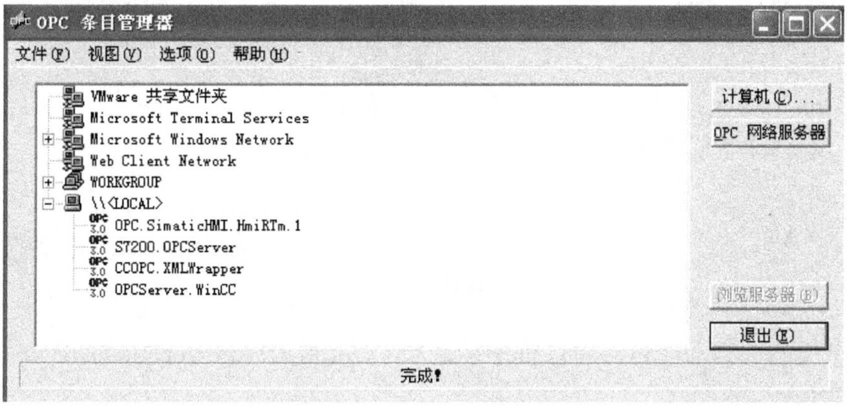

图 4-10　OPC 条目管理器

(6) 在 OPC 条目管理器中，选择“S7200.OPCServer”，单击“浏览服务器”按钮，然后在图 4-11 中，单击“下一步”。

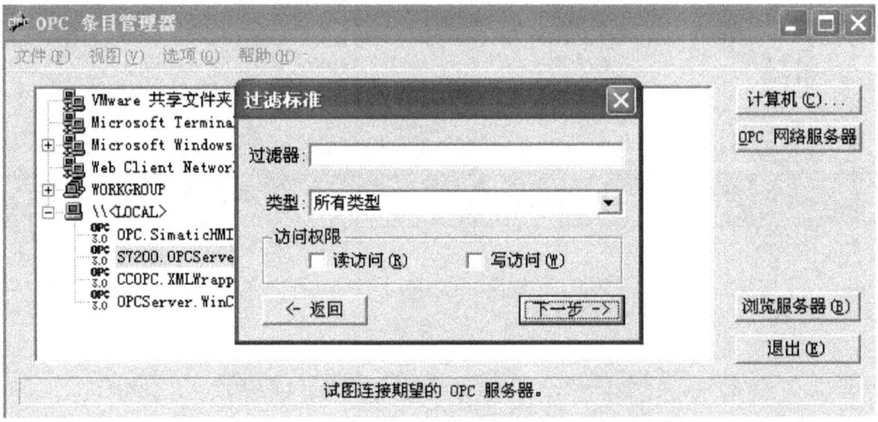

图 4-11　浏览服务器

(7) 在打开的服务器窗口中，单击“PLC1”，如图 4-12 所示。

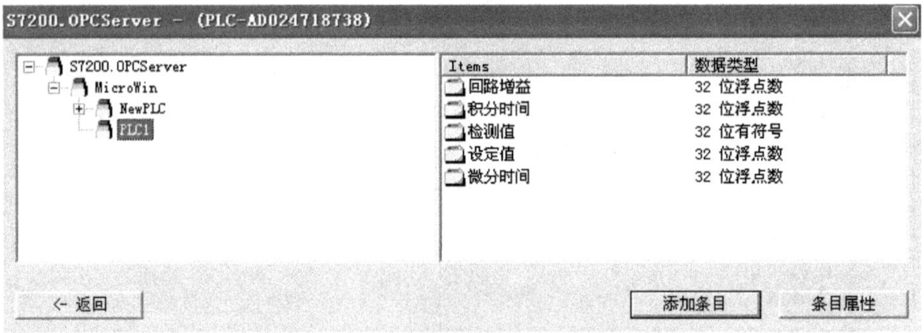

图 4-12　S7200 OPC 服务器窗口

(8) 在图 4-12 的窗口中，选中需要的变量，单击“添加条目”按钮，如图 4-13 所示。

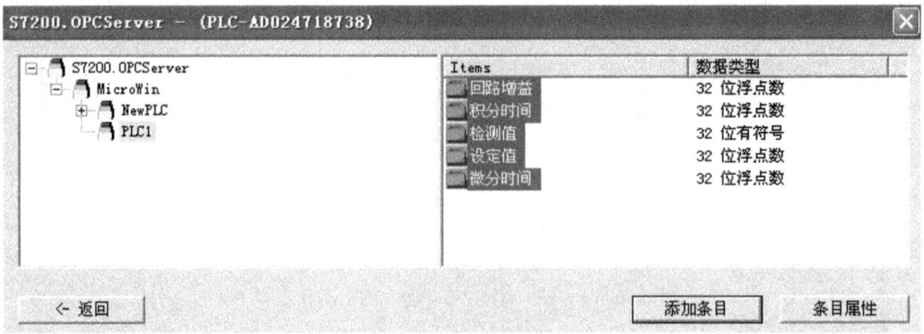

图 4-13　添加条目

(9) 在出现的“添加变量”对话框中，选中“S7200_OPCServer”，单击“完成”按钮，如图 4-14 所示。

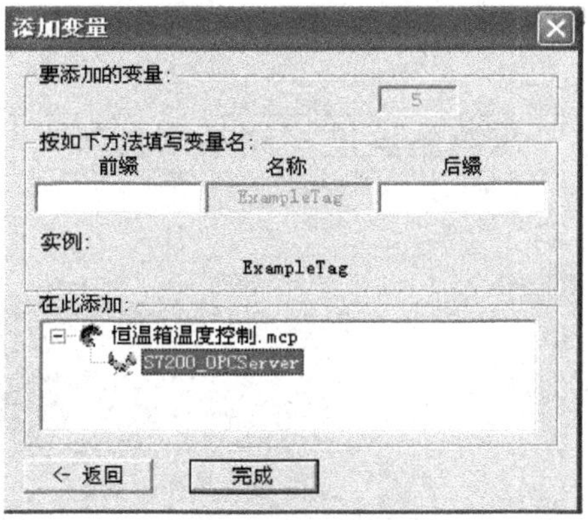

图 4–14　添加变量

(10) 添加的变量就出现在 WinCC 资源管理器中，如图 4–15 所示。

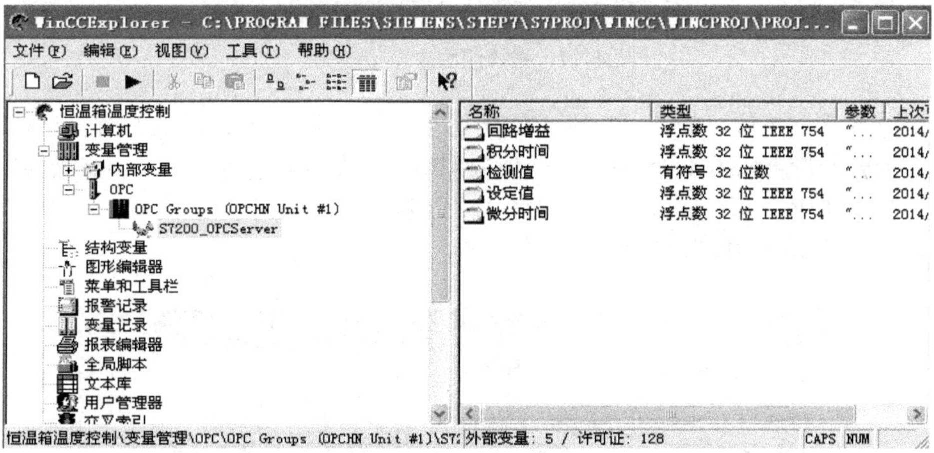

图 4–15　添加完成的变量

4. 组态过程画面

【step1】右击 WinCC 资源管理器的图形编辑器图标，新建“系统画面 .Pdl”、“归档画面 .Pdl”和“报警画面 .Pdl”，如图 4–16 所示。

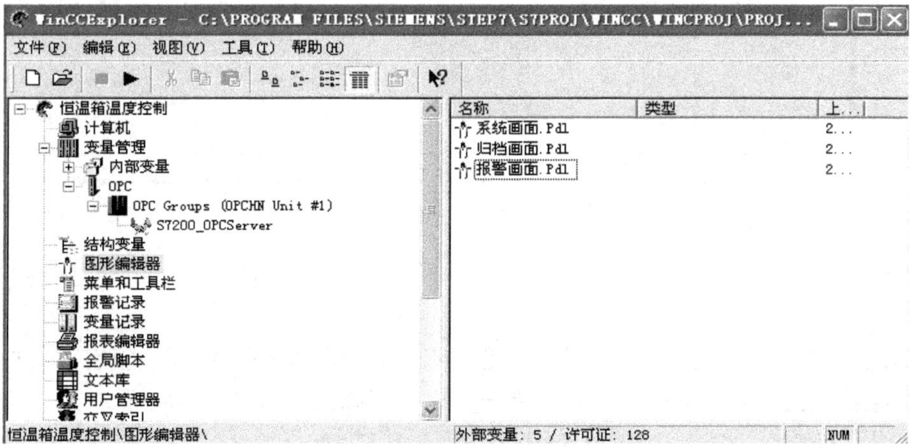

图 4–16　新建过程画面

【step2】打开“系统画面 .Pdl”，在画面中添加图 4-17 所示的对象。

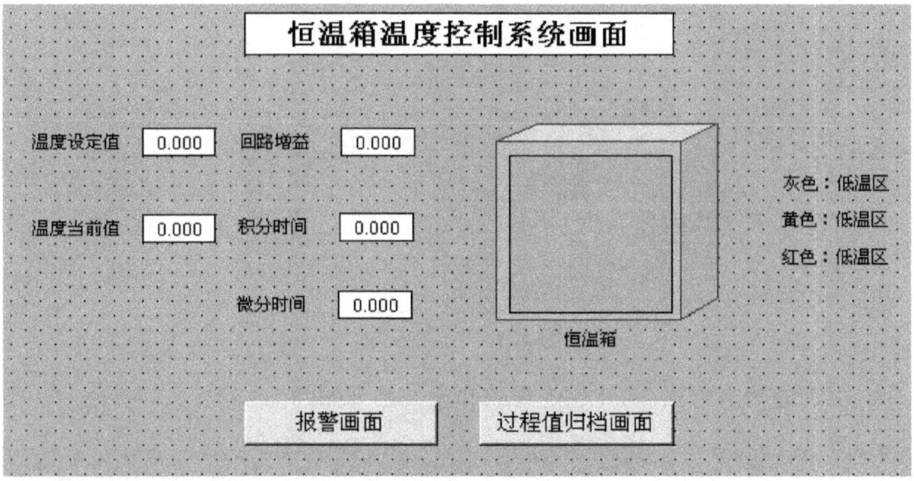

图 4-17　系统画面组态（一）

【step3】组态“系统画面 .Pdl”的“温度设定值”I/O 域，将 I/O 域的“输出值”属性连接到“设定值”变量，如图 4-18 所示。同理分别组态“温度当前值”、“回路增益”、“积分时间”、“微分时间”I/O 域，并将 I/O 域的“输出值”属性连接到“检测值”、“回路增益”、“积分时间”、“微分时间”等变量。

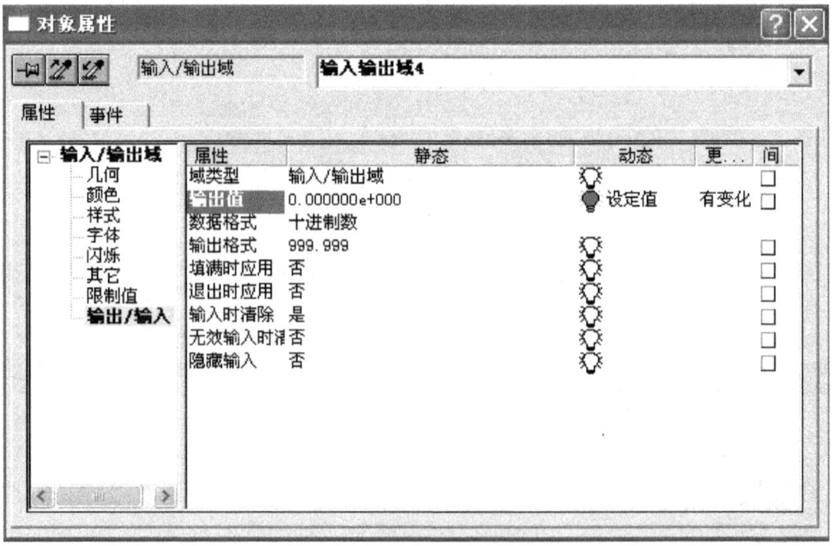

图 4-18　系统画面组态（二）

【step4】组态“系统画面 .Pdl”的恒温箱，将其“背景颜色”组态一个连接到“检测值”变量的属性动态，如图 4-19 所示。

【step5】右击“系统画面 .Pdl”的“过程值归档画面”按钮，选择“组态对话框”菜单。在打开的“按钮组态”对话框中，设置“单击鼠标改变画面”为“归档画面 .Pdl”，如图 4-20 所示。

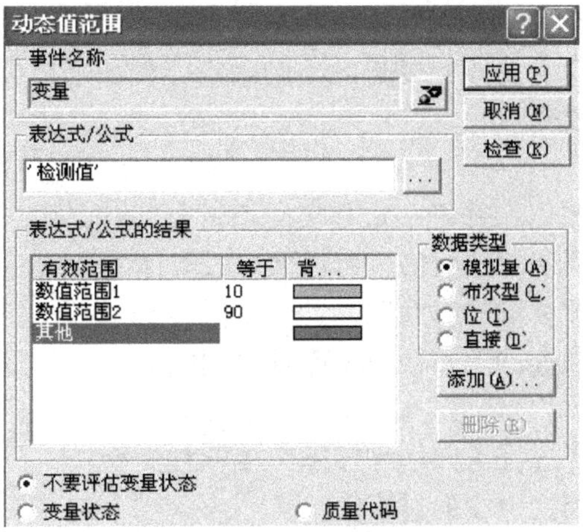

图 4-19　恒温箱组态

同理，组态“报警画面”按钮，如图 4-21 所示。

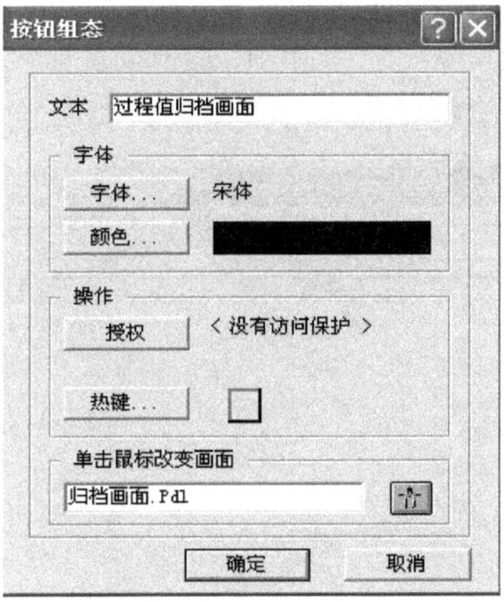

图 4-20　按钮组态（一）

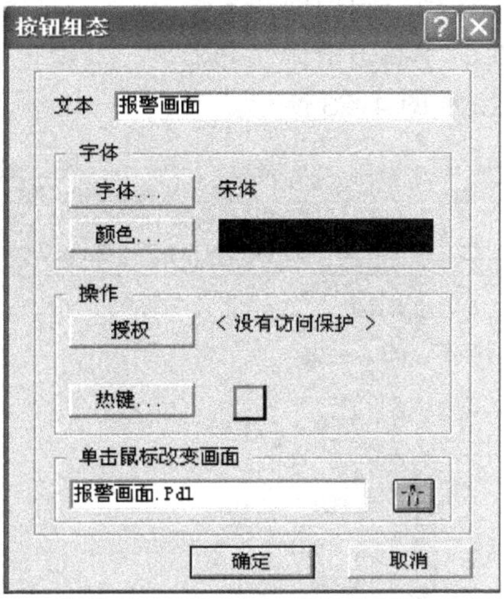

图 4-21　按钮组态（二）

【step6】组态过程值归档。

知识点学习：

1）过程值归档的作用和方法

过程值归档的目的是采集、处理和归档工业现场的过程数据。

WinCC 使用“变量记录”组件来组态过程值的归档，可选择组态过程值归档和压缩归档，定义采集周期和归档周期，并选择想要归档的过程值。

WinCC 提供了“WinCC Online Table Control”和“WinCC Online Trend Control”两个 ActiveX 控件显示过程数据。

2）组态系统功能描述

(1) 启动和停止事件

可用事件来启动和停止过程值归档，事件包括：二进制事件、限制值事件和时间控制的归档。

(2) 归档变量的采集类型

在一个归档中，可以定义要归档变量的不同采集类型，采集类型主要有：非周期、连续周期、可选择周期和一旦改变。

(3) 进行归档的数据

对一个过程变量进行归档，并不一定是实际值进行归档。由于采集周期和归档周期可以不同，且归档周期是采集周期的整数倍，所以数个过程值才产生一个归档值。

采集周期：过程变量被读取的时间间隔。

归档周期：过程变量被存储到归档数据库的时间间隔。

(4) 组态归档

在归档组态中，可选择过程值归档和压缩归档两种类型。

过程值归档：存储归档变量中的过程值。

压缩归档：压缩来自过程归档的归档变量。

(5) 快速归档和慢速归档

快速归档：归档周期小于等于 1min 的变量记录（压缩的方式）。

慢速归档：归档周期大于 1min 的变量记录（非压缩的方式）。

【step7】右击资源管理器的“变量记录”，选择“打开”菜单项，打开变量记录编辑器，如图 4–22 和图 4–23 所示。

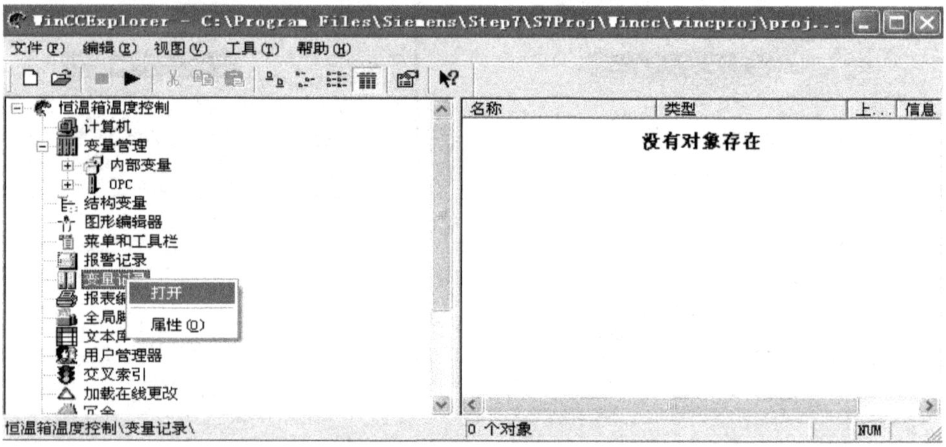

图 4–22　打开变量记录编辑器

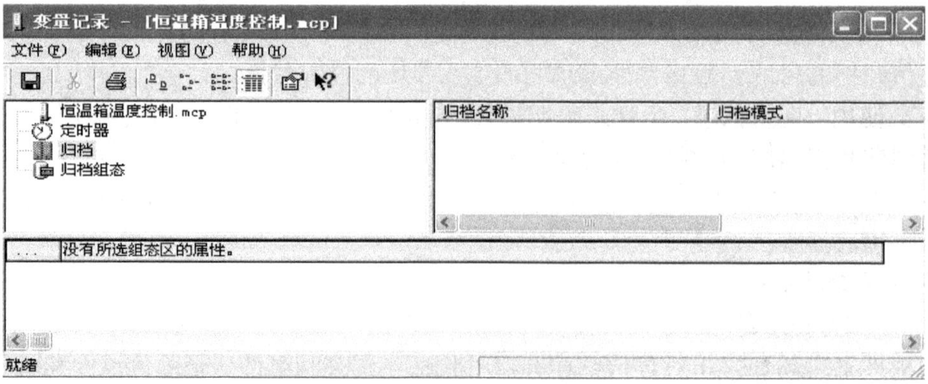

图 4–23　变量记录编辑器

【step8】右击变量记录编辑器的“定时器”，选择“新建”菜单项，如图 4-24 所示。

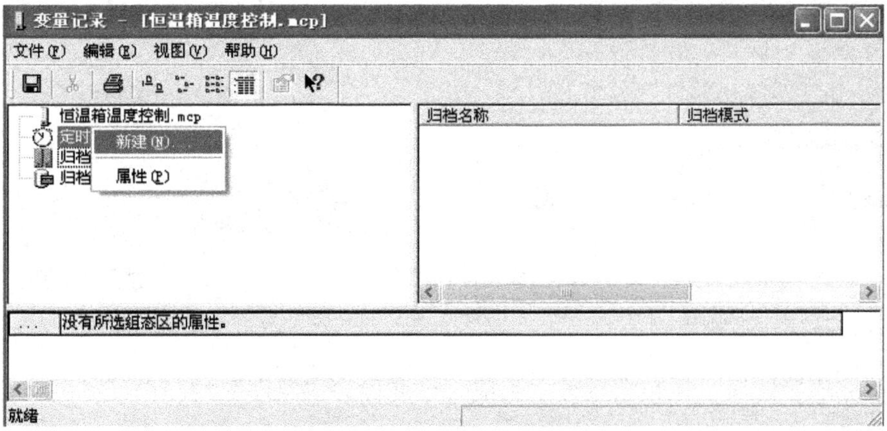

图 4-24　定时器组态（一）

在打开的“定时器”属性对话框中，“名称”输入为“10 秒”，“基准”选择为“1 秒”，“系数”设为“10”，如图 4-25 所示，然后单击“确定”按钮，关闭对话框。

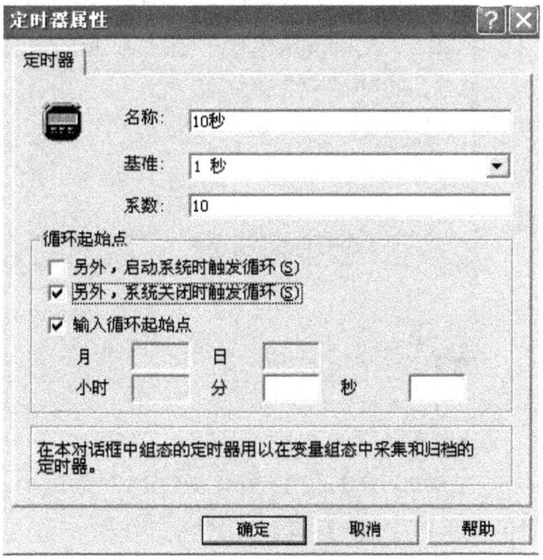

图 4-25　定时器组态（二）

【step9】右击变量记录编辑器的“归档”，选择“归档向导”菜单项，如图 4-26 所示。

在“创建归档：步骤 -1-”中，输入“温度”作为归档名称，选择“归档类型”为“过程值归档”，如图 4-27 所示。

单击“下一步”，在“创建归档：步骤 -2-”中，选择“检测值”作为归档变量，如图 4-28 所示。

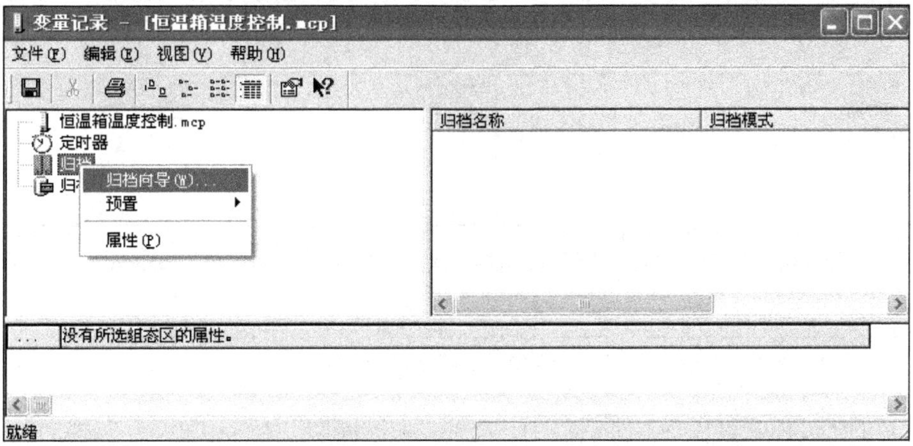

图 4-26　创建归档（一）

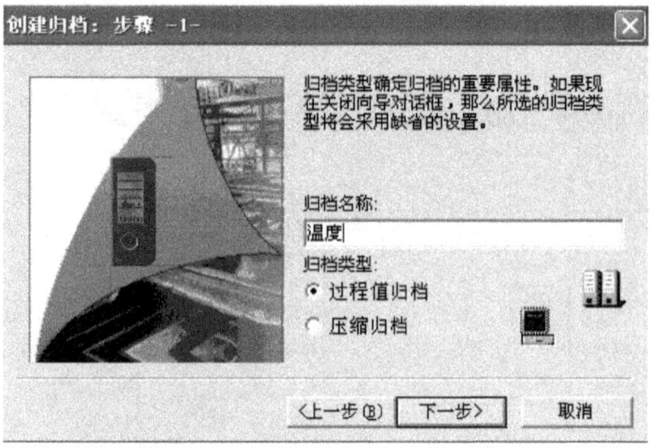

图 4-27　创建归档（二）

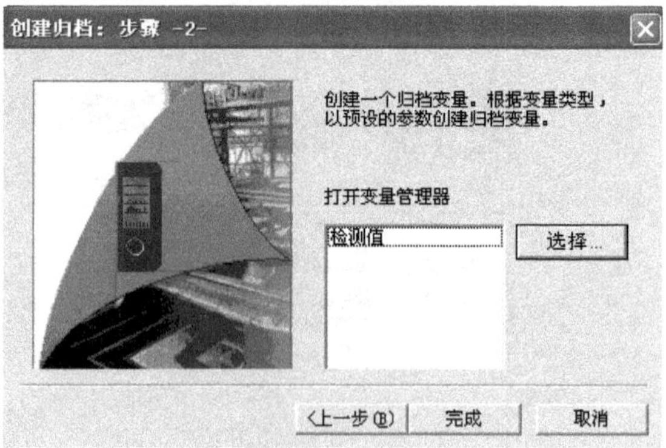

图 4-28　创建归档（三）

单击“完成”按钮，在归档系统中生成一个名称为“温度”的归档，如图 4-29 所示。

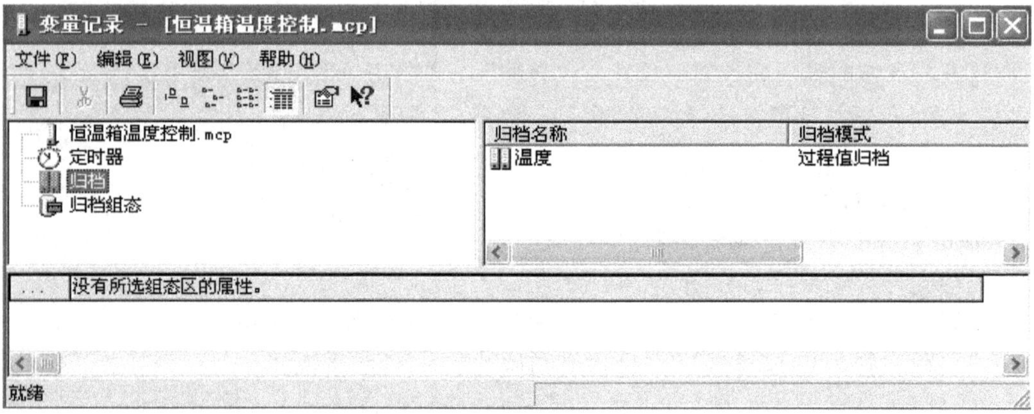

图 4-29　创建归档（四）

【step10】在变量记录编辑器的下方的表格窗口中，右击过程变量“检测值”行，选择“属性”菜单项，如图 4-30 所示。

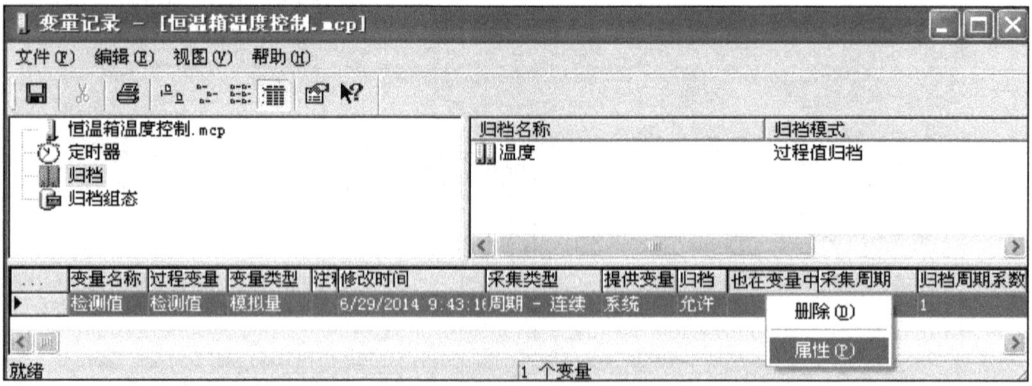

图 4-30　归档设置（一）

在打开的“过程变量属性”对话框中，选择“采集周期”为“10 秒”，归档周期为“1 × 10 秒”，如图 4-31 所示，单击“确定”按钮，关闭“过程变量属性”对话框。

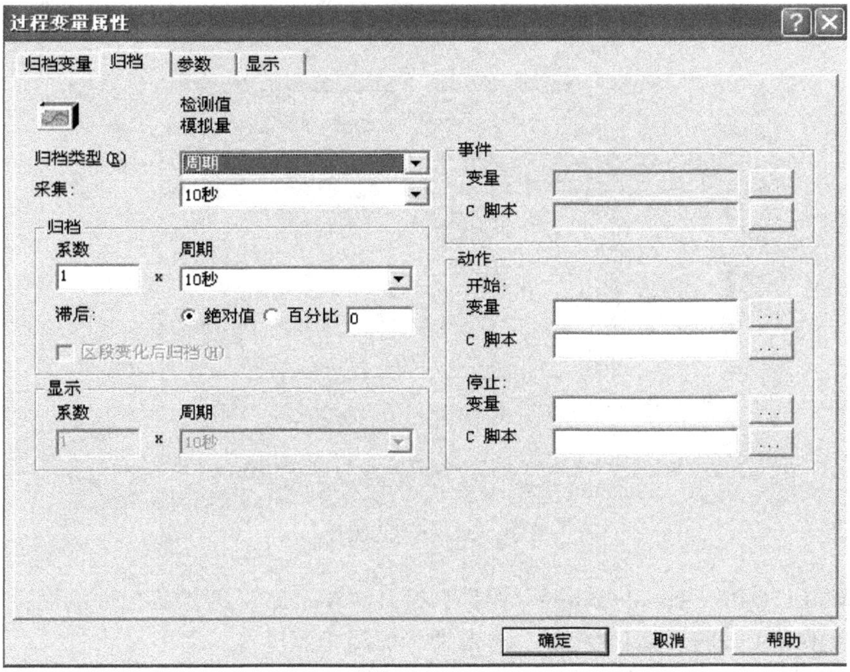

图 4-31　归档设置（二）

【step11】在变量记录编辑器的右方的数据窗口中，双击“温度”归档，在打开的“过程值归档属性”对话框中，选择“存储位置”选项卡，设置“存储位置”为“在主存储器中”，更改“记录编号”的值为“50”，如图 4-32 所示，单击“确定”按钮，关闭对话框。

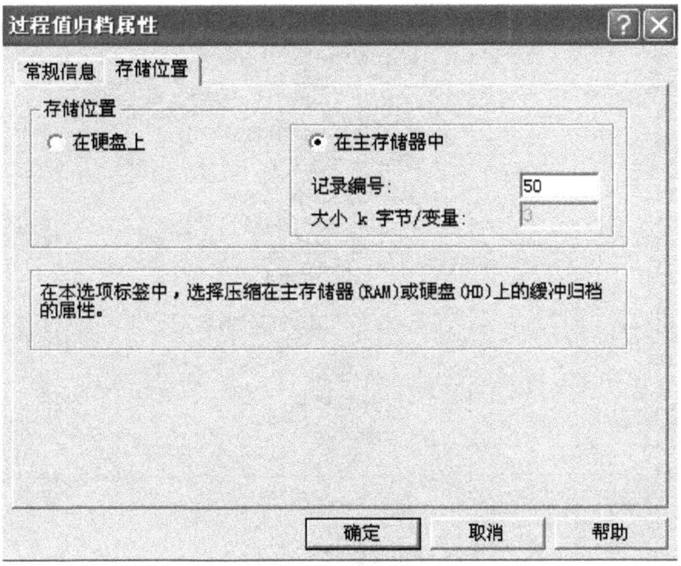

图 4-32　归档设置（三）

【step12】单击工具栏上的图标，保存归档组态，关闭变量记录编辑器。

【step13】双击图形编辑器的“归档画面.Pdl”，组态一个名为“归档画面”的标题。

① 在“对象选项板”上选择“控件”选项卡，然后选择“WinCC Online Trend Control”

控件，并将其放至绘图区适当位置，如图 4-33 所示。

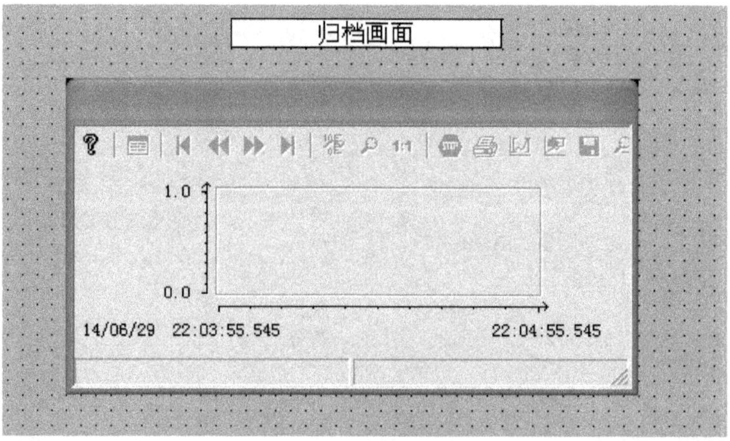

图 4-33 创建趋势图

双击“WinCC Online Trend Control”控件，打开“WinCC 在线趋势控件的属性”对话框，在“常规”选项卡中，将“窗口标题” 输入为“恒温箱温度” 。

在“曲线”选项卡中，将“名称”输入为“恒温箱温度”，“显示颜色”设置为红色，“归档变量”选择为“检测值”，如图 4-34 所示。

图 4-34 设置趋势图（一）

在“时间轴”选项卡中，将“显示”栏的时间格式改为“hh:mm:ss”，将“选择时间”栏上的“系数”改为 10，“区域”改为“1 分钟”，如图 4-35 所示。

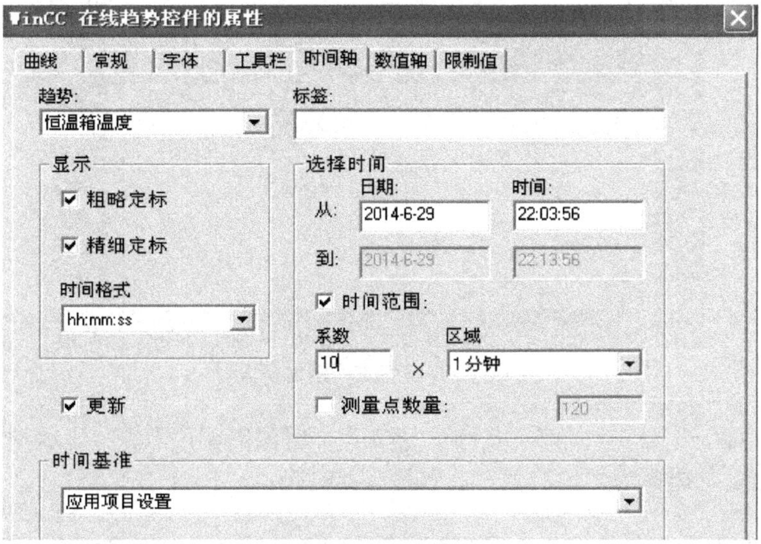

图 4-35　设置趋势图（二）

在“数值轴”选项卡中，将“粗略定标”的值改为 10，将“精细定标”的值改为 5，将“小数位”的值改为 0，“范围选择”栏下的“自动”复选框不选，并将值改为 0 ~ 100，如图 4-36 所示。

图 4-36　设置趋势图（三）

单击“确定”按钮，完成设置趋势控件。

② 在“对象选项板”上选择“控件”选项卡，然后选择“WinCC Online Table Control”控件，并将其放至绘图区适当位置，如图 4-37 所示。

双击“WinCC Online Table Control”控件，打开“WinCC 在线表格控件的属性”对话框，在“常规”选项卡中，将“窗口标题”输入为“恒温箱温度”。

图 4-37　创建表格窗口

在第一个“列”选项卡中，将“名称”输入为“恒温箱温度”，“显示颜色”设置为“红色”，“归档变量”选择为“检测值”，如图 4-38 所示。

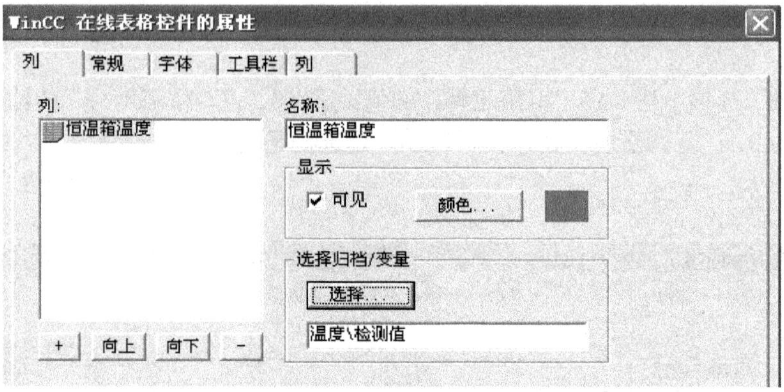

图 4-38　设置表格窗口（一）

在第二个“列”选项卡中，将“时间显示”栏的时间格式改为“hh:mm:ss”，将“选择时间”栏上的“系数”改为 10，“范围”改为“1 分钟”，将“数值显示”的“小数位”改为 0，如图 4-39 所示。

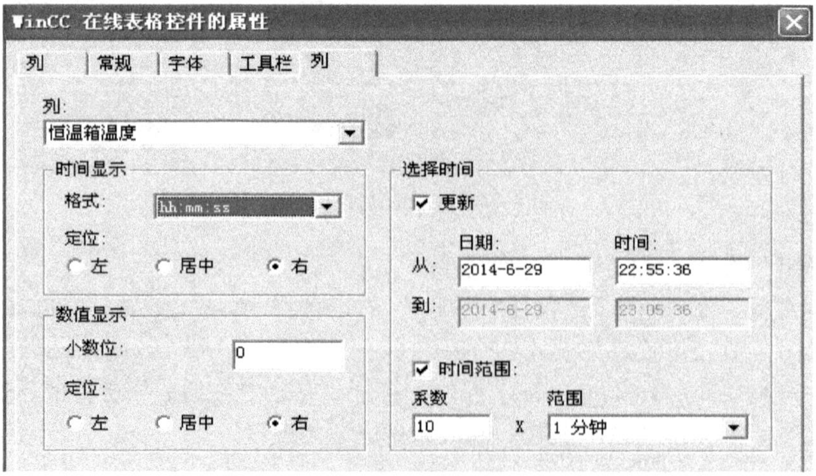

图 4-39　设置表格窗口（二）

单击“确定”按钮，完成设置表格控件。然后在“归档画面 .Pdl”组态一个切换到“系统画面 .Pdl”的按钮，如图 4-40 所示，最后单击工具栏的图标，保存画面，完成对“归档画面 .Pdl”的组态。

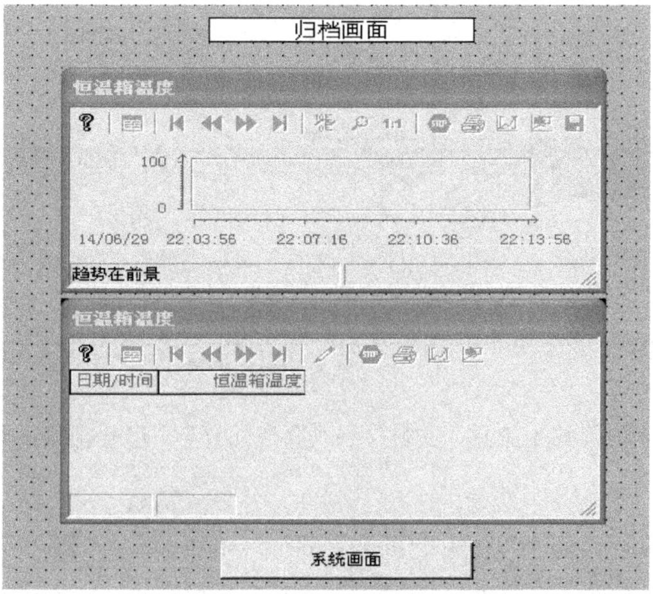

图 4-40　添加切换按钮

【step14】组态报警。

知识点学习：

1）报警记录的内容和功能

报警记录定义显示何种报警、报警的内容、报警的时间。

报警记录分为组态系统和运行系统。组态系统可以对报警消息进行组态，以便将其以期望的形式显示在运行系统中；运行系统主要负责过程值的监控、控制报警输出、管理报警确认。

2）报警的消息块

在运行系统中将以表格的形式显示消息的各种信息内容，这些信息内容称为消息块，消息块分为系统块、过程值块和用户文本块。

3）消息类型

在 WinCC 中，可将消息分为 16 个类别，每个消息类别下还可以定义 16 种消息类型，消息类别和消息类型用于划分消息的级别，一般可按照消息的严重程度进行划分。

4）报警的归档

在报警记录编辑器中，可组态消息的短期和长期归档。

短期归档用于出现电源故障后，将所组态的消息数重新装载到消息窗口。

消息的归档可利用消息的长期归档来完成。

【step14 续】组态报警。

① 右击 WinCC 项目管理器左边的浏览窗口的“报警记录”图标，从子菜单中选择“打开”项，打开报警记录编辑器，如图 4-41 所示。

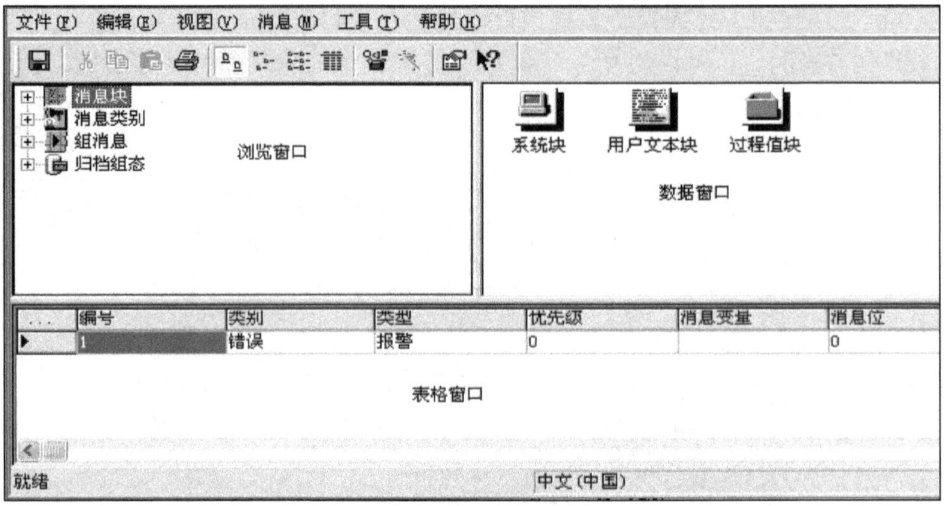

图 4–41　报警记录编辑器

单击报警记录编辑器的主菜单“文件”→“选择向导”，打开报警的系统向导，如图 4–42 和图 4–43 所示。

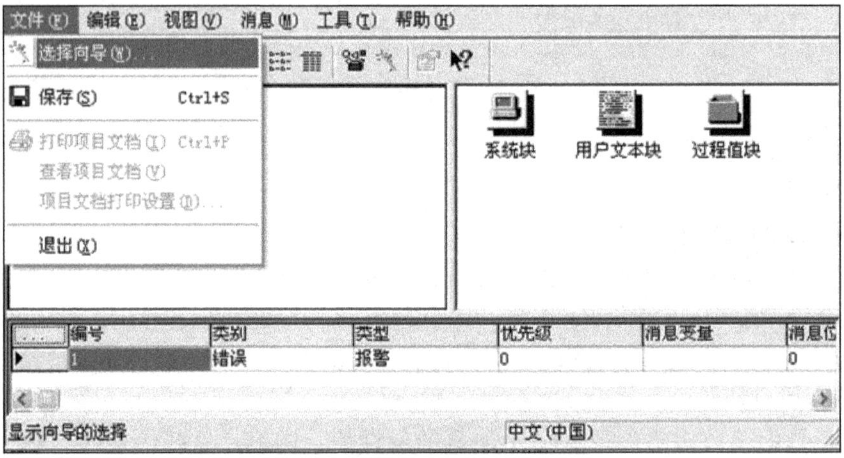

图 4–42　启动报警的系统向导（一）

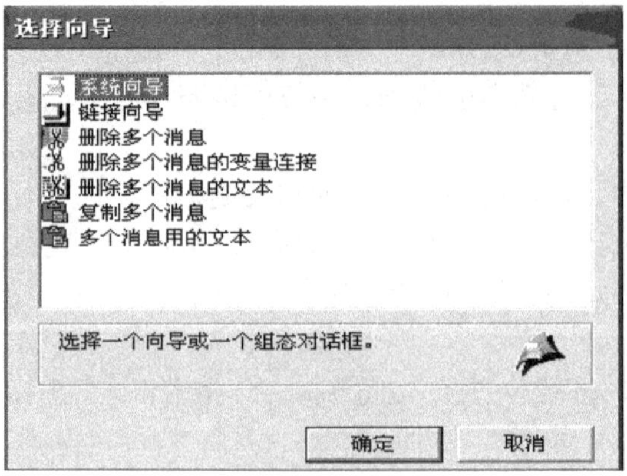

图 4–43　启动报警的系统向导（二）

双击“系统向导”，打开“系统向导”对话框，单击“下一步”，如图 4–44 所示。

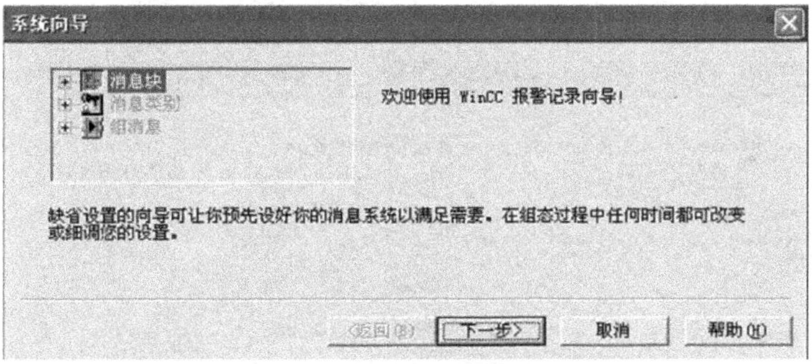

图 4–44　启动报警的系统向导（三）

在“系统向导：选择消息块”对话框中，选择“系统块”的“日期，时间，编号”，选择“用户文本”的“消息文本，错误位置”，选择“过程值块”的“无”，如图 4–45 所示。

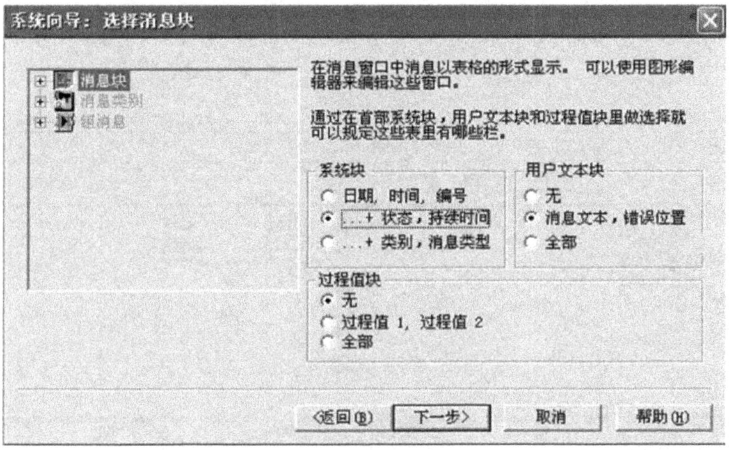

图 4–45　启动报警的系统向导（四）

单击“下一步”按钮，打开“系统向导：预设置类别”对话框，选择“带有报警，故障和警告的类别错误（进入的确认）”，如图 4–46 所示。

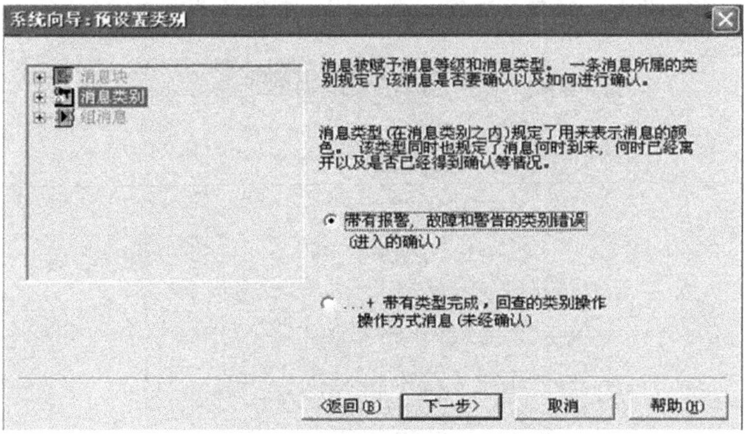

图 4–46　启动报警的系统向导（五）

单击“下一步”按钮，在出现的“系统向导：结局！”对话框中，单击“完成”按钮，如图 4–47 所示。

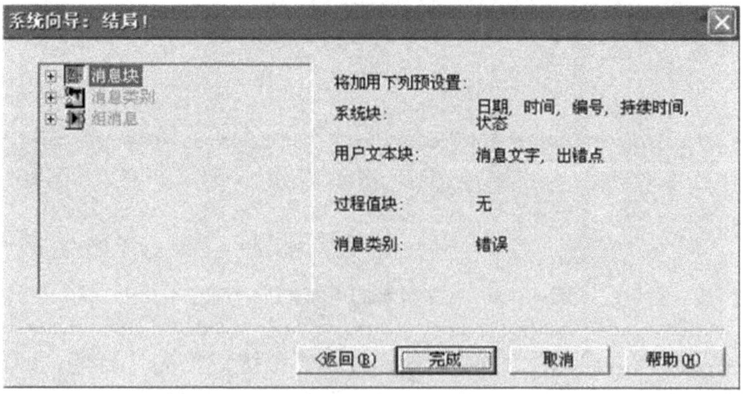

图 4–47　启动报警的系统向导（六）

② 单击浏览窗口的“消息块”的图标，展开消息块。单击消息块的“用户文本块”，右击数据窗口的“消息文本”，选择“属性”菜单，如图 4–48 所示。

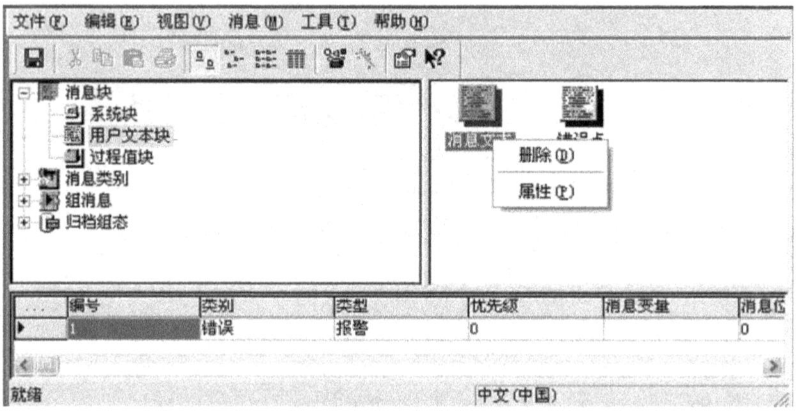

图 4–48　组态用户文本块（一）

在“消息块”对话框中，设置“长度”为“10”字符，如图 4–49 所示。

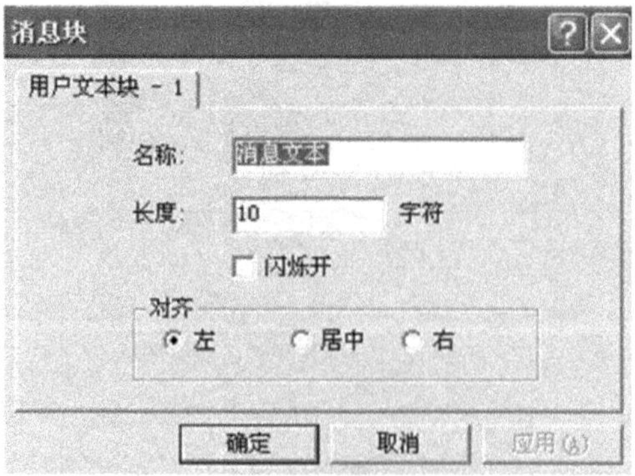

图 4–49　组态用户文本块（二）

右击数据窗口的“错误点”，选择“属性”菜单，如图 4–50 所示。在“消息块”对话框中，设置“长度”为“20”字符，如图 4–51 所示。单击“确定”按钮，关闭对话框，用户文本组态完毕。

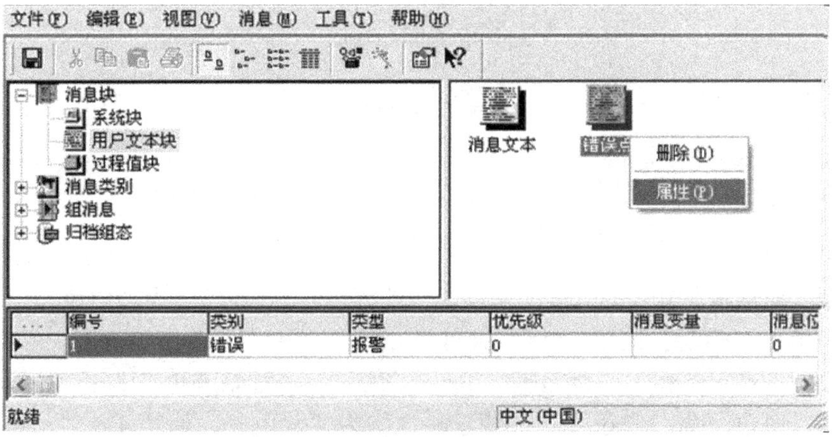

图 4–50　组态用户文本块（三）

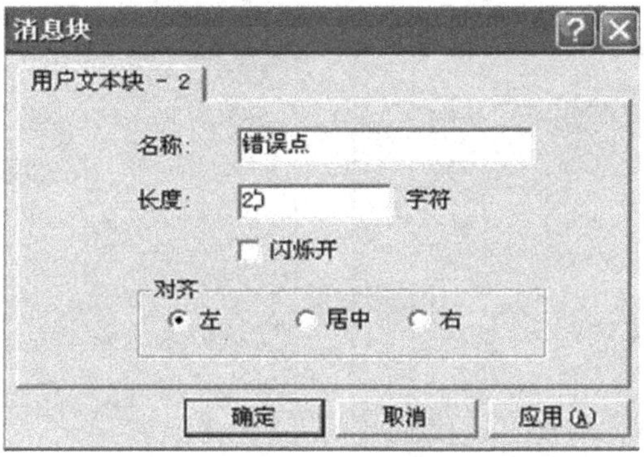

图 4–51　组态用户文本块（四）

③ 单击浏览窗口的“消息类别”的⊞图标，选择“错误”，右击数据窗口的“报警”，选择“属性”菜单，如图 4–52 和图 4–53 所示。

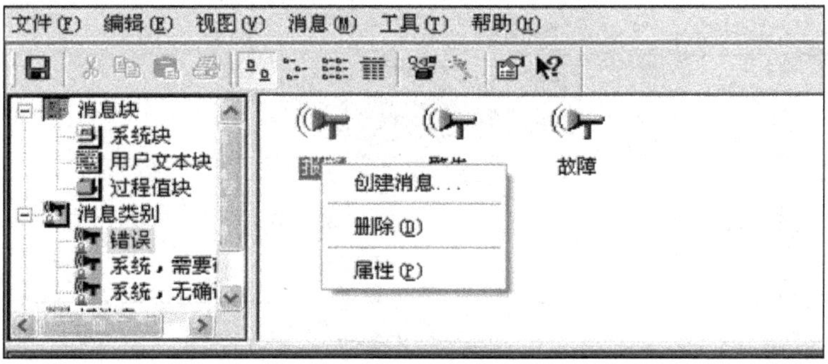

图 4–52　组态报警消息颜色（一）

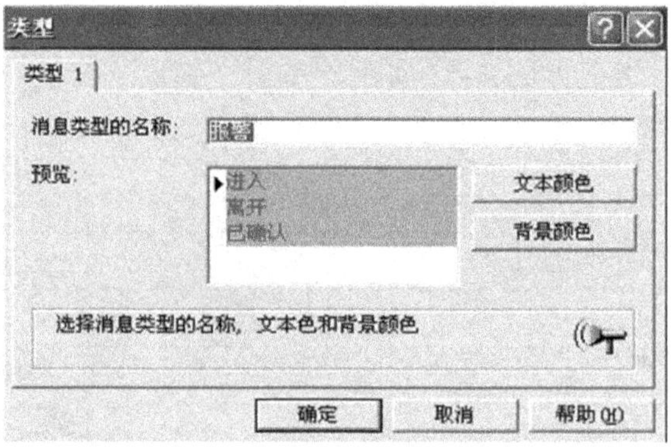

图 4–53　组态报警消息颜色（二）

在“类型”对话框的预览区单击“进入”，设置“文本颜色”为“白色”，“背景颜色”为“红色”，单击“确定”按钮，如图 4–54 所示。

同理，设置“离开”的“文本颜色”为“黑色”，“背景颜色”为“黄色”；设置“已确认”的“文本颜色”为“白色”，“背景颜色”为“蓝色”，如图 4–55 所示。

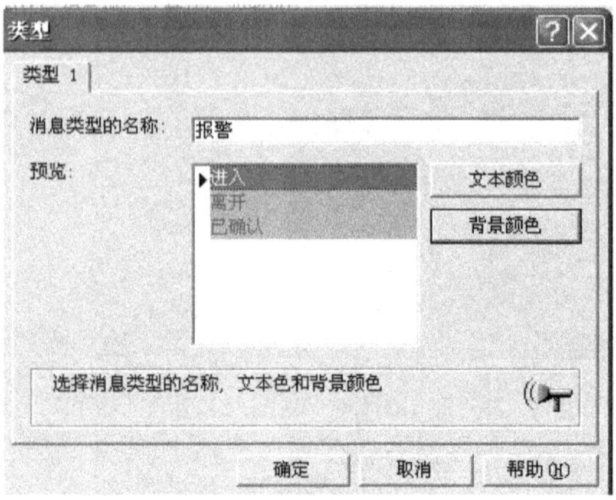

图 4–54　组态报警消息颜色（三）

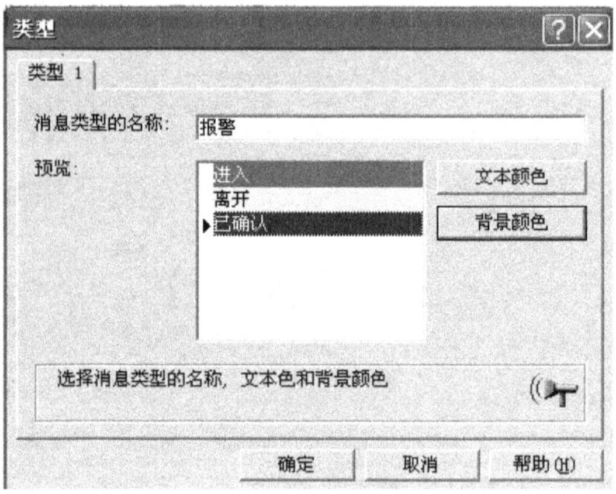

图 4–55　组态报警消息颜色（四）

④ 单击报警记录编辑器上的菜单“工具”→“附加项”，如图 4–56 所示。

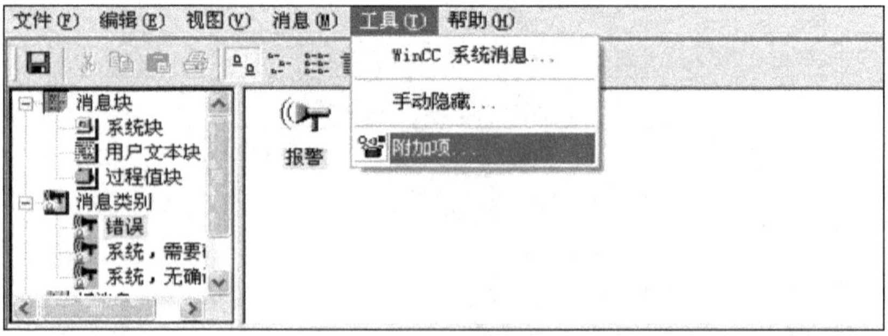

图 4–56　组态模拟量报警（一）

在打开的“附加项”对话框中，激活“模拟量报警”的复选框，如图 4–57 所示。

右击浏览窗口的“模拟量报警”，选择“属性”菜单项，如图 4–58 所示。

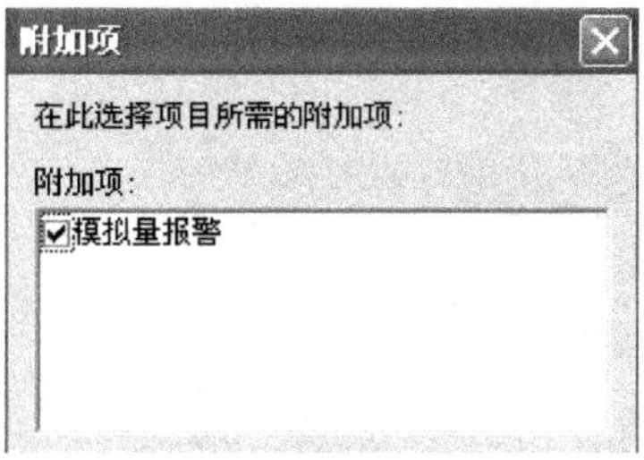

图 4-57　组态模拟量报警（二）

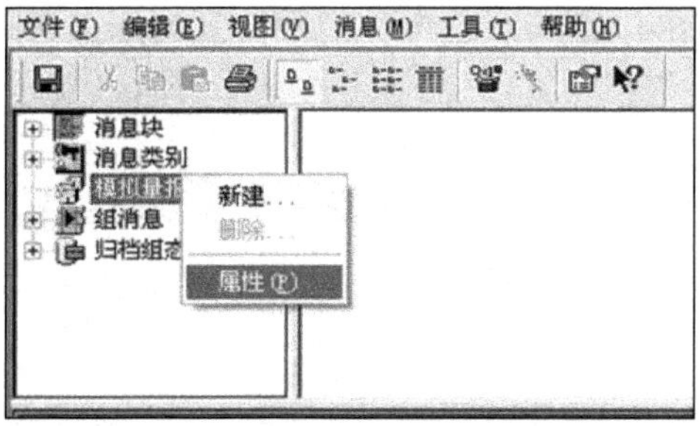

图 4-58　组态模拟量报警（三）

在打开的“属性”对话框中，“要监视的变量”选择为“检测值”，如图 4-59 所示。单击“确定”按钮，关闭“属性”对话框。

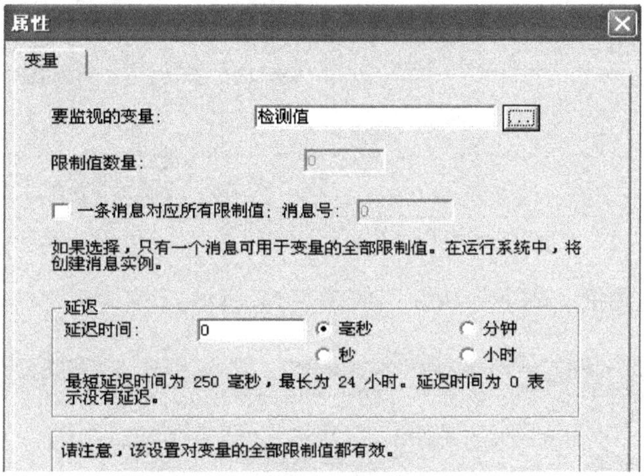

图 4-59　组态模拟量报警（四）

右击浏览窗口中的变量“检测值”，选择“新建”菜单，打开“属性”对话框，如图 4-60 所示。

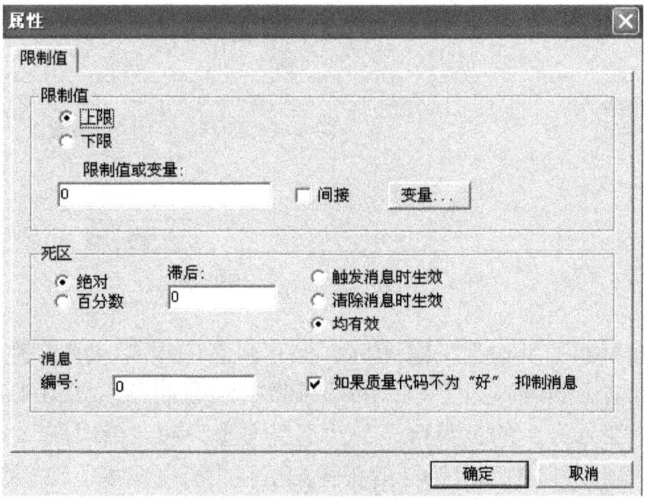

图 4-60　组态模拟量报警（五）

在图 4-60 中，选中“上限”复选框，并输入 80 作为限制值，在“死区”栏中选择“均有效”，在“消息”栏中输入 1 作为消息编号，如图 4-61 所示。

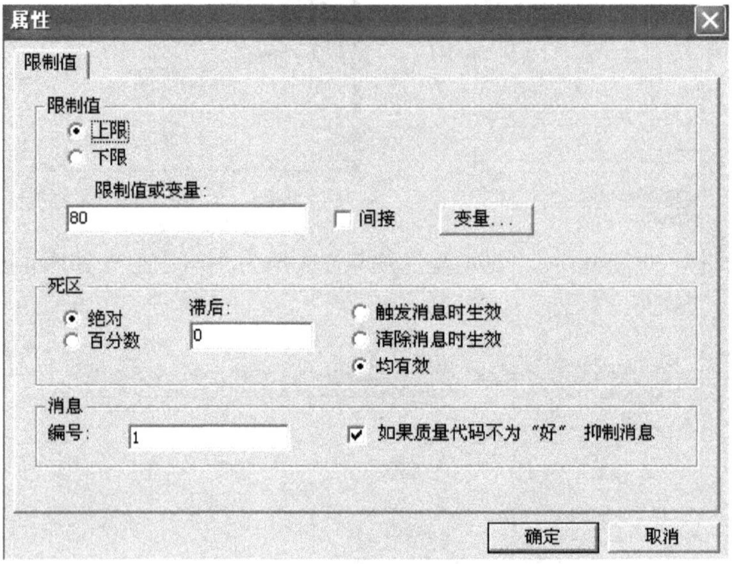

图 4-61 组态模拟量报警（六）

同理，组态“检测值”的下限属性，如图 4-62 所示。

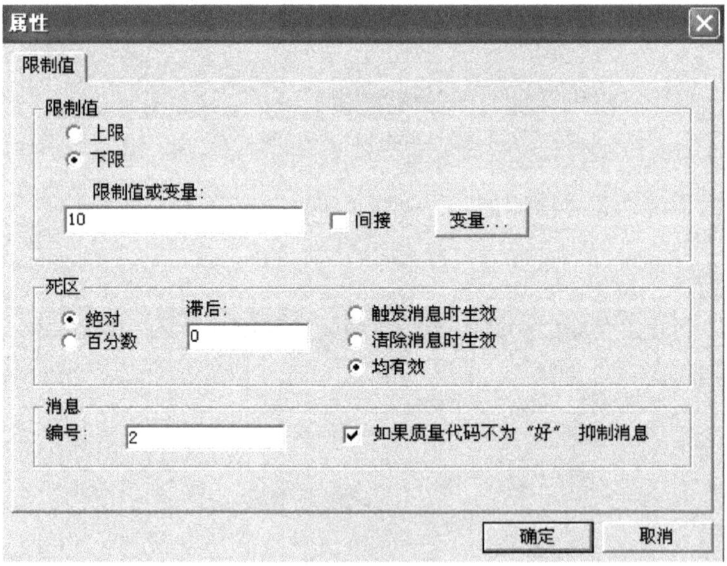

图 4-62 组态模拟量报警（七）

单击报警记录编辑器工具栏上的图标，保存组态的报警，退出警记录编辑器。再次进入时，表格窗口中自动出现编号为 1 和 2 的两条报警组态消息，如图 4-63 所示。

选择表格窗口中编号为 1 的报警行，在“消息文本”和“错误点”分别输入“温度过高”和“恒温箱”；选择表格窗口中编号为 2 的报警行，在“消息文本”和“错误点”分别输入“温度过低”和“恒温箱”，如图 4-64 所示。

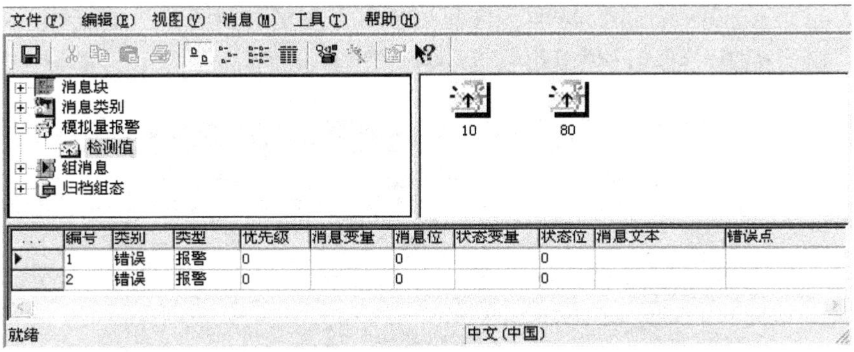

图 4-63　组态模拟量报警（八）

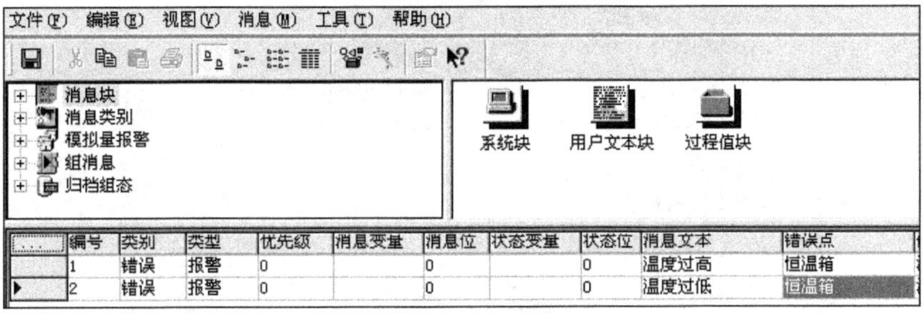

图 4-64　组态模拟量报警（九）

单击报警记录编辑器工具栏上的图标，保存组态的报警，退出警记录编辑器。

⑤ 打开“报警画面 .Pdl”，在图形编辑器的“对象选项板”上，选择“控件”的“WinCC Alarm Control”控件，将“WinCC Alarm Control”控件拖放至绘图区适当位置，如图 4-65 所示。

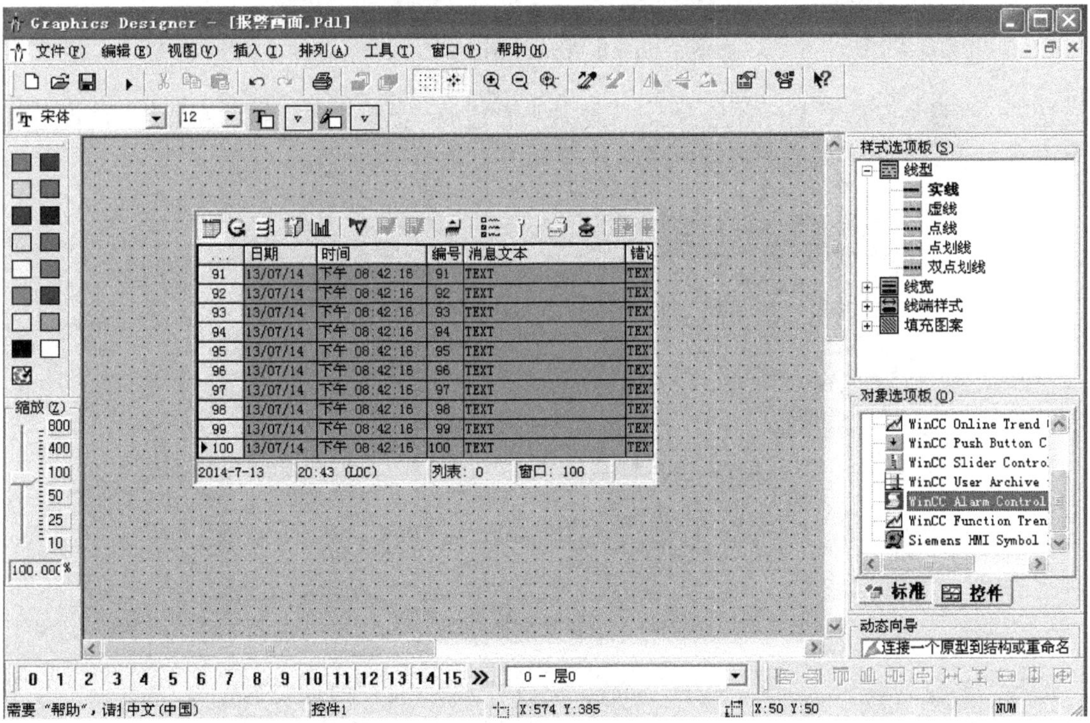

图 4-65　报警显示组态（一）

双击“WinCC Alarm Control”控件，打开“WinCC 报警控件属性”对话框，将“常规”选项卡中的“窗口标题”输入“恒温箱温度”，如图 4-66 所示。

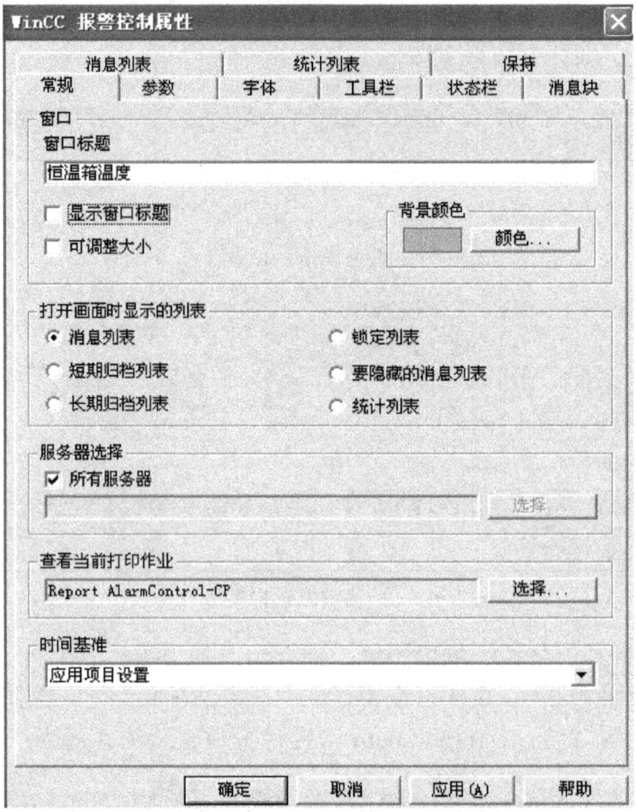

图 4-66 报警显示组态（二）

选择“消息块”选项卡，检查“用户文本块”右边的“消息文本”和“错误点”是否激活，如果没有激活，则单击相应的复选框激活该两项，如图 4-67 所示。

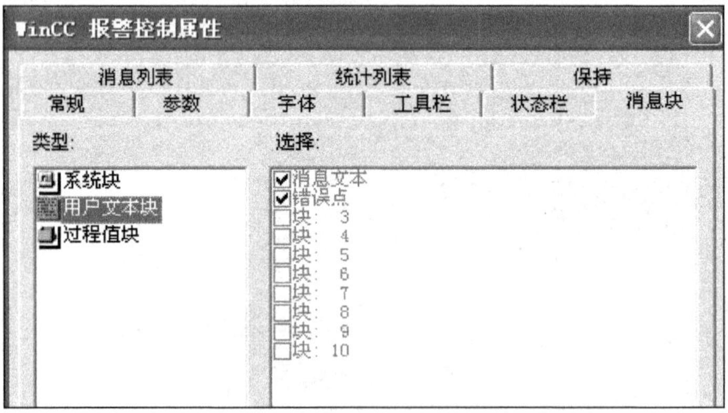

图 4-67 报警显示组态（三）

选择“消息列表”选项卡，检查“选定消息块”是否有“消息文本”和“错误点”，如果没有，则将左边“现有消息块”对应的项选中，并单击 → 按钮将其传送至右边“选定消息块”，如图 4–68 所示。

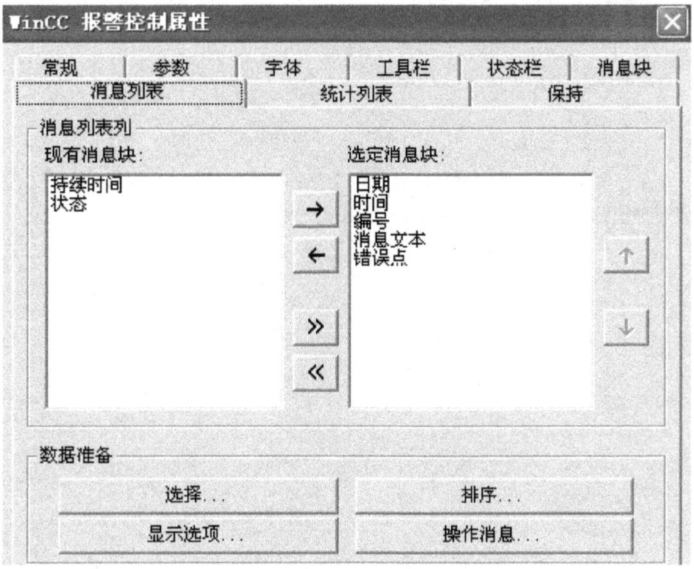

图 4–68 报警显示组态（四）

在画面上添加一个“报警画面”的标题和一个切换到“系统画面.Pdl”的“系统画面”按钮，如图 4–69 所示。

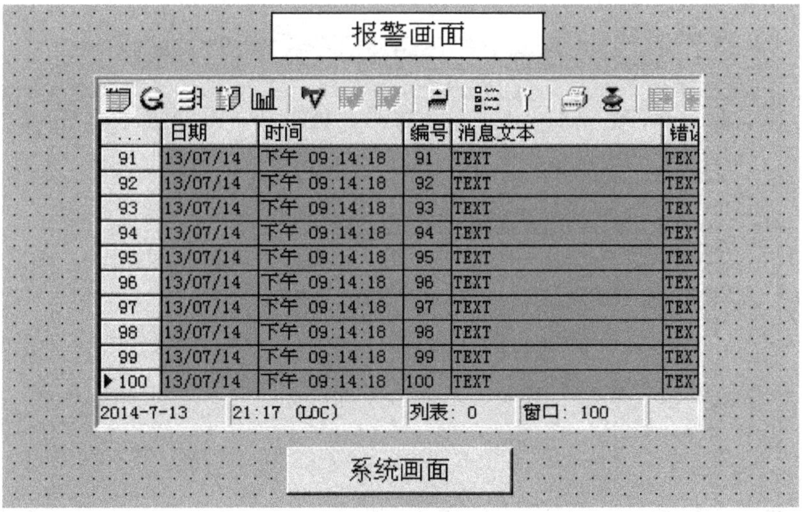

图 4–69 报警显示组态（五）

单击“确定”按钮，关闭“WinCC 报警控件属性”对话框，报警组态完毕。

【step15】右击浏览窗口的图标，选择“属性”菜单，打开“计算机列表属性”对话框。选择“计算机列表”中的计算机名，单击“属性”按钮，打开“计算机属性”对话框，如图 4–70 所示。

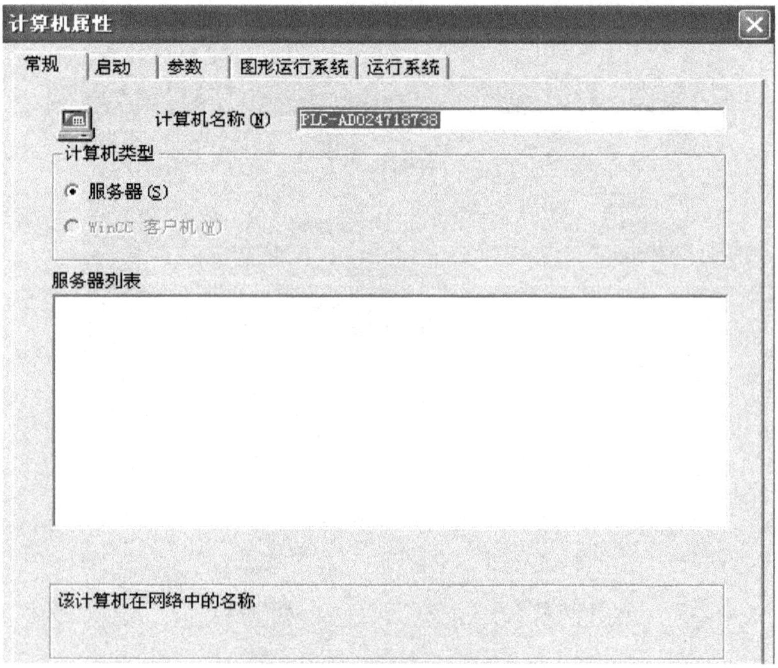

图 4-70　计算机属性设置（一）

选择“启动”选项卡，激活“变量记录运行系统”和“报警记录运行系统”复选框，如图 4-71 所示。

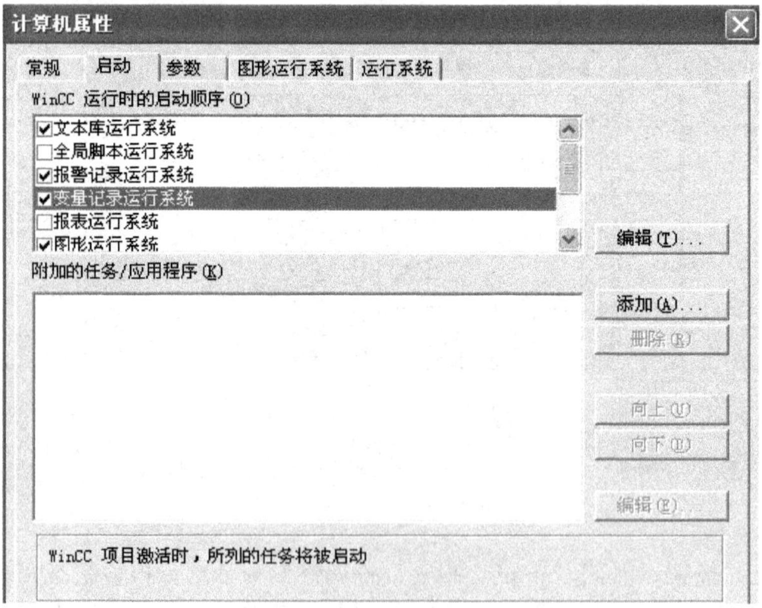

图 4-71　计算机属性设置（二）

选择“图形运行系统”选项卡，设置“系统画面.Pdl”作为起始画面，单击“确定”按钮，计算机属性组态完毕，如图 4-72 所示。

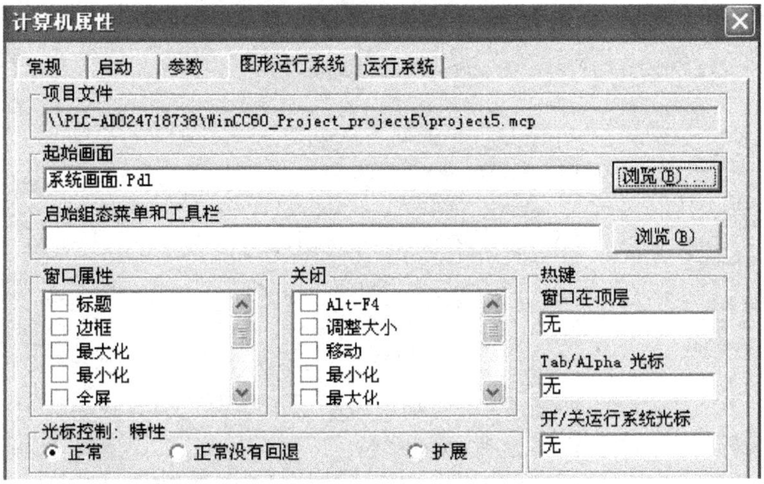

图 4-72　计算机属性设置（三）

三、WinCC 与 PLC 通信组态

用 USB/PPI 或 PC/PPI 电缆将 WinCC 组态计算机与 PLC 连接起来。

(1) 双击桌面“V4.0 STEP 7 MicroWIN”，打开 STEP 7 MicroWIN 编程软件，在组态窗口中，打开“设置 PG/PC 接口”对话框，如图 4-73 所示。

选择“PC/PPI cable（PPI），单击“属性”按钮，设置计算机通信参数，如图 4-74 所示。

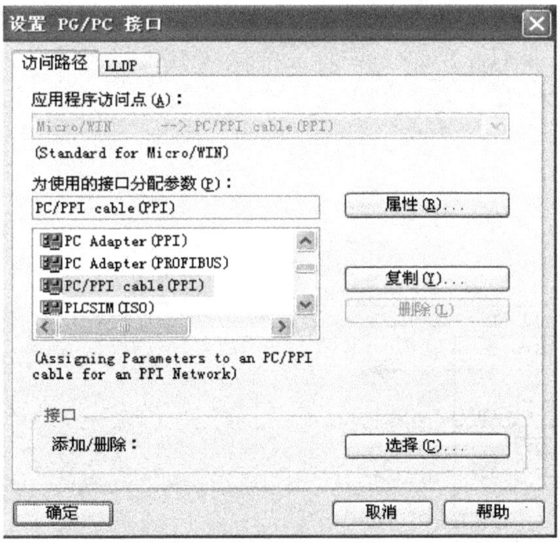

图 4-73　设置 PG/PC 接口（一）

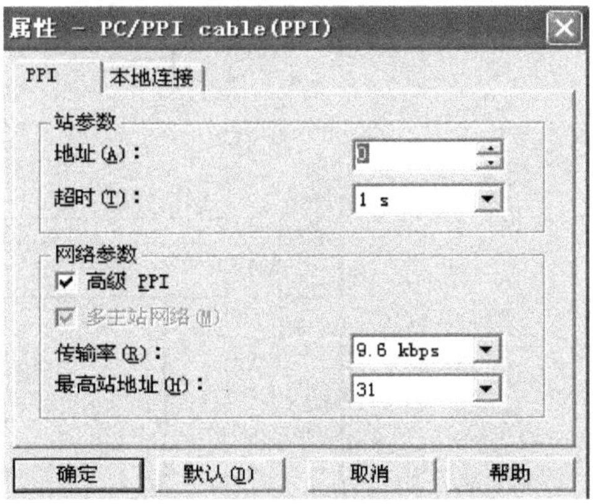

图 4-74　设置 PG/PC 接口（二）

(2) 打开 STEP 7 MicroWIN 项目组态窗口的“系统块”选项，设置 PLC 通信参数，其中 PLC 的地址要与前面要求的一致，如图 4-75 所示。

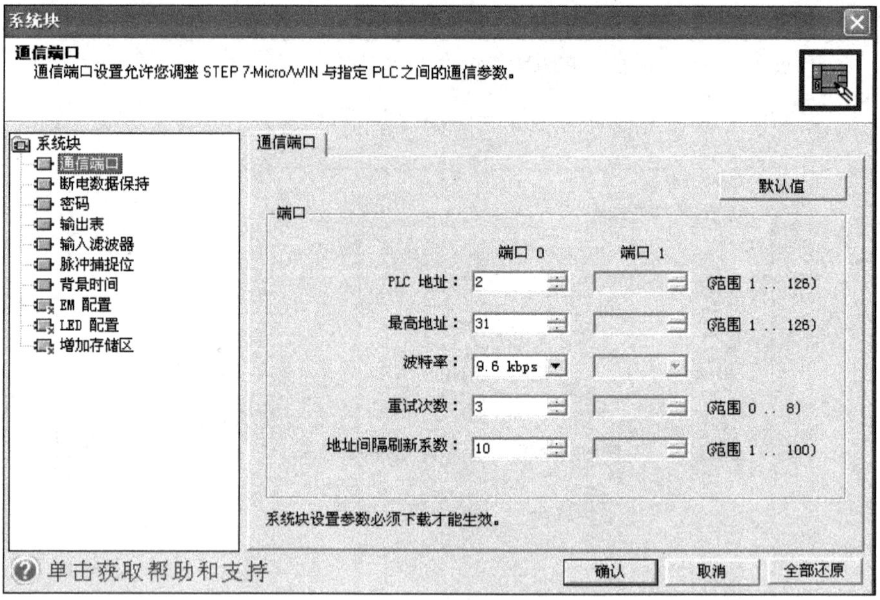

图 4-75　PLC 通信参数设置

四、PLC 控制程序编写下载

1) PLC 控制程序编写

根据项目要求，PLC 控制程序编写如图 4-76 ~ 图 4-82 所示。

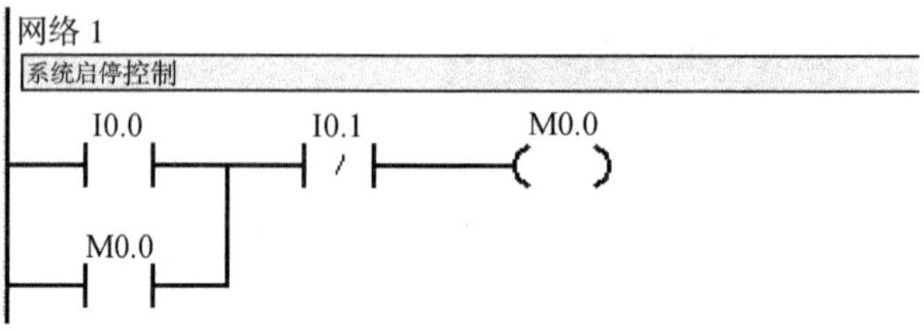

图 4-76　PLC 程序（一）

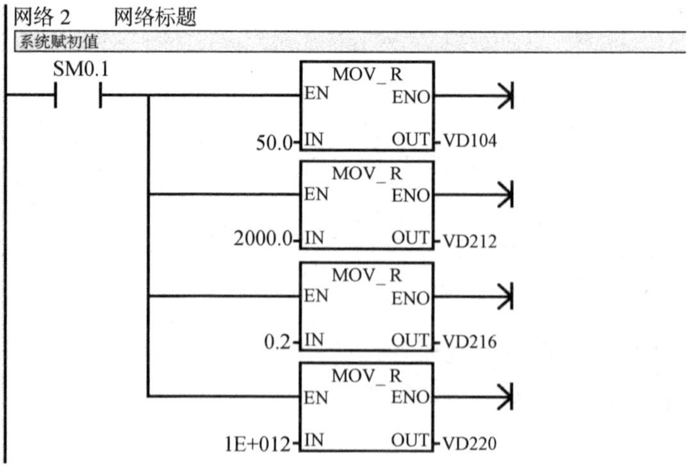

图 4-77　PLC 程序（二）

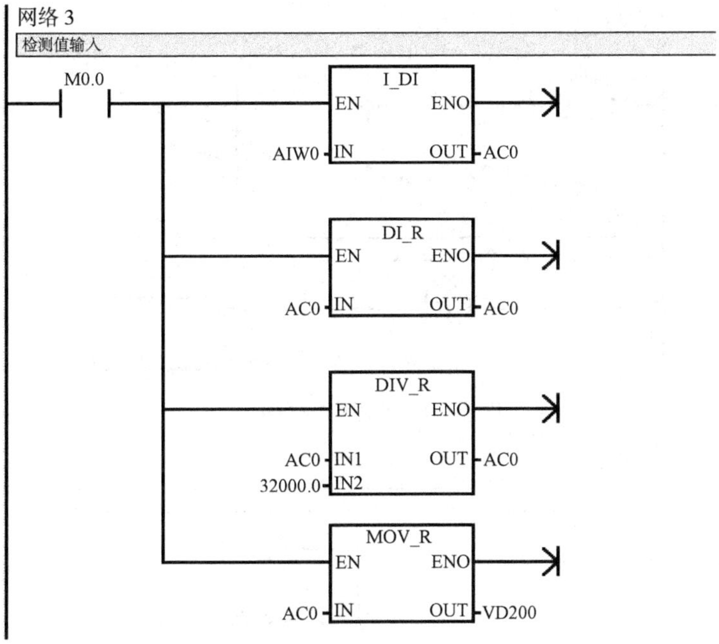

图 4-78　PLC 程序（三）

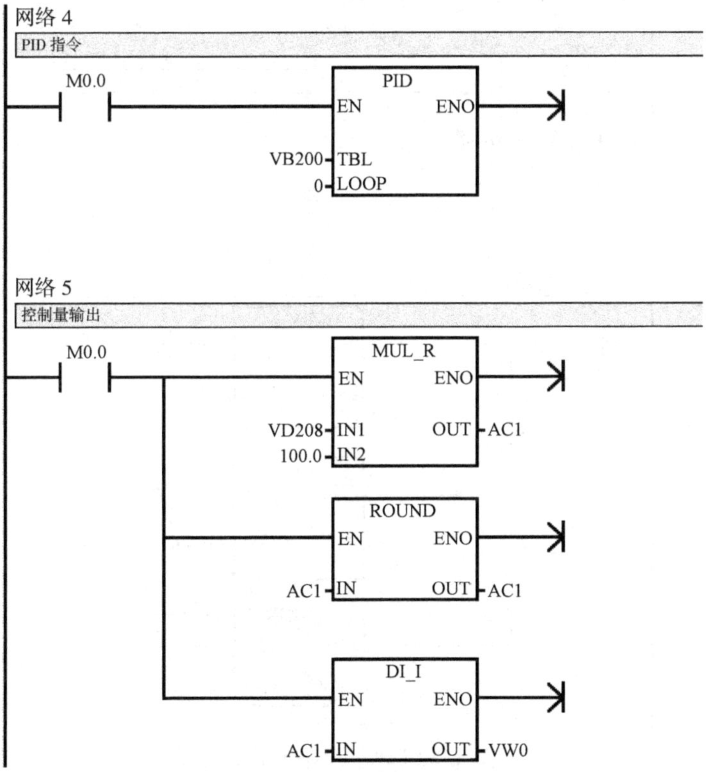

图 4-79　PLC 程序（四）

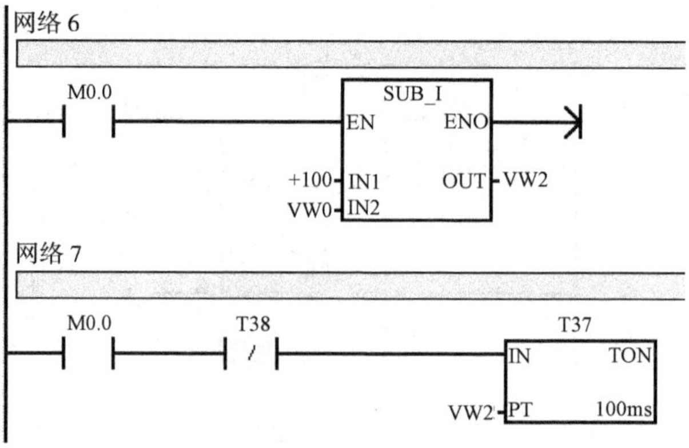

图 4-80　PLC 程序（五）

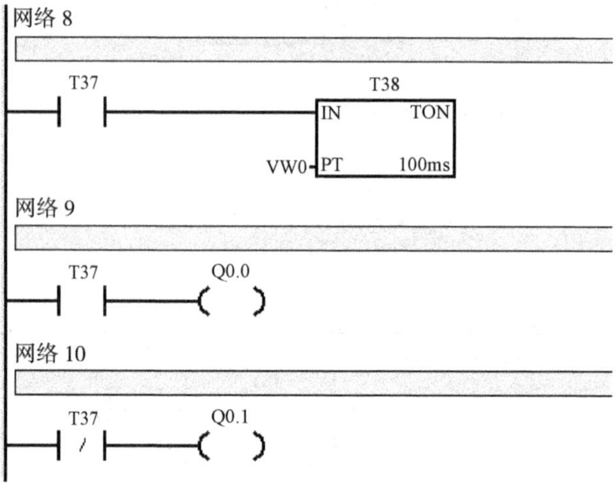

图 4-81　PLC 程序（六）

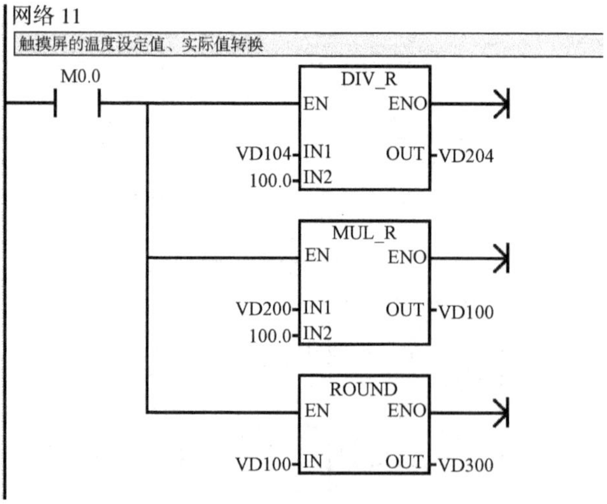

图 4-82　PLC 程序（七）

2）PLC 控制程序下载

单击 STEP 7 MicroWIN 项目组态窗口的图标，将 PLC 控制程序下载到 PLC，下载过程如图 4-83 所示。

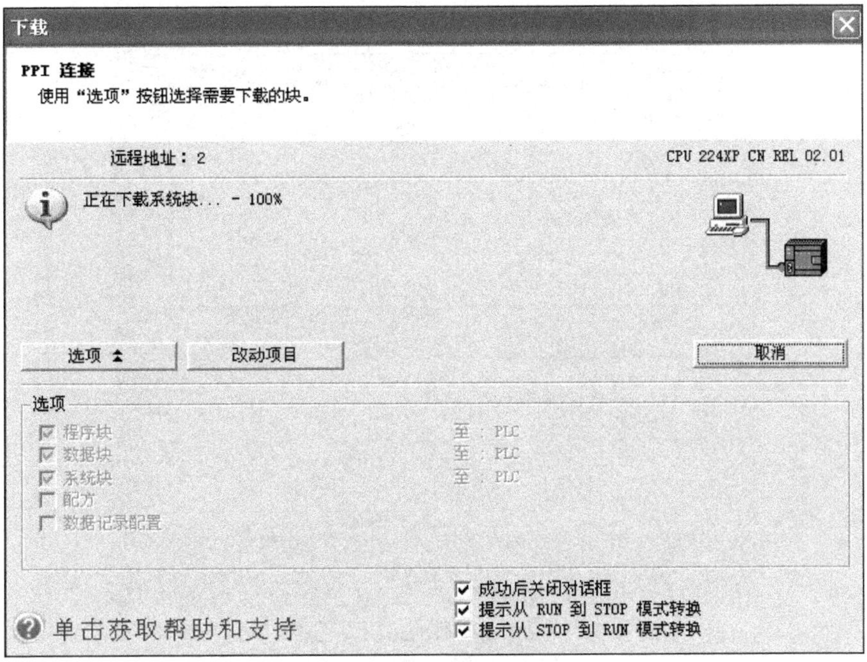

图 4-83　PLC 控制程序下载

五、项目运行

1)PLC 运行

单击 STEP 7 MicroWIN 项目组态窗口的和图标，对 PLC 控制程序进行运行和监控。

2)WinCC 运行

单击 WinCC 资源管理器工具栏的图标，打开 WinCC 运行系统，单击 PLC 启动按钮，过程画面根据要求进行工作，如图 4-84 所示。

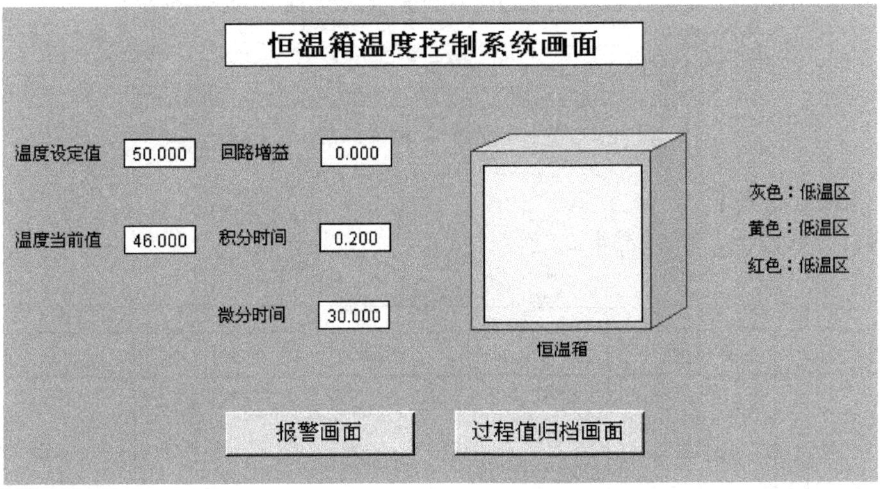

图 4-84　WinCC 项目的运行及监控（一）

“归档画面”如图 4-85 所示。

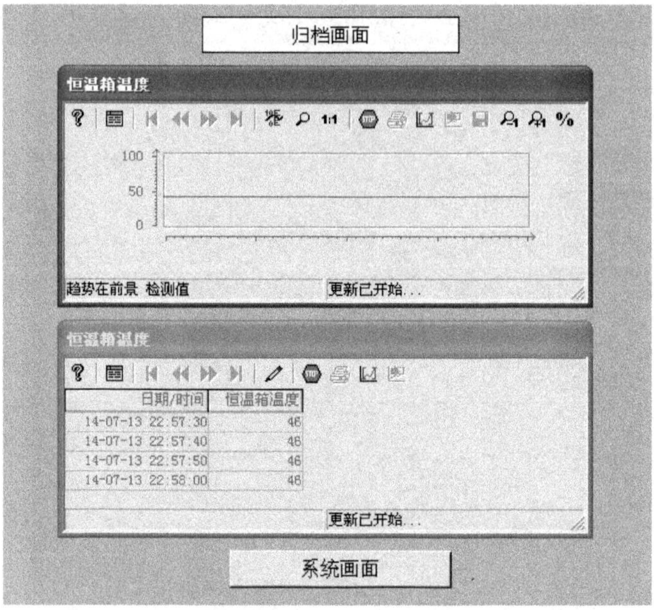

图 4-85 WinCC 项目的运行及监控（二）

“报警画面”如图 4-86 所示。

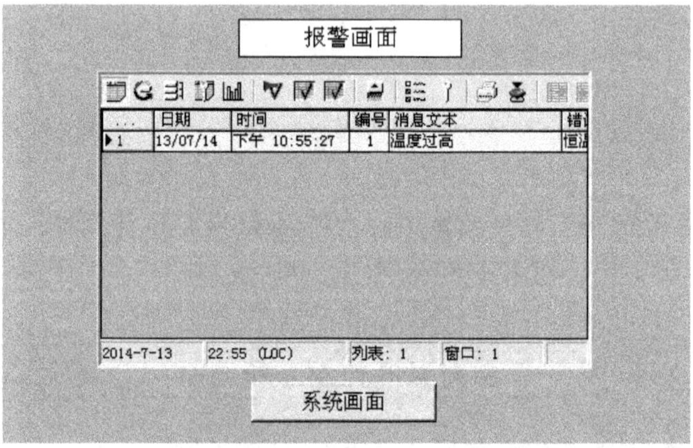

图 4-86 WinCC 项目的运行及监控（三）

【项目检查与评估】

根据项目完成情况，按照表 4-2 进行评价。

表 4-2 项目评价表

序号	考核项目	评价内容	要求	权重	评价
1	系统设计	项目分析	1. 初步能分析 WinCC 控制系统的控制对象的工艺要求； 2. 初步能确定人机接口技术要求； 3. 初步掌握 WinCC 的基本功能及特点	5%	
		控制方案设计	1. 初步能设计 WinCC 系统监控方案； 2. 初步掌握 WinCC 过程画面的组态规则	10%	

续表

序号	考核项目	评价内容	要求	权重	评价
2	硬件配置	设备选型	1. 初步能根据控制要求选取 HMI 组态软件； 2. 能根据控制要求选取 PLC 型号； 3. 能根据控制要求选取外部设备； 4. 初步掌握 WinCC 系统设备选取原则	10%	
		系统接线	1. 能绘制电气原理图； 2. 能绘制接线图； 3. 能绘制元器件布置图； 4. 能绘制元器件现场位置图； 5. 初步能根据图纸要求对 WinCC 控制系统进行现场安装	15%	
3	系统组态	WinCC 组态	1. 初步能正确创建项目； 2. 初步能正确组态过程画面； 3. 初步能正确组态与 PLC 的通信； 4. 初步掌握 WinCC 项目的组态步骤	20%	
		PLC 组态	1. 能正确编制系统的地址分配表； 2. 能根据控制要求正确编制控制程序； 3. 初步能正确组态与 WinCC 的通信	15%	
4	系统调试	校验信号	初步能校验现场 WinCC 系统的输入 / 输出信号的动作是否正确	5%	
		联机调试	初步能正确运行 WinCC 系统，正确下载、运行程序，初步能进行系统联机调试	10%	
5	职业素质	职业素质	具备良好的职业素养，具有良好的团结协作、语言表达及自学能力，具备安全操作意识、环保意识等	10%	
6	评价结果				

【项目总结】

通过本项目的学习，熟悉 WinCC 过程值归档和报警记录的功能和方法，掌握 WinCC 过程值归档和报警记录组态步骤，进一步具备 WinCC 项目组态、通信组态的能力，进一步具备 WinCC 控制系统的设计、安装、运行与调试能力，为以后的工作打下坚实的基础。

【练习与训练】

1. 知识练习

(1) 过程值归档的作用是什么？简述过程值归档的方法及步骤？

(2) 报警记录的功能是什么？简述报警记录的方法及步骤？

(3) 简述 OPC 通信的特点。

2. 项目练习

利用 TP177A 触摸屏和 S7-200PLC 实现对多种液体混合进行控制。有液体 A、液体 B 两种液体，按下“放液体 A”按钮，液体 A 流入混合装置，按下“排液体 A”按钮，液体 A 流出混合装置，液体 B 同理控制，要求两种液体的液位控制在 0 ~ 100，可以实现液位过程值归档和报警记录。

参考文献

崔坚. 2006. 西门子工业网络通信指南. 北京：机械工业出版社

胡健. 2010. 西门子 S7-200PLC 与工业网络应用技术. 北京：化学工业出版社

刘华波. 2009. 组态软件 WinCC 及其应用. 北京：机械工业出版社

李海波，徐瑾瑜. 2012. PLC 应用技术项目化教程. 北京：机械工业出版社

廖常初. 2008. PLC 编程及应用. 3 版. 北京：机械工业出版社

廖常初. 2008. 西门子人机界面（触摸屏）组态与应用技术. 北京：机械工业出版社

西门子（中国）有限公司自动化与驱动集团. 2005. 深入浅出西门子 WinCC V6. 北京：北京航空航天大学出版社

西门子（中国）有限公司自动化与驱动集团. 2009. 深入浅出西门子人机界面. 北京：北京航空航天大学出版社

SIEMENS AG. 2007. TP177A 操作说明

SIEMENS AG. 2007. WinCC V6.2 使用入门手册

SIEMENS AG. 2008. WinCC flexible 2008 用户手册